東京大學史料編纂所編纂

大日本近世史料

市中取締類集　三十

御馬飼并御飼料馬之部
賣買醫師
供方取締
床見世等之部

東京大學史料編纂所刊行

例言

一、本巻には、御馬飼并御飼料・馬賣買・醫師供方取締之部一冊、床見世等之部一冊、芝居・床見世之部一冊の内床見世等之部を収めた。

一、校訂に關しては、首巻の例言に從った。

平成三十一年三月

東京大學史料編纂所

目次

〔市中取締類集　御馬飼幷御飼料馬賣買醫師之部供方取締　二〕

御馬飼幷御飼料馬賣買醫師之部供方取締

〔市中取締類集　御馬飼料馬之部 御飼料馬之部 賣買醫師幷 供方取締　三〕

〔市中取締類集　床見世等之部　一〕

床見世等之部

〔市中取締類集　御馬飼并御飼料馬賣買醫師供方取締之部　一〕

（表紙）

（押紙）
九ノ百十五

第十棚

市中取締類集

（原寸縦二三・〇糎、横一六・二糎）

御馬飼幷
御飼料馬
賣買醫師
供方取締
之部　「全」(朱書)

一御馬御飼料直段之義ニ付御勘定奉行ゟ問合

一馬賣買之義ニ付調

但、町方醫師にも町年寄より申渡

越中守殿御渡
一御醫師供方於病家先ねたりケ間敷義申掛候義ニ付調

但馬守殿御渡
一四ケ所御厩御馬飼共取締方調

弘化四巳年四月〔一〕

但馬守殿御渡

第一件

四ケ所御厩御馬飼共取締調

(朱書)(弘化二年)
「巳四月七日、
(遠藤胤統、若年寄)
但馬守殿、御直、取調可申上旨被仰聞、御下ケ、」

御厩向取締見込申上候書付

諏訪部鎌五郎(御馬預)

(朱書)
「折上同斷ニ付畧之、」
私御預御厩向不取締之儀有之、兼〻嚴重ニ申付置候得共、支配末〻之者ニ至り候而ハ不埒之儀も有之候段度〻御書付を以被仰渡候趣奉恐入候、尙後年ニ至り候而も御取締方行屆候樣相弁取計方仕方見込之処可申上旨奉畏候、前〻ゟ御飼料幷御馬飼共江相懸ケ置候御馬乘共も申合、爲見廻近來御厩江泊り等爲相勤、晝夜見廻り万端爲心付候儀ニ御座候得共、向後尙又嚴重ニ申付、御飼料幷御手入方其外御馬飼共心得違之儀無之樣急度爲心附、大武藤(御

一 御馬預上申書

御厩向取締方仕法ノ上申ヲ命ゼラル

見廻等尙又嚴重ニ申付ク

雑人出入ナキヤウ改メサス

違反ノ者ハ町奉行へ差出サン

心得違シ出奔ノ上他ノ厩向へ抱入レラル御馬飼モアリ

人數減リ御馬手當方等ニ支障アルカ

町奉行ヨリ宿屋共へ申渡サレタシ

（馬預）助共打合、於私度〻相見廻り、御役宅御門番人等にも堅申付、雑人此上共猥ニ出入無之様相改させ、前〻ゟ御取締向ニ拘り候儀ハ勿論、仕來等都而崩れ不申様急度爲相守、此上無油斷藤助共申合、万端厚く心附、万一心障り之儀有之候ハヽ申上、御制禁犯し候者見當り候ハヽ、町奉行に差出御屆可申上候、且御馬飼共之儀ハ、精〻心懸厚く申付置候得ハ、輕き者共之儀ニ御座候得ハ兎角我儘ニ出入仕、　御召御馬其外御馬共御手入等能居候者にハ夫〻手當も仕置候儀ニ御座候得共、嚴敷申付候節風与心得違仕出奔仕居付不申、其上勝手ニ他之厩向抔に被抱入候様ニも相成候間、自然氣隨ニ相成、示し等も屆兼、人數少ニ相成候節ハ、御馬手當方其外御用使等之儀、万一御差支之儀も出來可申哉与毎〻甚心配仕候、此上ハ、御抱入之節右様之儀都度〳〵念入、此上共宿屋方に申談事候儀ニハ御座候得共、何卒可相成儀ニ御座候ハヽ、町奉行に御聲懸被成下、町奉行ゟ宿屋ともに申渡御座候様仕度、左候ハヽ末〻之ものニ至り候而も御取締之儀ニも可相成哉与奉存候、以上、

（弘化二年）三月　諏訪部鎌五郎

二　御馬預上申書

心得違ノ御馬飼アリ

御厩取締方ノ仕法ヲ上申ス

御役屋敷ノ門限ヲ定ムベシ

缺落等ノ者諸家奉公構ヒニ申渡サレタシ町奉行所ヨリ人宿ヘモ申渡サレタシ

御厩取締方見込申上候書付

村松（御馬預）万藏

（朱書）「折上同斷ニ付畧之、」

御預御厩御取締之儀ニ付度〻御書付を以被仰渡候趣奉畏候、御厩取締方之儀、先前ゟ引續晝夜御厩向見廻仕、兼〻支配之者共江も取締見廻り等之儀嚴敷申渡置、夫〻掛り之者も申付見廻爲仕、御厩當番御馬乗壹人つゝ泊番爲仕、精〻見廻り嚴重心付仕候得共、末〻御馬飼ニ至候而ハ、兎角心得違之もの有之、事實相守り候者少く、兼〻心配仕罷在候、乍去此度被仰渡之趣深相弁、支配向末〻迄取締方行屆後來不弛樣之仕法聢ト勘弁仕見込之趣左ニ申上候、

一御預御役屋敷御門出入之儀、兼而嚴敷申付置候得共、猶又格別嚴重ニ仕、門限聢ト相定候樣仕、且前文申上候御馬飼共ハ宿屋人ニ而甚身輕之もの之儀ゆへ、取締方嚴敷申渡候以後心得違にて欠落等仕候ハヽ、右之者早速捕押諸家奉公御構ニ相成候樣其筋〻江被仰渡被下置、町奉行所ゟ人宿とも江嚴敷申渡有之候而ハ如何可有御座候哉、

一御厩向見廻り之儀、猶嚴重仕、御馬乗とも江精〻爲入念部屋〻迄見廻り格別心付候上、

違反ノ者ハ町奉行所ヘ差出サン

御馬飼末〻ニ至迄御制禁を犯し候者有之候ハヽ、捕押早〻町奉行所ニ差出し、其段御届可申上候、

右之趣支配末〻之者ニ嚴敷申渡置候ハヽ、取締後來不弛様相成可申哉ニ奉存候、此段見込之処書面を以奉申上候、以上、

三月(弘化二年)

村松万藏

三　御馬預上申書

御厩向取締方仕法ノ上申ヲ命ゼラル

御厩内ゝ御取締方見込申上候書付

曲木又六郎(御馬預)

(朱書)「折上同斷ニ付畧之、」

私御預御厩向之儀、不取締之上末之者「ゝ」(朱書)ニ至り候ゆゑ不埒之事共有之趣、向後支配向末〻迄取締方相弁仕法見込之趣申上候様〔被仰渡脱カ〕奉畏候、是迄も晝夜見廻り候上御馬乘壹人つゝ御厩番泊り迄も爲仕、嚴重申付置候得共行屆兼、度〻御書付を以被仰渡之趣奉恐入候、此後ゝ猶更

御厩末々ノ者不行跡ノ譯御抱入ノ者ハ宿屋人

嚴シク申付クル方ニハ居付カズ追々手當宜シキ諸家ヘ參ル御厩向雜人計リ殘ル

御厩缺落等ノ者ノ武家奉公ヲ禁ズレバ居付カン

宿屋ヘ申渡アラバ取締ニモナラン

御厩向度〻見廻り御馬乗ニも得与申付、御馬飼之者共ニも嚴敷申渡、御役屋敷御門之出入第一嚴重申付、其上ニ而万〻一御制禁を犯し候者ㇵ勿論、怪敷者見當り候ハヽ、捕押ニ町奉行ニ差出御届可申上候、一躰御厩末〻之者近來行跡甚〻不宜相成候、右譯与申ㇵ、御抱入之もの宿屋人ニ而、今日居候而も明日ㇵ外ニ參り候様ニ相成、御馬能持候者ㇵ別段心付も仕候得共、嚴敷申付候方ニㇵ兎角居付不申、尤、宿屋ニも明暮申付候得共何分行屆不申、其上御厩四ケ所計相廻り候ニㇵ無之、諸家之内ニ馬好之方抔ㇵ手當等(朱書)「も」宜敷哉、追〻右之方ニ參り候様相成申候、御厩向雜人計殘り候様相成、御召御馬幷御召心掛ケ乗込御馬等ニ差支、扨〻心配仕候、可相成御儀候ハヽ、町奉行ニ御聲掛り御座候而、其筋ゟ宿屋之者ニ申渡御座候而、御厩四ケ所之内欠落等仕候ものㇵ武家厩奉公構候様嚴重之御沙汰御座候ハヽ、末〻之者共御厩内ニ居付候様相成可申哉、身輕之者之儀故、自分勝手次第之御奉公仕嚴敷取締有之候所ニㇵ居付不申候、此上之処其筋より宿屋ニ申渡有之候ハヽ、取締ニも相成可申奉存候、右ㇵ被仰渡候取締見込之処奉申上候、以上、

(弘化二年)三月

曲木又六郎

四　御馬預上申書

御厩向取締ノ仕法ノ上申ヲ命ゼラル

違反ノ者ハ町奉行所ヘ渡サン

近來御厩末々ノ者風儀宜シカラズ

御馬飼ハ宿屋ヨリ差越ス

御厩向御取締見込申上候書付

大武藤助（御馬預）

（朱書）「折上同斷ニ付畧之、」

御厩向御取締之儀被　仰付候上ハ、諏訪部（御馬預）鎌五郎始一統厚申合、別ゆ同人御預御厩支配向之儀ハ諸事心附精〻申付置候得共、末〻之者ニ至候ゆハ心得違之者共有之、不埒之行跡御座候趣御書取を以被仰渡奉恐入候、右ニ付向後末〻之者迄御取締之筋相弁御仕法相立候樣見込之趣可申上旨被仰渡奉畏候、依之、左ニ申上候、

一鎌五郎支配御馬乘之儀ハ、夫〻掛り之者兼ゆ申付置見廻等爲仕、（朱書）「御厩當番壹人つゝ泊り番爲仕其上」其外鎌五郎幷私義も時〻見廻等仕心附候得共、聊之間を忍ひ御制禁犯し候者共有之趣奉恐入當惑仕候、向後萬一右躰之儀も御座候ハヽ、早速町奉行所相渡御屆可申上、幷鎌五郎支配御馬乘掛り者共其外共心得方等閑之儀も御座候ハ、是又早〻申上御下知可奉伺候、

一御厩內御取締之儀ハ、兼〻嚴敷申付置候得共、近來末〻之者風儀不宜候ニ付、向後取締方行屆後來不弛樣之御仕法聢ゟ勘弁仕候處、一躰御馬飼之儀ハ、御抱入ゟハ乍申、宿屋

嚴シク申付ク節缺落出奔等スル者アリ

御厩缺落等ノ者諸家奉公構フヤウ宿屋へ申渡サレタシ

共ゟ差越候譯ニ而、其内ニは至而微賤之者も有之候事故、行跡嚴重之申付方仕候節は兎角居附不申、欠落・出奔等仕候者も毎〻有之、甚當惑仕候、右ニ付、可相成御儀ニ御座候は、向後向〻四ケ所御厩欠落・出奔等仕候者は、諸家厩奉公構ニ相成候樣宿屋共江其筋ゟ嚴敷申渡有之候樣仕度候、左候得は、自然銘〻身分相愼ミ一同風儀も改り、御馬手馴候者共居附、御召御馬其外共御手當行屆可申存候、（朱書）「奉」

一同所御厩兩所御門晝夜共出入幷火之元取締其外共是迄精〻申渡置候得共、猶鎌五郎申合聢与取調之上舊弊爲相改、御取締之筋格別ニ際立候樣、鎌五郎支配向之者共末〻迄厚申渡候、猶又此上ニも聊心附候義御座候は、早〻申上御下知可奉伺候、以上、

（弘化二年）三月十一日

大武藤助

五　御馬預上申書

御厩向御取締之儀ニ付別帋申上候書付

大武藤助（御馬預）

御厩向御取締之儀ニ付而ハ、別帋(第四號)申上候通申合、平常無油斷心附候得共、末〻之者ニ至候而者心得違ニ而御制禁犯し候族も有之哉之段、今般御書取を以被仰渡奉恐入候、向後右躰之儀者無之様、精〻心附候儀者勿論之儀候得共、此上永久爲御取締左ニ申上候、

一火附盗賊改組之者、御曲輪内外時〻見廻候儀有之候趣兼〻及承居候、右之節御厩向にも立寄、見廻候者、末〻之者前〻心得違之儀無之様、別而御取締も相立可申哉ニ奉存候、是又、可相成御儀ニ御座候者、其筋に被仰渡被下置候様奉願候、此段心附候儀ニ付奉申上候、以上、

(弘化二年)三月十一日　大武藤助

六　御馬預上申書

火附盗賊改組ノ者御厩向ヲ見廻レバ取締モ立ツベシ

御厩取締方見込申上候書付

鶴見七左衛門(御馬預)

御馬飼ハ宿屋ヨリ差出スユヘ心得違勝

缺落等ノ者諸家奉公構フヤウ申渡サレタシ

御厩取締方見込申上候書付　　鷗見七左衛門

私御預御厩御取締之儀被仰渡候御書付之趣奉畏候、門出入嚴重ニ仕、都ゆ高唱ニ咄し等仕候者御座候節ㇾ都度ㇾ急度制し置候得共、御馬飼之儀、宿屋ゟ差出候人故、何分心得違勝ニゆ事實ニ相聞候儀薄く心配仕候、尤、前ㇾゟ御厩向晝夜共節ㇾ不絶見廻幷掛り申渡置候支配之者儀も時ㇾ爲相廻、猶又、當番御馬乘壹人宛御厩に泊爲仕置候得共、此度被仰渡候向後支配之者共末ㇾ迄御取締行屆後來不弛樣之仕法申上候義、篤ゟ勘弁仕候処、一躰御馬飼ニ差出候宿屋人之儀、此後嚴重申渡候節ㇾ、万一欠落等仕候ハヽ、人代り差出候上其者ㇾ捕押、四ケ所御厩ㇾ不及申、縱令諸家馬奉公迄も構ニ相成候程ニ其筋ㇾに被仰渡被下置、猶又、急度申渡候ハヽ、往ㇾ風儀も相直り候樣罷成可申哉ニ奉存候、此段見込奉申上候、以上、

（弘化二年）
三月　　鷗見七左衛門

七　御馬預上申書

代官所ニテ撰ブ者ヲ宿屋ヨリ御馬飼ニ加フルハ如何

申上候書付

私御預御厩御取締之儀、見込ㇾ奉申上候得共、何分後來不弛樣之仕法再應勘弁仕候処、御代官所ニゐ質素なるものを壹人宛相撰村請ニ爲仕、其者を宿屋ゟ追〻御馬飼之内江爲差加、心永〻御馬手入其外等能〻教込候ハヽ、永年相勤候者も自然出來可仕哉、乍併事馴候迄ためし候上ならてハ、御取締等行屆候義、猶何共難申上候得共、右樣之義も如何可有御座哉、右ㇾ取締方ニ相成、御馬手入等も念入仕候上、居付候ものも出來立候得共、此上申上候儀ㇾ有御座間敷候得共、人出方等之儀、宿屋ゟ談、行屆兼候廉も御座候ハヽ、私ゟ申談、御代官聲掛りニゐ村方ゟ人爲差出候樣ニも可仕哉、右等之儀奉伺候、以上、

(弘化二年)三月

鷭見七左衛門

鷭見七左衛門(御馬預)

八 町奉行所三廻同心上申書

御馬預上申書ニツキ評議ヲ命ゼラル

御馬飼ハ人宿寄子ヲ抱入ル

缺落等ニテ外武家方厩中間ニ住ム者アリ

武家中間モ寄子ノ儀ハ同様

御厩内不取締ハ申付方等閑ユヘノ儀

他ノ者立入ラセズ差配ノ者ヨリ嚴シク申付クベシ

御厩內取締之儀勘弁仕候趣申上候書付

三　廻

御馬預諏訪部鎌五郎外四人ゟ西丸下外三ケ所御厩內不取締ニ付、以後取締方見込之趣申上候書面（第一～七號）写御渡被成勘弁仕可申上旨被仰渡候間、勘弁仕候處、御厩內不取締之儀無之様精〻申付候趣候得共、御馬飼之者ハ、前〻人宿渡世寄子之內御抱入相成、部屋內取締いたし候得ㇳ心得違欠落等仕、外武家方厩中間ニ相住自儘之者共も有之、取締向行届不申由御馬預ゟ申上候得共、人宿幷寄子共之儀ㇳ、前〻御觸も有之、取締向被仰渡御座候儀ニ而、武家方中間ゟ御馬飼之儀ㇳ差別も可有御座候得共、寄子之儀ㇳ同様ニ而諸家一統ニ有之、元來身輕之ものニ候共、御厩內ニ而御渡度（朱書）「法」相背又ㇳ勝手儘勤方等致し候義ハ一躰申付方不行屆等閑故之儀、既能登守（跡部良弼、南町奉行）殿御勤役中取締（朱書）「調」捕方被仰渡博奕致し候もの共召捕差出、當時御吟味中ニ有之、右ㇳ畢竟御厩之儀、門出入他之者自侭立入取締向不行屆ゟ自然相弛ミ候義ゟ相聞、向後猥ニ他之者立入不申様、又ㇳ、輕キ者ニ候共差配之者ゟ嚴敷申付候ハヽ、追〻制度相立、不取締筋有之間敷儀ゟ奉存候、且、鶴見七左衛門外壹人

ゟ別紙(第五・七號)ニ申上候加役方組見廻之儀幷於御代官所在方者人撰村受ニ而人宿共ゟ御馬飼ニ可
差加与之見込之廉〻、其筋御掛合可有御座候哉、私共見極難申上儀与奉存候、
右之通御座候間、御渡被成候書面類七通返上仕、此段申上候、以上、

巳(弘化二年)四月

隠密廻
定　廻
臨時廻

別紙ニ上申ノ儀ハ見極メ難シ

「(朱書)巳(弘化二年)四月廿八日、出ス、」

九　南町奉行掛合書　御馬預宛

御馬飼小頭等ノ扶持渡方手限申付ノ小頭役

遠山左衛門尉(景元、南町奉行)

「諏訪部鎌五郎(御馬預)殿

貴様御支配御馬飼幷小頭等御宛行何程ニ而、御渡方ハ貴様方に御受取被相渡候哉、又〻、
御藏前等より小頭之もの直ニ受取候哉、幷御馬飼之内ゟ貴様御手切ニ而小頭役被御申付、

御馬具掛リノ御厩內當番右ニツキ承知シタシ

御馬預挨拶御馬飼小頭等ノ扶持請取リ夫々ヘ渡ス

小頭ハ手切ニテ申付ケ苗字ヲ名乘ル

御馬具掛リハ御厩內當番勤メズ

表向苗字相名乘候儀ニ有之候哉、承知致し度、且、御馬乘之內御馬乘之內具掛りゟ申もの
へ、御厩內當番ヘ不相勤前〻仕來之由相違無之哉、是又承知致し度、此段及御掛合候、
（弘化二年）
巳四月

一御馬飼小頭拾貳俵貳人扶持取、平御馬飼拾俵貳人扶持宛私方ニ請取夫〻ニ相渡
候儀ニ而、御藏前ゟ小頭之もの直ニ請取候儀ニは無御座候、
一御馬飼小頭之儀は、御馬飼之內より私手切ニ而申付、前〻ゟ苗字相名乘候儀ニ
御座候、右ニ付、小頭之もの願筋等有之、申上候節は、苗字相名乘申上候儀ニ
御座候、
一御馬乘之內御馬具掛り被仰付候得は、御厩內當番之儀は、前〻より相勤不申候、
右之通御座候、以上、
（弘化二年）
四月廿九日　　　　諏訪部鎌五郎

（朱書）（弘化二年）
「巳四月廿五日、爲持達ス、同五月朔日、挨拶來ル、」

遠山左衛門尉（景元、南町奉行）

水野采女殿（重明、先手弓頭）
内藤安房守殿（忠明、先手弓頭）江

各様御組之もの、前〻ゟ御曲輪内外見廻之儀ﾄ何頃ゟ取極候哉、右元濟幷御心得方等承知致し度、此段及御問合候、

（弘化二年）巳四月

一〇　南町奉行問合書　先手頭宛

組ノ者御曲輪内外見廻ノ始期等ヲ承知シタシ

御書面拙者共組廻り之儀、何頃ゟ之儀ニ候哉、元濟留記相見不申、寛政之度長谷川平藏（宣以、先手弓頭）勤役中伺濟幷心付方申上被仰渡等書抜別册（別紙）差進申候、右ニ而御承知可被成候、

巳四月

水野采女
内藤安房守

先手頭挨拶元濟留記見へズ書抜ニテ承知サレタシ

書抜

別紙先手方書抜

先手頭伺書

従來頼ミアラバ組ノ者門番所へ立寄ル沙汰ニヨリ只今ハ立寄ラズ

日々組廻リノ者立寄ラバ博奕等モ止マン

老中書取

頼ミアラバ名札差置クトモ勝手次第

（朱書）
「寛政五丑年十月六日、
戸田采女正（氏教、老中）殿に進達、」

組之者廻り之儀、前々ゟ知音又は同役共之内廻り序心付呉候様相頼候得は、右門番所迄立寄手札爲差置來候処、先達而右屆相止候様和泉守（松平乗完、老中）殿御沙汰御座候ニ付、只今ニ而は、頼來候而も爲立寄不申候、尤、組之者共に風雨等之節ニ而も、袋町其外往來稀成場所共入念心附相廻候様申渡置候得共、万一大雨之節抔は見置候儀難計、依之、相屆候ゟ申ニは無之、御目付方又は知音之者或は同役とも之内ゟ廻り之儀頼來候ハヽ、前々之通門番所迄爲相屆候ハヽ、縦令袋町等ニ而も何れ其屋敷迄罷越候事故、自然ゟ廻り行屆候様ニも相成、其上日々組廻之もの立寄候上は、小屋敷等之博奕等も相止可申哉奉存候、右之通取計候而も召捕者等之差支には相成不申候、依之、此段御内々相伺申候、

丑（寛政五年）十月　長谷川平藏（宣以、先手弓頭）

（朱書）
「御同人御書取を以被仰渡、」

以前之通相廻し、頼有之分は、名札差置候とも勝手次第、各には名札差置候ニは不及候

先手頭上申書

御厩脇ニテ博奕等アル由

組ノ者ト見ヘザルヤウニシ召捕フベシ忍ビ廻リニテハ目立タズ

目立ツヤウ組ノ者見廻ラバ博奕ハ止マン

中間共休息所等見廻リノ節足輕合圖シ不正知レズ

組ノ者ト見ヘザルヤウニシ見廻ルベシ

事、

（朱書）「寛政六寅年九月」

御曲輪内組之者見廻り之儀、是迄一ト通りニ相廻り候得共、以來ハ大手・内櫻田・平川外幷和田倉御厩脇ニ供之者共待合罷在候内、右場所ニゐ間〻博奕等有之候儀有之由、依之、組之者廻りゟ不相見樣ニ仕爲召捕可申候、

（朱書）「此儀、忍ひ廻り計ニゐハ目立不申候故、捕方ニハ宜御座候得共、相止候爲ニハ、目立候樣ニ仕、下馬不引内ハ附切同樣ニ右三ケ所繁〻爲相廻、尤、右之内ニ時宜ニ寄、供之者同樣之身躰ニゐ、輕キ者共不正之筋又ハ法外之儀も有之候ハ、爲召捕候樣仕、勿論、前書之通目立候樣ニ組之者廻り附切同樣繁〻爲相廻り候へ〻（マヽ）、自然ゟ博奕ハ相止可申ゟ奉存候、」

一外下馬不淨所脇水打中間共休息所有之、右場所等大番所ゟ見廻り有之候節ハ、足輕合圖（朱書）「此儀、見廻り之節、供致し棒持候足輕とも右棒をならし合圖致し候ニ付、寄合小慰等いたし居候ゐも相止可申候、」を致し候故、不正之儀も相知不申候、依之、下馬透之節ハ、組之者ゟ不見樣ニ致し爲相廻候樣可仕候、

御門出入自由ユへ他所ノ者入リ博奕アル由

不意ニ見廻ラセレバ博奕ハ止マン

老中書取

組ノ者下馬へ附切ハ止メ繁々廻ルベシ

一御門〻之儀ハ、晝夜共出入自由ニ相成候事ゆへ、大番所後中間共休息所ニ他所之もの入込、折〻博奕有之由風聞仕候、先達而御差圖有之、踏込召捕候儀も有之、勿論、大御番所ゟ見廻り等有之候節ハ、前書之通足輕共合圖致し候ニ付、博奕之筋相知申間敷候、依之、大番所ゟ這入候而ハ手重ニ而、下〻出入口ゟ案内なく組之者共

(朱書)「此儀、組之内ニ而人を撰ひ、其度〻差圖いたし差遣、立歸候砌大番所江も相達候様

可爲仕候、」

不意ニ爲見廻候様仕候ハヽ、博奕之儀自然ゟ相止可申哉ニ奉存候、心付候儀ニ付御内〻

申上置候、以上、

(寛政六年)寅九月

長谷川平藏

(朱書)「寛政七卯年十月十日、
松平伊豆守(信明、老中)殿御渡御書取、」

自今組之者、大手・櫻田下馬江附切候儀ハ相止、廻り方ハ無油斷繁〻相廻し、如何敷儀

無之哉心付させ可被申事、

「（朱書）巳五月十日、（弘化二年）爲持遣ス、」

遠山左衛門尉（景元、南町奉行）

「內匠頭殿（鍋島直孝、北町奉行）

一一　南町奉行相談書　北町奉行宛

御馬預上申書ヲ渡サル

御厩ニテ博奕ノ一件吟味中ユヘ連名ニテ上申セン

御厩內取締方之儀ニ付、御馬預り申上候書面、（第一〜七號）但馬守殿（遠藤胤統、若年寄）被相渡候処、右ハ於同所博奕致し候一件、當時貴様方ニおゐても御吟味中之儀ニ付、別帋之通（第一二號）御連名ニて可申上与存候、依之、右申上案・御下ケ書面写・加役方懸合書（第一〇號）幷同方ゟ差越候書拔共（第一〇號別紙）壹通三冊相添、此段及御相談候、

巳五月（弘化二年）

北町奉行挨拶

「（朱書）巳五月十七日、來ル、」

御書面之趣致承知、別紙一覽、拙者義何之存寄無御座候、依之、書類返却、此段及御挨拶候、

鍋嶋内匠頭

巳五月

（朱書）（弘化二年）
「巳五月廿九日、下り物七通添、」

但馬守殿（遠藤胤統、若年寄）（朱書）「ニ御直上ル、」

御馬預り申上候
御厩内取締之儀ニ付勘弁致し候趣申上候書付

町奉行
遠山左衛門尉（景元、南町奉行）

一二 町奉行上申書

御馬預上申書ニツキ評議ヲ命ゼラル
御馬預上申ノ趣旨

西丸下外三ケ所御厩内不取締ニ付、以後取締方御召御馬預り諏訪部鎌五郎外四人見込之趣申上候書面（第一～七號）御渡有之、勘弁致し可申上旨被仰聞候、

此儀、御馬預り申上候趣ニ而ハ、精々不取締之儀無之様申付、無油断心付候得共、御馬飼共等ハ、前〻人宿渡世之もの寄子内ゟ御抱入、以後人宿幷寄子共取締向等之儀夫〻取調、先役鳥居甲斐守（忠耀、南町奉行）ゟ越前守殿（水野忠邦、老中）ニ伺之上、改而町觸も仕候間、御馬飼共之儀ハ、武家方中間ゟハ差別も可有之候得共、寄子ハ同様之儀ニ付、別段人宿ニ申渡等不仕候共欠落者猥ニ他ニ奉公住爲致間敷ハ勿論之儀ニ而、其上諸家厩奉公差構候ゟ之儀も一向御取締相

缺落奉公人ニツキ人宿へ申渡サレタシトノ趣
前々ヨリ缺落ノ者受ケザルヤウ町觸アリ近來猥ニナル

元來御厩内ノ勤方等ハ他ヨリ制度致サズ

他ノ者等立入ラセズ御馬飼博奕セバ部屋内重立ノ者折檻等申付クベシ

別紙ニテ上申ノ儀

附御差支無之様致し度与之見込を以申上候儀ニ而ハ可有之哉ニ候得共、厩奉公而已之儀ニ相成、素〻身輕之もの共ニ而嚴敷申付候得而ハ、心得違いたし時〻欠落等仕、外武家方厩中間等ニ相住勝手之勤方いたし候付、取締向行屆兼候間、以來欠落いたし候ものハ、諸家厩奉公差構候様致し度、兼而其段私共ゟ人宿共江申渡置候様仕度趣ニ有之、右ハ前〻ゟ人宿共欠落奉公人受致間敷旨其外度〻嚴重之町觸（別紙）も有之、殊〻近來猥ニ相成候付、尙又去ル寅年（天保十三年）中左衛門尉北御役所勤中市中御改革候共、自ラ武家奉公構之筋ニ相當、左候得ハ御咎之一廉故、御馬飼之者ニ限り欠落一通之者右様之趣ニ取極申渡候而ハ、諸家一躰ニ拘り候儀ニ付、相當仕間敷哉、元來身輕之者ニ候共御厩内ニ而嚴禁を犯、又ハ猥之勤方等ニ相成候儀ハ、他向ゟ制度可致筋ニハ有之間敷、既ニ先般私共方江召捕當時吟味中之分も、多分他ゟ入込御法度相背候趣ニ相聞、畢竟其場所之制尓〔弥カ〕弛ミ候ゟ自然悪弊を生、不取締ニも成行候儀ニ付、譬欠落等仕候共、右ハ其身之不所存ニ而、詮方も無之儀ニ付、右等ニ不拘他之もの等猥ニ立入候儀無之様致し、以後御馬飼之者共博奕いたし候節、御厩内役人見留候上ハ、見遁ニハ不相成儀ハ勿論ニ候得共、成丈ケ部屋内ニ而、重立候もの共手限ニ而、於其場所嚴重ニ折檻等申付候ハヽ、自然相愼取締も相付可申、何分ニも外ニ良策も無之、先右之趣を以被仰渡可然哉、尤、鷹見（御馬預）七左衛門外壹人別紙（第五・七號）ニ申上候加役方組之もの見廻之儀、水野采女（重明、先手弓頭）・内藤安房守（忠明、同上）に問合候処、（第一〇號）寛政之度御曲輪内見廻方等之儀ニ付長谷川平藏（宣以、先手弓頭）ゟ申上、其後無油斷繁〻相廻り、如何敷儀無之哉心付させ可申旨伊豆守殿（松平信明、老中）被仰渡之趣も有之候旨申聞候間、見廻之序御厩内爲相廻候ハヽ、取締ニも相成可申哉ニ付、右ハ火附盜賊改ニゐ取調可申上旨被仰渡可然、且、御馬飼共御抱入仕方相改、在方者於御代官所人物相撰、村受ニゐ人宿共ゟ可爲差出ゟ之見込之趣、是又村受相成候上ハ、人宿共ゟ爲差出候ゐハ兩端ニ渉り彼是差支も可有之哉、右ハ在方に拘り候儀ニ付、御勘定奉行ニゐ取調可申上旨被仰渡可然哉ニ奉存候、

右勘弁仕候趣、書面之通御座候、依之、御渡有之候書面類七通返上、此段申上候、以上、

（弘化二年）巳五月

遠山左衛門尉

鍋嶋内匠頭（直孝、北町奉行）

（朱書）「享保九辰年」

加役方組見廻ノ儀ハ火附盜賊改ニ取調命ゼラルベシ

在方者抱入方ハ勘定奉行ニ取調命ゼラルベシ

別紙

町觸

人宿ノ内不埒ナル者アリ
奉公人取逃缺落ハ受人不埒ユヘノ事
筋悪シキ人宿ハ名主吟味ノ上番所ヘ差出スベシ
家主ハ筋悪シキ人宿ヲ名主ニ知ラスベシ

覺

町中人宿共之内不埒成もの有之、當前之判賃取候事を専ニいたし、奉公人出生幷欠落もの之吟味も無之請ニ立差出候族有之ニ付、右奉公人取逃・欠落不絶出入多ク、畢竟受人不埒故之事ニ候、自今奉公人欠落四、五人ニも及ひ、筋悪敷出入有之人宿之分ハ、其町之名主支配切ニ遂吟味、書付封候而、月番之番所江可差出候、吟味之上急度可申付候、

但、人宿店ニ差置候家主共ハ、別而能〻相心得、筋悪敷人宿之儀ㇵ早速支配之名主江爲相知可申候、若人宿ニ馴合隱置候家主も有之候ハヽ、後日ニ相知候共人宿同前ニ急度可申付候、

右之通町中之者江觸知らせ、急度可相心得候、此外毎年三月相觸候諸奉公人べん〳〵と浪人ニ而差置間敷旨之觸書、當年ハ寂早別段ニ不相觸候之條、彌前〻之通可相守もの也、

辰（享保九年）三月

「（朱書）巳（弘化二年）十二月三日、
但馬守殿（遠藤胤統、若年寄）御下ケ、」

一三
若年寄書取

御馬飼共宿町方ニテ一手ニ引受ケサス積リ身元相應ニテ取締モスル者撰ブベシ

御馬飼共取締之ため、此度四ケ所御厩御馬飼共宿町方ニゐ一手ニ引受させ候積ニ候間、身元相應ニゐ取締も可仕者相撰申付候様可被致候、尤、御馬預可被談候事、

一四
老中達書控

御馬預宛

「(朱書)(弘化二年)巳十二月七日、
(阿部正弘、老中)伊勢守殿、承付候様被仰渡、原弥十郎(思孝、奥右筆)を以、内匠頭(鍋島直孝、北町奉行)へ御渡、同人ゟ差越、ヒレ付致候、」

ヒレ付末ニ記、

扣　伊勢守

向〻ゟ相達候書付

曲木又六郎(御馬預)

御厩御馬飼共宿ニツキ町奉行ト談ゼラレタシ

向後御徒目付等御厩見廻ル

町奉行宛

火附盗賊改宛

組ノ者御厩向見廻ラセラレタシ

（同右）
諏訪部新三郎
（同右）
村松　万　藏江達
（同右）
靍見七左衛門
（同右）
大　武　藤　助

御馬飼共取締之ため、此度町方之内身元相應ニ而取締も可仕者町奉行所ニ而相撰、四ケ所御厩御馬飼共宿一手ニ爲引請候積ニ候間、町奉行申談候様可被致候、右ニ付而ハ、手當渡方其外諸事取締方之儀、篤与申合勘弁致し可被申聞候、且又、向後御徒目付・御小人目付不時ニ御厩向見廻り幷火附盗賊改組之者共相越候儀も可有候間、兼而其段可被心得候事、

町奉行江達

（朱書）「本文去ル三日但馬守殿（遠藤胤統、若年寄）御下ケ御書取書面（第一三號）同様ニ付、略之、」

火附盗賊改江達

四ケ所御厩御馬飼共取締之ため、向後組之者共折〻爲見廻候様可被致候、尤、万一如何之及所業候者見請候ハヽ、召捕御奉行江引渡候様可被心得候事、

目付宛

御徒目付等御厩向見廻ラセラレタシ

鰭付

南町奉行承付

平賀三五郎（勝足、目付）
松平式部少輔（近昭、目付）　ゟ達

四ヶ所御厩取締之儀、當分之内相心得取扱可被申候、右ニ付而ハ、御徒目付・御小人目付等折〻不時ニ御厩向爲見廻、心附候廉も有之候ハヽ可被申聞候事、

ヒレ付
此書面向〻ゟ御達之趣一覽奉承知候、
巳十二月七日　遠山左衛門尉（景元、南町奉行）

（朱書）（弘化二年）
「巳十二月四日、達ス爲持遣ス、」

諏訪部鎌五郎（御馬預）殿

遠山左衛門尉（景元、南町奉行）

一五　南町奉行掛合書　御馬預宛

御馬飼共宿町方身元相應ノ者申付クヤウ命ゼラル

御支配御馬飼共取締之爲、四ヶ所御厩御馬飼共宿、町方ニ而一手ニ引受させ候積ニ付、身

元相應にて取締も可致もの相撰申付候様可致旨、今般但馬守（遠藤胤統、若年寄）殿以御書取（第一三號）被仰渡候ニ付、右人宿共身元等之儀ハ、拙者方ニゐ取調候上可申付候得共、貴様方御見込之人宿も有之候ハヽ、名前御申越有之候様存候、依之、及御懸合候、

巳（弘化二年）十二月

（朱書）「巳（弘化二年）十二月八日、來、」

「遠山左衛門尉（景元、南町奉行）殿

諏訪部新三郎（御馬預）
大武藤助（同右）

皆川町三丁目
惣次郎店
福嶋屋平六

小石川春日町
五人組持店
冨士屋新七

亀井町

人宿身元等ハ町奉行ニテ取調べ申付ク見込ノ人宿モアラバ名前申越サレタシ

一六　御馬預返答書　南町奉行宛

福嶋屋平六

冨士屋新七

上總屋万右衛門
御馬飼人宿御用支障ナク勤ム
引續キ御用申付ケレバ宜シカラン

右之者共、前々ゟ諏訪部新三郎支配御馬飼五拾三人人宿御用御請負申付來り、無御差支相勤居候得共、猶又右之者共之內身元得ゟ御糺之上、以後御馬飼病氣等ニゐ暇差遣、跡抱入之節〻、當人身元慥成もの精〻相撰差出候樣龍ゟ被仰渡被下、引續右三人之もの共之內に御馬飼人宿御用被　仰付被下候ハヽ、御用弁宜哉ニ奉存候、此段御掛合御答申上候、以上、

十二月(弘化二年)

金五郎店
上總屋万右衛門

諏訪部新三郎

大武藤助

先人宿

一七 御馬預返答書
南町奉行宛

先人宿

(朱書)「巳十二月八日、來、」(弘化二年)

「遠山左衛門尉殿(景元、南町奉行)

曲木又六郎(御馬預)

通武丁目新道
仙臺屋　与五郎

當時人宿
榑正町新道
相模屋　政五郎
右人宿与五郎ニ當三月中迄私支配御馬飼共人宿申付置候処、人宿引替、當時右人宿政五郎ニ申付置候得共、与五郎・政五郎ニても、外御厩之內人宿仕候者ニ御座候ハヽ、差支無御座候、身元御糺之上御差圖次第可仕候、尤、御厩向之外人宿之ものニてハ、御場所其外等馴不申、御差支相成可申哉与奉存候、以上、

（弘化二年）
十二月　　　曲木又六郎
（朱書）（弘化二年）
「巳十二月八日、來、」

（御馬預）
村松万藏

（同右）
鶴見七左衛門

「遠山左衛門尉殿（景元、南町奉行）」

仙臺屋与五郎
當時人宿
相模屋政五郎
兩人共外御厩ノ內人宿仕ル
御厩向ノ外人宿ハ支障アリ

一八
御馬預返答書
南町奉行宛

仙臺屋與五郎
御馬飼人宿御用支障ナク勤ム
引續キ御用申付ケレバ宜シカラン

日本橋通貳丁目新道
八三郎店
仙臺屋與五郎

右之もの前〻ゟ村松万藏支配御馬飼三拾五人、鶴見七左衛門支配御馬飼拾八人、右人宿御用御請負申付來、無御差支相勤居候得共、猶又、右與五郎身元得与御糺之上、以後御馬飼病氣等ニゆ暇差遣跡御抱入之節〻、當人身元慥ケ成もの精〻相撰差出候様、聢与被仰渡被下、引續右與五郎江御馬飼人宿御用被仰付被下候ハヽ、御用弁宜哉ニ奉存候、此段紙面ヲ以御掛合申上候、以上、

(弘化二年)
十二月

村松万藏
鶴見七左衛門

一九
町奉行所定廻
同心風聞書

御馬飼中間共人宿風聞書

定廻

御馬飼中間共御取締之爲、此度四ケ所御厩人宿一手ニ引請、身元相應ニ而御取締宜もの、左之者共ㇳ勿論、其外ニも出精相勤可申もの風聞承探申上候様被仰渡候間、承探候趣、左之通御座候、

皆川町三町目
惣次郎地借(朱書)「店」
人宿
福嶋屋
平　六

右之者、年來人宿致し罷在、當時諏訪部(御馬預)新九郎(朱書)「三」ゝ御厩ニ(朱書)「入口致し」其外御旗本ニハケ成厩中間口入致し候得共、身上向不宜、渡世手薄之趣ニ相聞申候、

小石川春日町
五人組持地借同(朱書)「店」
冨士屋
新　七
巳四十五才

右之もの儀、拾七ケ年以前ゟ右町ニ罷在、追ゝ出入場等相殖、當時九人暮ニ而、家・藏

御馬飼中間共人宿ニツキ風聞ヲ承探ル

福嶋屋平六

諏訪部御厩ノ外旗本ヘ口入ス身上向宜シカラズ渡世手薄

冨士屋新七

身上向モ宜シク手堅キ者
諏訪部御厩ノ外諸家方ニモ出入アリ
御用向申付クトモ支障ナシ
上總屋萬右衛門
諏訪部御厩ノ外諸家厩向等手廣クハナシ
類焼後身上向宜シカラズ
寺社奉行所取立金等アリ
仙臺屋與五郎
村松鶴見御厩ノ外諸家手廣ニ口入ス

等もヶ成ニ有之、身上向も宜、一躰手堅キもの之趣ニ而、寄子共用ひ宜、諏訪部新九郎（朱書）「三」御厩江入口いたし、諸家方ニも相應ニ出入有之候得共、厩向之儀巧者ゟ申程之儀ハ有御座間敷候得共、御用向等被申付候共差支等有之間敷趣ニ相聞申候、

龜井町
金五郎店同
上總屋
万右衛門

右之者、年來當町ニ罷在、諏訪部新九郎（朱書）「三」御厩江入口致し候得共、諸家厩向等手廣ニ無之、殊當三月中神田冨松町ゟ出火之節、類焼致し候後、普請出來兼、當時家内四人暮ニ而、西丸御小納戸荻原近江守屋敷部屋内ニ罷在由ニ而、身上向不宜、寺社奉行所取立金等有之候由、

通武町目新道
八三郎店同
仙臺屋
与五郎
巳三十九歳

右之もの儀、先年右渡世幸藏方江聟養子相成、當時間口六間・奥行三間半之貸家ニ罷在、家内拾四人暮ニ而、村松万藏（御馬預）・鶴見七左衛門（同上）御厩江入口いたし、諸家厩等ヶ成手廣ニ渡

養父借財アリ身上向悪シ

博奕一件以來曲木御厩出入取放ニナル

相模屋雅五郎

相模屋幸右衛門聟養子ニナリ別家ス

曲木御厩ノ外諸家旗本迄格別手廣ニ出入取締宜シク御用向申付クトモ支障ナカラン

手廣ニ請負ヒ下代等ニ任セ置ク人宿アリ

取締宜シキ人宿聢トハ分ラズ

世致し候趣ニも候得共、取締不宜、養父幸藏儀多分之借財有之、身上向至ゆ悪敷、町内ゟ地立被申付、向方御番所ニ被相手取居候趣ニ有之、且又、曲木又六郎御厩ニ入口致し來候處、當春中博奕一件之砌ゟ出入取放相成候由、

槫正町伊兵衛地借
同
相模屋
（朱書）「雅」
政五郎
〃巳三十七才〃〃〃〃

右之者儀、先年白魚屋敷人宿相模屋幸右衛門聟養子ニ相成、其後別家致し、厩之儀ハ幸右衛門代ゟ諸家ニ入口致し、巧者ニ罷在、當時間口十間・奥行四間半之地所ニ住居いたし、家内拾三人程外ニ同居人も有之、身上向もケ成之趣ニゆ、曲木又六郎（御馬預）御厩ニ入口致し、其外諸家御旗本等迄格別手廣ニ出入いたし、取締宜、寄子共遣方手當も行屆候哉ニゆ、御用向被申付候共御差支之儀ハ有之間敷様ニ相聞申候、

右ニも、承探候趣荒増書面之通御座候、尤、人宿共手廣ニ受負等いたし候得ハ、下代等ニ任せ置候儀も有之、寄子共取締方之儀行屆不申廉も可有之哉、誰引受入口等仕候得ハ御取締可宜ル候ゟ之儀、聢ゟ仕候風聞相分り兼申候、且、前書之外人宿共之内ニ可申上人物差當

無御座候、此段申上候、以上、

巳（弘化二年）十二月

定廻

二〇 南町奉行伺書

御馬飼共宿町方身元相應ノ者申付クヤウ命ゼラル

「（朱書）（弘化三年）午二月十一日、」

「但馬守殿（遠藤胤統、若年寄）「（朱書）に上、同月廿九日、御書取添、（第二二號）御下ケ、」

御馬飼共宿一手ニ引受候儀ニ付相伺候書付

遠山左衛門尉（景元、南町奉行）

御馬飼共取締之爲メ、此度四ケ所御厩御馬飼共宿町方ニゐ一手ニ爲引請候積ニ候間、身元相應ニゐ取締も可仕者相撰申付候樣可致、御馬預可申談旨被仰渡候、右ハ、（第二三號）是迄御厩每ニ壹人又ハ兩人ニゐ受負候處、此後ハ壹人宛之受負ゟ申儀ニハ無之、全四ケ所を壹人壹手ニゐ爲請負取締申付候儀ゟハ奉存候得共、爲念相伺申候儀ニゐ、幷此後取調之心得方も御座候間、一旦被仰渡候儀ニハ御座候得共、一應申上候処、書取候樣被仰渡候ニ付、左ニ申上候、乍併、何共被仰渡之御趣意を評候樣ニゐ恐入候得共、御沙汰ニ付、無腹臟書取申候、

多數ノ御馬飼一手ニ差出サバ手廻リ兼ヌ
表向一人ニテ受負フモ内分下遣受負ハス
受負フ者引替ノ節諸事支障ヲ生ゼン
寄子共吟味筋ニテ度々引合アラバ渡世ナリ難シ

此儀、四ケ所御厩御馬飼宿、壹人ニ而一手ニ引受候得は、取締ニも可相成哉ニも可有御座候得共、多人數之御馬飼共一手ニ差出候儀は、身上向其外手支、(朱書)「廻り兼」表向壹人ニ而受負致し候而も、同渡世之ものに是非内分致し下遣爲受負可申候間、左候得は、矢張內實是迄之姿ニ而、且、其當人は格別之一株相立候譯ニ相成、偏執之巷説も可生哉、其上人撰致し申付候上は、萬一不取締等之儀有之、受負候もの引替致し候節は、御馬預ゟ其度ゝ私共に掛合無之候而は引替も不相成、手限之取計も難相成、職役之威權不立樣ニ而、右場合ゟ御馬飼料其外諸事ニ付何樣差支を生、假令博奕之取締は付候共、外ニ故障出來候程も難計、且又、壹人一手之引受相成候而は、渡世柄之儀、寄子共吟味筋有之、度ゝ引合ニも相成候身分ニ而、(朱書)「故」其品ニ寄渡世難相成儀も可有之哉、(朱書)「右等之處」未夕得ゟ調熟候儀ニは無之、素ゟ見越候儀ニは御座候得共、差支之程無覺束奉存候間、依之、先此段相伺申候、以上、

午(弘化三年)二月　　遠山左衛門尉

二一　若年寄書取

御馬飼共取締行届カズ

才力アル町人ニ宿一手ニ引請ケサスカ

火消役役場中間共宿一手ニ引請ケ取締ニナル

火消役ノ取計振ヲモ糺スベシ

覺

御馬飼共宿引請方之儀ニ付、猶又被申聞候趣一通り尤ニ候得共、御馬飼共取締之儀に付而ハ、度〻嚴敷相達候趣も有之候処、更ニ取締行届不申、右躰之族、とても尋常之処置ニ而ハ從來之悪弊相改り候場合ニ至り申間敷候間、一時之權道を以、町人共之內才力有之者相撰、宿一手ニ爲引請候方可然哉との事ニ候、火消役ニ而召抱候役場中間共も、以前ハ不取締之事共ニ候処、市中ニ而身元相應之者相撰、不殘一手ニ爲引請候、以來格別不取締之儀も無之哉ニ相聞候間、右等之振合を以申付候ハヽ、强而不都合之筋茂有之間敷哉、今一應勘弁致し、火消役ニ而一手ニ爲引受候取計振をも相糺可被申聞候事、

二二　町奉行所定廻同心風聞書

定廻

御馬飼中間共人宿風聞書

相模屋政五郎

相模屋幸右衛門聟養子ニナリ別家ス

曲木御厩ノ外諸家籏本迄手廣ニ入口ス

取締宜シク御用向申付クトモ支障ナカラン

厩向ノ儀ハ政五郎程手廣ニテ御用宜シキ者聞カズ

御馬飼中間共御取締之爲、此度四ヶ所御厩人宿一手ニ而引請、身元相應ニ而御取締宜もの、猶又風聞承探申上候樣被仰渡候間、承探候趣、左之通御座候、

樽正町伊兵衛地借
人宿
相模屋
政五郎
年三拾八歲

右之もの、先年白魚屋敷人宿相模屋幸右衛門聟養子相成、其後別家致し、厩之儀ハ幸右衛門代ゟ諸家江入口致し格別事馴罷在、當時間口拾間・奥行四間半之地所ニ住居致し、家内拾三人程外ニ同居人も有之、身上向もケ成之ニ而、曲木又六郎(御馬預)御厩江入口致し、其外諸家御籏本等迄格別手廣ニ入口致し、取締宜、寄子共遣方手當も行屆、家業向出精致し候由ニ而、御用向被申付候共御差支之儀ハ有之間敷哉ニ相聞申候、

右之通御座候、其外人宿共之內身上向等手厚ニ而家業出精致し候ものも御座候間、再應風聞承合候得共、厩向之儀ハ、右政五郎程手廣ニ而御用弁可宜ル者、差當相聞不申候、此段申上候、以上、

(弘化三年)
午三月

定　廻

二三　南町奉行相談書　北町奉行宛

御馬飼共宿町方身元相應ノ者申付クヤウ命ゼラル　火消役役場中間取締ノ振合ヲ糺スヤウ命ゼラル　元人宿雅五郎へ一手ニ申付クベキ旨伺ハン相談ニ及ブ　下ケ札北町奉行挨拶

遠山左衛門尉(景元、南町奉行)

内匠頭殿(鍋島直孝、北町奉行)

四ケ所御厩御馬飼共爲取締、右宿町方ニゐ一手ニ爲引受候積ニ付、身元相應ニゐ取締可仕もの相撰申付候樣、但馬守殿(遠藤胤統、若年寄)御書取(第一三號)を以被仰聞候処、壹人一手之引受相成候ゐㇳ、都ゐ不都合之儀も出來可申哉ら、存寄候趣相伺候処(第二〇號)、火消役役場中間共宿一手ニ引受候以來取締ニも相成候趣ニ付、右振合をも相糺、今一應勘弁致し可申上旨、御書取(第二一號)を以被仰聞候間、則取調、摶正町伊兵衛地借元人宿雅五郎(相模屋)儀、平日共寄子共取調方も宜、取締可成ものら相(第二二號)聞候間、同人江一手之引受可申付旨相伺可申ら存候、依之、別紙御書取写壹通・伺書・中(第二四號)渡案一册相添、此段及御相談候、

午(弘化三年)三月

下ケ札

御書面之趣致承知候、拙者儀何之存寄無御座候、

依之、被遣候書類返却、及御挨拶候、

午三月

鍋嶋内匠頭

二四　町奉行申渡書案　榑正町元番組人宿宛

御厩御馬飼共一手ニ受負申付ク

部屋毎ニ重立ノ者ヲ部屋頭ニ附置クヤウ

御法度ヲ背ク御馬飼ハ町奉行所へ訴出ルベシ

申付方等閑アラバ沙汰ニ及ブベシ

申渡案

榑正町
伊兵衛地借
元番組人宿
雅五郎(相模屋)

其方儀、此度爲取締、四ケ所御厩御馬飼共一手ニ受負申付候、是迄御馬飼共部屋ニ而不取締之儀度々有之由、既右於部屋博奕致し候もの、去巳(弘化二年)二月中召捕、吟味之上、夫々御仕置申付候、以來右躰之儀ハ有之間敷候得共、今般格別之譯を以、一手ニ受負申付候上ハ、御馬飼共實躰成もの相撰、博奕ハ勿論火之元等別而入念、平日共かさつ・法外之儀無之様急度申付、且、右部屋壹ケ所毎ニ取締可相成重立候ものを部屋頭ニ附置、其方儀ハ、日々無懈怠見廻心付、且、右之もの共勤方ハ、前々振合を以、御厩其筋ゟ差圖を受、聊たり共卒爾之儀無之様厚相心得、尤、御馬飼共御法度を背候ものも有之候ハヽ、聊無用捨召連月番町奉行所江可訴出、若申付方等閑候儀も有之趣於相聞ハ、吟味之上、急度可及沙汰條、入

念可相勤、

〔市中取締類集　御馬飼并御飼料馬賣買醫師供方取締之部　二〕

二五
小日向東古川町人宿上申書

元禄年中ヨリ定火消役役場中間請負フ其頃親分子分ト唱ヘ談判ス

私儀、

乍恐御尋ニ付以書付奉申上候

上

一御受負仕候　定御火消役拾ケ所様御役場中間請負之儀ハ、初代勘兵衛、元禄年中ゟ御受負仕候趣ニ承り傳申候、其頃、番組人宿ゟ申仲ケ間無之、俗ニ唱候親分子分ゟ相唱談判

仕候哉ニ承傳申候、享保年中、従　御公儀様拾壹組番組人宿渡世御取極メ被成下置候趣、其節初代勘兵衛儀、拾番組ニ加入仕候由申傳候、

初代　勘兵衛
一元禄年中ゟ延享三寅年迄受負仕、
同年死失仕候、

二代養子　勘兵衛
一延享四卯年ゟ寶暦二申年迄六ケ年
相續仕、同年死失仕候、

三代養子　澤助
一寶暦二申年ゟ同十三未年迄拾貳ケ年
相續仕、同年死失仕候、

四代養子　勘兵衛
一寶暦十三未年ゟ明和六丑年迄七ケ年
相續仕、同年死失仕候、

五代養子　勘兵衛
一明和六丑年ゟ寛政元酉年迄貳拾壹ケ年
相續仕、同年死失仕候、

六代養子　勘兵衛
一寛政元酉年ゟ同八辰年迄八ケ年
相續仕、同年死失仕候、

七代養子　勘兵衛
一寛政同八辰年ゟ文化六巳年迄拾四ケ年
相續仕、病氣ニ付實子勘兵衛ニ家銘相讓
文化八未年死失仕候、

八代實子　勘兵衛
一文化六巳年ゟ天保十五辰年迄三拾六ケ年
相續仕、同年及老年御役場先足痛ニ而難
罷出候間、私實子ニ御坐候間、

享保年中番組人宿取極ラレ初代ハ十番組ヘ加入ノ由

初代

二代

三代

四代

五代

六代

七代

八代

四代迄ハ五ケ所請負フ
五代ハ六ケ所請負フ

享和三年祖父七代相續ノ節小日向へ轉宅

寄子ノ風儀宜シカラズ度々御察斗ヲ受ク部屋ニ他ノ者入込ミ賭事スル者アリ寛政年中口論ニ及ビ部屋頭モ制シ兼ヌ

祖父賭事頭取ノ三人ヲ町奉行所へ訴フ

御火消役様ニ相願候上相續仕候、

一初代勘兵衛ゟ四代勘兵衛迄、元祿年中ゟ寶暦年中迄ハ、　御火消役様何レ之　御役宅御役場中間受負仕候哉難相分、山之手　六ケ所様之内、五ケ所様と申傳候、五代勘兵衛時節、山之手六ケ所、溜池・赤坂・糀町・市ヶ谷・番町・飯田町右六ケ所　御役宅御役中間請負仕候儀ニ御座候、尤、御勤役之御屋敷様御名前相分不申、帳面等天明年中江戸川洪水之節、關口水道町ニ住宅仕候間、其節居宅流失之由、帳面等流失之由明細ニ難相分候、其後、享和三亥年祖父七代勘兵衛相續仕候節、當時之住宅小日向東古川町ニ轉宅仕、今年迄四拾四ケ年住居仕候、

一往古ゟ寄子共風儀不宜、度々奉蒙　御颯〔察〕与奉恐入、風儀不相直候而ハ家業躰ニ拘り候儀与深く心配仕候、寄子共不正之儀ハ年來之風儀、於部屋々他之者入込、夜勘定与唱賭之勝負仕候族有之、相互ニ利欲ゟ事起り、寛政年中与奉存候、及口論部屋頭共制シ方ニも行屆兼、　御屋鋪様ゟ早々可罷越由被仰越候ニ付、祖父勘兵衛時代早速罷越、當人共ニ利害申聞候処、取用不申、不當而已申募り候ニ付、無據、寄子之内半次郎・勝五郎・源藏与申三人之者、平日心底不宜　御法度之賭事頭取候者ニ而、既ニ口論も彼等我意申募り候ゟ事起候間、無據、御月番　御奉行所様ニ三人共召連御訴奉申上候所、

入窂ノ上御構御仕置申付ケラル

祖父切掛カラレ疵ヲ受ク

疵付ケシハ入牢セシ勝五郎祖父ノ訴ヲ意恨ニ含ム

以前ハ御役中間共賭事等ヲ持前ニ心得ル

一件後ハ申付方取用ヒ愼ム

御吟味中入窂被　仰付、御吟味之上御構御仕置被　仰付、一件落着後ハ、一同寄子共奉恐入候儀ハ、乍恐　御公儀様御威光之程冥加至極難有仕合ニ奉存候、不當之者共奉蒙御仕置候ゟ一同恐入、他之者罷越候儀も恐入、自然ト愼候躰ニ相成候由、然ル處、其後祖父勘兵衞、市ケ谷　御役宅ニ罷出候而歸宅之砌、同所田町裏町ニ而、夕暮頃後ロゟ出刃包丁ニ而切掛疵受候得共、其節祖父未三拾七八才之頃ニ御座候間、其者取押候砌、其邊之諸人寄集不被逃様手當致吳、宿元ニ連參、祖父儀ハ頭上ニ疵受候ニ付、御檢使奉願上、御調之上、疵付候者以前召連御訴申上候寄子三人之內勝五郎ト申者ニ而、其節入窂被　仰付、追〻御吟味之上、全召連御訴申上候儀ヲ意恨ニ含ミ、半次郎・源藏ニ被相頼、右躰及始末候段申上、右三人共入窂被　仰付候處、追〻疵處も全快仕候ニ付、寄子之儀ニも御座候間不便ニ奉存、御慈悲奉願上候処、其後御吟味之上、猶亦三人共重キ御構御仕置被　仰付、一件落着仕候、其後ハ寄子共一同奉恐入候故、御奉行所様ニ御訴詔申上候儀無御座、乍恐偏　御威光之程冥加至極難有仕合ニ奉存候、夫迄ハ御役中間共、賭事・引酒・棒先等奉恐入候儀ニ候得共、彼等之持前之様ニ相心得罷在、制シ候得共、不法之族ニ相至り候而ハ手向亂妨之始末ニ候処、右一件後ハ、申付方取用相愼候儀ニ相成申候、

役宅ニヨリ風儀ハ區々

酒代等金錢ヲ商家ヨリ申請ク儀モアリ

祖父ノ遺言

役中間ノ取扱方

部屋取締

一御役宅拾ケ所　御屋敷様御風儀乍恐區〻、殊ニ私方ハ山之手六ケ所様、外　四ケ所様ハ足利屋勘七・相生屋市郎兵衛ゟ申番組人宿渡世仕候者兩人ニ而貳ケ所様宛受負仕罷在候ニ付、下〻も區〻候間、今日之被　仰付ハ明日相崩候様ニ而奉恐入候得共、御屋敷様御不同ニ而ハ、中〻以受負人共何程心配仕候共行屆兼、亂妨狼藉之儀ハ、　御公儀様以御威光一同奉恐入相愼候得共、酒代棒先ゟ相唱、金錢商家ゟ申請候儀間〻有之、相制シ兼候意味有之候処、去ル文化八未年祖父勘兵衛病氣ニ而相臥、追〻藥用致候得共、彌以差重候節、實父勘兵衛江申聞候ハ、寄子共風儀、古來ゟハ追〻相直り候儀ハ、全　御公儀様御威光難有御儀ニ奉存、此上追〻正路ニ相成候様兼而心掛罷在候処、一兩年以前ゟ病氣ニ付、家銘ハ實子ニ候間相讓候得共、心添致時節有之候節ヲ見合、今一段取締候様存居候所、重病ニ而全快致申間敷、遺言ゟ相心得、慥ニ承り置可申一條ハ、寄子之者共親族ヲ放レ家業躰未熟、又ハ、大酒其外癖無之者ハ役中間ニハ相成不申、取扱方手强く而已ニ而ハ、却而亂ニ相成候儀も有之、乍併、自愛而已制方不致候而ハ心得違も有之、不法而已募亂妨ニ可相至哉、右等之儀得ゟ勘辨之上取扱肝要、御公邊御用向精〻入念必麁略無之様第一ニ相心得可申、部屋〻取締之儀ハ、節〻見廻可心付、且、時節不相至候而ハ、却而妨ニ相成候儀ハ、賄賂棒先之一條穿鑿ニ相至り候而ハ容易不成儀、夫故時節

部屋取締嚴重ナラザレバ不正改ラザラン

寄子ニ不正アラバ受負人身分ニ拘ル

祖父病死後實父ニ御尋アリ

御家來以下風儀宜シカラズ

賄賂等强請ルユヘ物入多シ

省略ノ廉上申ヲ申渡サル

年來ノ風儀容易ニハ改ラズ

御役中間以外ノ儀上申ス

十ケ所御役中間等七百人餘

ヲ見合罷在候内、重病ニ而全快不致ゟ覺悟致候儘申置候、此上部屋ゝ取締嚴重ニ相成不申候而ハ、不正之筋改正相成間敷、御屋敷様ハ時之役人衆と扱候上ハ事濟候得共、御公儀様ゟ御尋有之候節ハ、受負人ニ不正非分成儀無之候共、寄子之者共不正之廉ニ相至り候而ハ、受負人身分ニ拘り、家業躰破滅ゟ可相心得ゟ申置病死仕候處、翌文化九申年九月、實父勘兵衞ニ御用有之間可罷出旨被仰越候間、罷出候處、御直ニ御逢之上御尋之儀有之、御人拂ニ而被　仰聞候御儀ハ、御家來・部屋頭・役場中間ニ至迄風儀不宜、賄賂・棒先・酒代等ねたり請候故諸色高直ニ相成、自然御物入多ニ相成候様達　御聞、　御支配様ゟ御改革被　仰出候、右ニ付其方儀先祖ゟ舊年來御役中間受負仕候間、爲冥加出情致、御省略之廉可申上由被　仰渡奉恐入、祖父末期ニ申置候時節と奉存、被

仰渡候儀奉畏候、乍併、一朝一夕之儀ニ無之年來之風儀、容易ニハ相改り申間敷、得ゟ愚案仕巨細ニ可奉申上候間、乍恐御一覽被下、申上候廉ゝ御聞濟被下候ハ、御改革

思召通ニ一同可奉畏、萬ゝ一違背之族有之候ハ、乍恐　御奉行所様江御訴詔申上候得ハ、一同可奉恐入間、御役中間共之儀ハ御任被下置候様申上、其余之廉ゝ御書面可奉申上由申上、相認差上候趣左之通ニ御座候、

一拾ケ所様御役中間等人數七百人余、區ゝニ相成候而ハ取締兼可申候、

奉公向出精ノ者取立ツベシ

暇願等上申ノ節ハ願通リニ申渡サレタシ

部屋頭三十人

是迄ノ不正ハ赦免サレタシ

以後ハ嚴重ニ守ルヤウ申渡サレタシ

町人ヨリ差出ス不正ノ金錢除カバ省略立ツベシ

直ニ窺ヒタキ儀アラバ御目通ヲ願フ

一御役中間見格好能人躰目立候風俗、又ハ惣身彫物致候者共、御目ニ留り候間御贔屓ニ可被思召、惣而依怙之沙汰有之候而ハ取締兼申候、勤方宜敷御奉公向出情之者ヲ取立候儀ニ無之候而ハ示方行屆不申儘、御奉公人共御召抱、又ハ、御暇願等諸事私方ゟ申上候節ハ、縱令何程　御意ニ入候者ニ而も願通ニ被仰候樣ニ不被成下候而ハ取締兼申候、且、受負人依怙之取計有之候而ハ、歸伏不仕候間、御奉公向出情之者專一見立候儀ニ御座候、

一部屋頭三拾人新古之無差別、古參ニ而も不宜節ハ引替可申上間、願之通御聞濟可被下置候、

一是迄賄賂・棒先等不正之筋ゟハ乍申、年來申請候儀ニ候間、是迄之不正ハ御赦免被成下、向後之所嚴重ニ相守候樣仕度、御家來衆右同樣ニ被　仰渡候樣奉願上候、此節御轉役等被　仰付候而ハ迷惑仕候、

一御役方御用承り候町人共差出候不正之金錢一切相除キ、御穿鑿之上相當之御直段ニ御取極メ被遊候ハ、格別之御省略相立可申ゟ奉存候、

一御役向御用筋御役人方江申上、其上被仰上候儀ハ勿論之御儀ニ候得共、御直ニ奉窺度儀ハ、中上候節　御目通江被　召出候樣奉願上候、恐多候得共、中垣ニ被隔

候而上下上下《(衍カ)》モ相通兼候而ハ、御改革相崩レ可申候、

一御入用筋ハ勿論之御儀、諸事　御一統様御平均ニ無之候而ハ、御取締ニ相成申間敷候、

一多人數之儀故何程精〻示方仕候而も行屆兼、町方商人江對酒狂之上口論ケ間敷儀出來有之候節、役中間不法ニ候上ハ、何ケ度も相詫穩便ニ取計候儀ニ御座候、其節役中間迚も御家來之儀故、彼是思召有之候而ハ、彼等氣强而已相成制方行屆兼候間、右樣之節ハ一切御任可被下置候、尤、御役場先之儀ハ、　御屋敷樣思召次第之御事ニ奉存候、

右之趣御聞濟被下候上ハ、格別之御物入御省略ニ可相成、乍併、御威光ニ而非道ニ押付候而ハ立行兼候間、不正ヲ相除キ正路之御憐愍奉蒙度、惣而彼等行跡、金錢相渡候間酒色又ハ不宜儀仕、果ハ御渡之御役具迄質入等致、身分隱し居、時過傍輩ヲ以相詫、勘弁不致節ハ寄子之種盡候間勘弁致、役下ケ平ニ致差置候儀も有之、不始末之次第ニ寄取計候儀ニ御座候、御役中間御定メ御人數欠ケ候節ハ、早〻御沙汰被下候樣仕度、尤、受負人方ニ而も節〻見廻り候へとも、入湯其外私用与申欠ケ人相隱シ候間、見廻而已ニ而ハ難相分、朝暮御氣被付候節ハ不足ハ相知候間、御勘弁無之御沙汰被下置候

諸事御一統様平均ニナクテハ取締ニナラズ

役中間町方商人ト口論ノ節

一切任セラレタシ

役中間定人數缺ケル節ハ沙汰下サレタシ

一ケ所ニ三部屋七十二人召抱ヘラル

部屋頭ヘ欠ケ人ナキヤウ申付ク

役中間給金ヨリ受負人判賃引キ部屋頭ヘ人數分渡ス

一番部屋

二番部屋

三番部屋

高取ト唱フル年來寄子ノ内事馴レシ者撰ビ棒組ト唱フ

纏持五十人
階子持七十人

右ヲ十軒ノ部屋ニ振分置ク

様仕度段申上候、右ハ、壹ケ所様ニ三部屋有之、壹部屋貳拾四人宛三部屋七拾貳人被召抱ニ候、右之者共夫々役廻り有之候間、一部屋兩三人之欠人有之候共、手代・挑燈等之人夫有之候間、御役場之節御差支ニハ相成不申候得共、多人數欠ケ候而ハ、御差支ニ相成候間、精々部屋頭ニ欠ケ人無之様申付候儀ニ御座候、

一役中間御給金壹ケ年壹人ニ付、平均金貳兩銀四匁壹分六厘六毛之受負、右之内受負人判賃金壹分・下請人判賃金貳朱引去相殘り七拾貳人分、部屋頭三人ニ銘々支配之人數貳拾四人分宛三季御給金時奉受取卽刻相渡、夫々ニ相渡申候、

壹番部屋　纏持幷平中間共貳拾四人

貳番部屋　階子持・鑓持・平中間共貳拾四人

三番部屋　右同斷

但、部屋頭壹人つゝ、三人、右貳拾四人之內ニ御座候、

一御役中間之內高取与相唱年來寄子之內相應ニ事馴候者相撰、右ヲ棒組与唱、

部屋壹軒様ニ三軒

纏持ニ　五拾人

階子持ニ　七拾人

右之者共拾軒様部屋々ニ夫々振分罷在、部屋頭下役同様組子差引此者共仕置候間、食

食事ハ店頭ノ差圖次第
飯焚ハ一部屋ニ一人置ク

高取ノ内出精ノ者部屋頭役願フ
部屋頭ヨリ出錢ノ手當ヲ配分サス

部屋頭ノ實子高取ニナクトモ部屋頭勤ムル者アリ

部屋頭古來ハ町宅ノ者アリ
當時ハ役宅内ノ部屋ニ住宅

寄子共病氣ノ節ノ扱
傷寒脚氣等ノ節

事等之節ハ、右之者共店頭ゟ相唱、一部屋ニ貳店又ハ三店ニ膳椀所持致罷在、其店下平役中間差置、野菜・汁等右棚頭差圖次第、尤、飯焚ハ卯時と唱、壹部屋ニ壹人宛差置、右之者御役場有之候節、部屋番ニ而火之元心付候儀ニ御座候、

右高取之内ゟ多く相撰、出情之者見立、部屋頭役相願候、高取纏持ニ而五拾人・階子持ニ而七拾人御給金之外手當之儀ハ、年〻三月御給金之節、部屋頭ゟ壹部屋錢拾貫文つゝ出錢三拾軒分合三百貫文、右ヲ夫〻年數又ハ骨折候者之内纏持ニ而壹人分四貫文ヲ高取ゟ致、階子持ニ而三貫文ヲ高取ゟ致、右百貳拾人江配分爲致候、右ハ人數差引其外下〻之儀、彼等專取計ニ候間、自分入用も有之候間、年〻出錢割遣シ申候、

一部屋頭役相願候者、右高取之内ニ而見立相願候、親部屋頭相勤相果候後、實子有之、幼年ゟ部屋内ニ而成長致候者有之、年頃ニも相成候上ハ、右高取ニ無之候共相願候儀御座候、當時三拾人之内貳人實子ニ而相勤罷在候者御座候、

一右三拾人之部屋頭、古來ハ中ニ町宅仕候者有之候得共、取締不宜候間、當時ハ三拾人不殘御役宅内部屋脇小部屋ゟ唱候部屋有之、右ハ部屋頭住宅ニ御座候、

一寄子共病氣之節、醫師ハ　御屋敷様ゟ本道・外科共御手厚く被下置候、其外傷寒又ハ脚氣等ニ而相臥候節ハ、早〻部屋頭壹人ゟ錢四拾八文つゝ出錢致、拾軒分壹貫五百文

瘡毒ノ節

病死ノ節

給金以外ノ手當ハ銘々へ手渡サル

日々用向アリ何度モ部屋見廻ル

右病人爲見舞差遣、病人望之品相整遣し候、右ハ、私伯父政五郎与申者糀町御役宅壹番部屋頭四拾ケ年來相勤罷在候處、右政五郎存付ニ而惣部屋頭ニ申談、右樣取極致遣申候、尤、其節、父勘藏ニ兄弟之儀故、存付申聞候上、父儀も右樣組子手當致遣吳候段殊之外悅任其意候、尤、瘡毒ニ而相臥候節ハ、早々ニハ遣シ不申、日數十四・五日も引込候へハ其段申越、病症承り全快手間取候病ニ見請候へハ其部屋ニ申付、一同ニ帳面ニ名前認相廻し候て、四拾八文つヽ壹貫五百文之寄錢相渡遣し申候、

一寄子病死致候節ハ、早速罷越相改、菩提所天臺宗四ツ谷北寺町地福院ニ取置申候、回向料四貫貳百文差遣、多人數ニ候間墓所所々ニ散候而ハ如何与存、貳拾七八ケ年以前、別段地所申談、手廣ニ石疊ニ出來、火葬ニ致、年々七月十日於同寺施俄〔餓〕鬼修行之上、其年々之白骨右石疊之内ニ札付入置申候、回向料三貫文・火葬料壹貫貳百文都合四貫貳百文宛差遣申候、尤、變死仕　御見分奉願上候分ハ、土葬ニ而別段墓所取置申候、

一御給金之外不時御手當其外被下物、被下置候通銘々ニ其場ニ而被相渡候間、部屋頭共自分頂戴之外一錢たり共勝手之取計一切無御座候、

一風烈之節不及申、日々何ケ度も部屋見廻候儀ニ御座候、右ハ別段ニ罷出候儀ニ候へとも、日々用向有之候間其都〔度脱カ〕々罷越候儀ニ御座候、

御事等ノ日ハ部屋頭招キ時々見廻ルヤウ申渡ス

給金貯置ク者ナシ

諸賄行屆カズ錢サシ內職ス奉行所ヨリサシ賣トモ沙汰アリ

寄子共ニハ提ケ賣サセズ

部屋頭ヨリ手當遣シ直段定メ賣捌ク

日々賄方不足

一御事・初午・年越・五節句・市・開帳・齊日、惣而群集之日ハ別段部屋頭相招キ時々見廻候様、其都度々申渡候、

一御給金之儀ハ前書申上候通、金貳兩ト銀四匁壹分六厘六毛之內、金壹分貳朱受負人判賃・下請人判賃引去、相殘夫々相渡候得共、相渡候而直様履物・下帯・手拭等相調、其餘ハ酒色ニ費シ、其場ニ而不殘遣捨候者共、一日ゟ貯置候者無之、金錢相渡候一兩日之所、部屋頭心添油斷有之候而、事間違出來仕候儀御座候、平日ハ隨分神妙ニ御座候、鹽噌代壹人ニ付壹ケ月銀壹匁五分三厘、割合候而一日分銀五厘余ニ候間、中々以諸賄行屆兼候間、古來ゟ內職ニ商家江賣捌候錢さし內職仕候、右賣捌方　御奉行所様ゟさし賣共奉蒙　御沙汰候御儀も有之奉恐入候、右內職之品銘々賣歩行候而ハ、御役場有之候節御差支ニも相成、且ハ、非分之賣方仕候而ハ奉恐入、銘々賣歩行候儀ヲ提ケ賣ゟ相唱、右提ケ賣一切寄子共ニハ爲仕不申、夫々商人ゟ申町家住居之者有之、右之者ヲ部屋頭ゟ壹ケ月夫々手當遣、錢さし壹抱何程と直段相定賣渡候上、右之者共夫々　御府內江賣捌申候、尤、先年ハ壹部屋貳貫文程細工高出來候へ(マヽ)而賣捌候由、夫ヲ無厭細工爲致候而、自然さし賣共押賣同樣之爲躰致候節ハ、奉恐入候間、細工高半減ニ爲致、當時ハ右之通ニ而罷有候、細工高壹貫文ニ而藁代差引候ハ、日々賄方余程

御屋敷ヨリ炭手當受ケ凌グ

御定人數不足ニ抱置クユヘ支障アリ

文化九年御改正ノ節上申ノ儀御聞濟

七十二人ノミ抱置クヤウ部屋頭ヘ申渡ス

勝手ニ出歩キ人少ニナル節ノ扱

心付不申候而者引足り不申、別而寒中ニ相至り候而者、肌薄之者共炭無之候而者相凌兼、右細工之余情ニ而炭等買入候得とも、賄方ニ引足兼候程之儀故、炭追〻行届兼候間、此兩三ケ年寒氣ニ相至り候者、無余儀　御屋敷様江相願、御餘光ヲ奉請、炭御手當頂戴致、爲相凌申候、誠ニ年〻同様之儀、其年〻其時遁れニ相願候間當惑至極仕候、

一御定人數何方も不足仕候儀有之、右者人數高ニ應シ、掛り役人衆・受負人・部屋頭合躰ニ而、俗ニコロシ人と唱不足ニ抱置候故、差掛差支有之候　御屋敷様ゟ御沙汰之砌、役掛之衆中合躰之儀故、程能執成事濟ニ相成候間、自然御手薄相成候、御火消役様部屋〻も往古者右之通ニ御座候、然ル處、前書奉申上候時節到來、去ル文化九申年御改正被　仰出候砌、申上候廉〻　御聞濟ニ而、何れニも爲冥加出情致御趣意相立候被　仰付候間、夫迄之不正者御咎メ無之様申上、御人數夫迄八拾四人御抱之所拾貳人相減七拾貳人ニ而追廻し、御差支無之様申上、右之通ニ而御取極ニ相成、右人數丈相抱置候様部屋頭江申渡、御扶持・御給金共御渡之通相渡遣し申候、

尤、右之通ニ申渡、三季御給金之節、一ト部屋貳拾四人之所人數丈ゟ多く有之、當時部屋頭儀もコロシ人等一切不仕候得共、夏向ニ相至り候ゟ自然自分勝手出歩行候間、人少ニ相成候儀も有之、其都度御屋敷様ゟ御沙汰有之候歟、又者、見廻り候節

不足ゟ見請候得節ハ、急度沙汰仕候而、其上ニも行屆兼候ヘハ、前書申上候役中間之内高取之者江申付、御大名火消様部屋〻彼等遊候先〻為相尋連戻、右等之者ゟ部屋頭江為相詫相歸シ申候、年〻取調仕候人別帳之儀ハ、一ト部屋一兩人不足有之候共、あたま數揃不申候而ハ不宜と存、無當名前相認候儀無用、名前計ニ而人無之節、若　御公邊御用向ニ而御尋者等御座候節、其名前江當り候節ハ、名前計相認置候ゟ者申上兼候儘、人別帳ハ居人計為相認候儀ニ御座候、人別帳之儀ハ三月・九月・十二月三季御給金相渡候後相改増減仕候、

一去ル文化九申年御改正之砌、寂初被召呼御內慮奉窺、追〻御仕法替申上候節、御一統様區〻ニ而ハ行屆兼候ニ付、私方江　拾ケ所様役中間受負被　仰付候御評儀ゟ申儀奉伺、其節父勘兵衛奉申上候ハ、冥加ニ相叶難有仕合ニ奉存候得共、足利屋勘七・桐生屋市郎兵衛兩人共同家業躰之者受負被召放候而ハ、難儀仕候儀ニ御座候間、倶ニ申談、可相成丈御改正相成候様申上候処、重キ御趣意ニ候間、右等ニ拘り候儀ハ御厭無之段被　仰聞候得共、兩人共難澁之趣相察、且、兩人之內桐生屋市郎兵衛ハ、幼年之節祖父勘兵衛後見致、引續父勘兵衛後見致成長仕候者故、別而難見放候間、猶亦父勘兵衛ゟ奉願上、　御一統様御受負之儀ハ奉畏候、乍併、兩人共難澁難見捨候間、何

人別帳ハ居人ノミ認メサス

越前屋へ十ケ所受負申付ケラル

同家業ノ兩人受負ヲ召放タレテハ難儀ス

桐生屋ハ父後見致スユヘ別テ見放シ難シ

四軒ノ判賃等ヲ兩人ヘ遣シ勤メシ

若年寄書取ノ趣旨

火消方一統不同ナキヤウ取締ルベシ

十軒受負人越前屋へ申付ク

加判人足利屋桐生屋へ申付ク

卒右兩人加判ニ被　仰付、御手當之儀ハ御省略被遊候御趣意之御廉別段難申上候間、下町様四軒様寄子判賃・受負人ニ被下置候御扶持、此分兩人ニ爲加判金差遣、私方ハ六ケ所様判賃・御扶持頂戴ニ而可相勤申上候処、奇特之儀ニ被思召候得共、乍併、拾ケ所様受負致、彼等ニ右之通手當致遣し候而ハ、其方迷惑ニも被思召候段被　仰聞候ニ付、右之分遣シ不申候而ハ兩人共取續相成兼可申、拾ケ所様相勤候も六ケ所様相勤候も用多而已、別家業躰ニも無之、取扱ハ一統之儀故、迷惑仕候儀毛頭無御座、且ハ、御改正ニ付不正与ハ乍申、棒先・酒代・御役掛り之御方付屆等一切御減シニ相成候上ハ、人欲ニ而快与存申間敷、右之時節私方計六軒様受負拾軒様ニ相成候而ハ、憎も可有之、人氣ニ拘り候而ハ下方取用不宜、歸伏不仕節ハ御改正相崩可申段申上候處、尤ニ被思召、其節御書取ヲ以被　仰渡候趣左之通ニ御座候、

此度植村駿河守殿（家長、老中）御逢之上、火消方兎角不同有之候ニ付、一統不同無之様申談取締相附可申由、尤、組家來幷受負人迄心得違無之様可申付之趣被　仰渡候、依之、我等共得与及談候處、一躰御役成之砌、別而萬端手數多ニ而混雜も有之、入用筋等ニ至不行屆事も有之候、以來同役拾軒受負人越前屋勘兵衛ニ申付候、右ニ付加判人足利屋勘七・桐生屋市郎兵衛ニ申付候、委細ハ勘兵衛ニ申渡置候

以來御目見申付ケラル

古來ノ書面等焼失ニヨリ申傳ヲ上申ス

間、可承請候、

（文化九年）
申十月

右之通被　仰付候、右ニ付以來御目見被　仰付候趣ニ而、御書付ヲ以被仰渡候、

越前屋勘兵衛に

其方儀、數年同役共ニ出入致、兼而申立候儀も有之、實躰相勤候ニ付、向後目見申付候、此段申達候、

（文化十年）
酉二月

右之趣御尋ニ付、去ル文化八申年御改正被仰出候砌ゟ之儀、乍恐奉申上候、古來ゟ之書面等去ル寅年類焼之節、土藏焼失致書物等過半焼失仕候、古來ゟ之儀を申傳及承候儀ヲ奉申上候、此段乍恐御聞濟可被下候樣奉願上候、以上、

（弘化三年）
午三月

小日向東古川町
家持人宿越前屋
勘兵衛㊞

（掛紙上書）
「左衛門尉殿に返却もの」
（遠山景元、南町奉行）

二六　町奉行伺書

御馬飼共宿町方身元相應ノ者申付クヤウ命ゼラル

申付後ノ支障ヲ懸念シ上申ス

火消役役場中間モ以前ハ不取締

（掛紙ニテ抹消、上書アリ、）
（朱書）（弘化三年）「午三月十五日」

「但馬守殿（朱書）「に都筑長三郎を以、申渡案幷風聞書貳通共上ル、」
（遠藤胤統、若年寄）

御馬飼共宿一手引受申付候儀ニ付相伺候書付

「遠山左衛門尉
町奉行

御馬飼共取締之爲メ、此度四ケ所御厩御馬飼共宿町方ニ而一手ニ爲引受候積り候間、身元相應ニ而取締も可仕者相撰申付候樣可致、御馬預可申談旨被仰渡候、（第一三號）右ハ御厩每に壹人又ハ兩人ニ而受負候処、此後ハ壹人宛之受負ゟ申儀ニハ無之、全四ケ所を壹人一手ニ爲受負取締申付候儀ゟ奉存候得とも、取調方心得も御座候間、一應申上候処、御書取候樣被仰渡候ニ付、其節調熟候儀ニハ無之、見越候儀ニハ御座候得共、壹人一手之引受相成、私共ゟ人撰致し申付候上ハ、不慮之差支も出來可申哉ゟ掛念ニ付、一通存寄候趣申上候処、（第一〇號）御馬飼共取締之儀ニ付而ハ、度々嚴敷御達之趣も有之候処、更ニ取締行屆不申、右躰之族とても平常之所置ニ而ハ從來之悪弊相改り候場合ニ至り申間敷候間、一時之權道を以、町人共之内才力有之者相撰、宿一手ニ爲引受候方可然哉、火消役ニ而召抱候役場中間共も、以前

（朱書）「尋」

身元相應ノ者撰ビ一手ニ引受ケサセ以來不取締ナキカ

火消役ノ取計振ヲモ糺スヤウ命ゼラル

越前屋勘兵衛

元祿年中ヨリ定火消役役場中間請負フ

番組人宿へ加入シ五ケ所受負フ

文化九年十ケ所一手ニ請負フ

御馬飼一人一手ニ引受ケレバ是迄ノ請負人難澁セン

往々ハ取締ニナラン

ハ不取締之事共ニ候処、市中ニ而身元相應之もの相撰、不殘一手ニ爲引受候以來、格別不取締之儀も無之哉ニ候間、右等之振合ヲ以申付候ハヽ、强而不都合之筋も有之間敷哉、今一應勘弁致し、火消役ニ而一手ニ爲引受候取計振をも相糺可申上旨被　仰渡候（第二號）ニ付、尙取調勘弁仕候趣申上候、

此儀、定火消役役場中間一手ニ致受負候小日向東古川町家持元番組人宿越前屋勘兵衛先祖勘兵衛儀、元祿年中ゟ役場中間致受負、其頃ハ番組人宿之定も無之、子分ゟ唱候者多く手ニ附請判致し、役場中間爲相勤候哉に相聞、其後享保之度番組人宿取極候節、拾番組に加入致し連綿ゟ渡世致し候、尤、火消役拾ケ所共一手引受候儀ニハ無之、市谷左内坂外五ケ所山之手（朱書）「火消役」寂寄御役屋敷受負致し來、文化九申年中火消役拾ケ所共當勘兵衛實父勘兵衛一手之請負相成、右以來迚も、於火事場不埒之及所行候由にて、度々御沙汰之趣も御座候得共、右躰數年來役場中間共指揮致し、右之者共之內實躰成もの見立、部屋頭申付、當時部屋頭三拾人之內貳人ハ實子ニ而跡引受候者も有之候由ニ付、自然ゟ歸腹（マヽ）も致し、邂逅不宜者入交候而も制度も行屆候儀ニ可有之哉、此度御馬飼壹人一手之引受相成候而ハ、是迄夫々請負致し候者共、一廉之渡世ニ離レ難澁致し候ニ付而ハ、偏執之巷說も可生哉ニハ御座候得共、右ハ當分之儀、往々ハ取締相成可申御沙汰之趣御尤ニ奉存

是迄ノ請負人

請負人取締方等ノ探索ヲ申付ク

雅五郎ハ寄子共取扱方宜シク取締方行届ク

前書平六外四人以外ニ相應ノ人宿ナシ

候間、先達ゟ御沙汰之砌、是迄受負致し候者共之内、取締方等見込之ものも有之哉与御馬預江問合候処、差ゟ可然与差定候ものも無之哉(朱書)「由、乍併是迄」銘〻御預り御厩請負人共名前申越、諏訪部新三郎(御馬預)・大武藤助(同上)方ニ、皆川町三町目惣次郎店元番組人宿平六(福嶋屋)・小石川春日町五人組持店同新七(冨士屋)・龜井町金五郎店同万右衛門(上總屋)、村松万藏(御馬預)・靏見七左衛門(同上)方ニ、通貳町目新道八三郎店同與五郎(仙臺屋)、曲木又六郎(御馬預)方ニ、榑正町伊兵衛地借雅五郎(相模屋)ニ有之、右之もの共取締方・身元・平日之行跡等之儀、組之者江探索申付候處、平六外貳人ニ身元も手薄ニゟ取締方行届候者ニも無之哉ニゟ、新七・雅五郎ニ身元も相應ニゟ、諸家厩中間も多く受負致し、就中、雅五郎儀ニ兼ゟ寄子共取扱方宜、取締方行届可申者与相聞、一躰人宿共之儀ニ、家業巧者ニゟも身上向不如意、出入致し候屋敷も少く候ゟニ、寄子共江可相渡給金之内自分融通ニ遣ひ、渡方不宜候ニ付、寄子共方ニゟ侮蔑致し、申付をも不相用、強ゟ嚴重ニ取締等致し候得ニ、壹人前働相成者ニ、(朱書)「候」暇取外人宿方江隨身致し候ゟ茂渡世差支不相成候故、右躰之人宿江ニ自然不宜者共而已集候趣成行、旁取締方ニ不行屆、家業未熟ニ候共、給金渡方等ニ不正之筋無之、寄子共不時ニ給金前借等之儀申聞候共無差支貸渡、出入屋敷も多く有之者ニ、取用ひも宜取締も可相成哉ニ付、前書平六外四人之外同渡世ニゟ相應之者も可有之哉与再應取調候得共、人宿共も夫〻持前有之、何方ニゟ

雅五郎ニ四ケ所御馬飼一手ニ引受ケサスベシ

も厩中間口入致候ゟ申ニも無之、右請負致し候人宿共ハ無數ニ而、差當り相應取締可相成ゟ申人宿も無之、且、厩中間ハ其外中間ゟ違ひ馬持方之功拙も可有之間、其筋ニ不馴之者ニ而ハ、身元宜敷候迚新規引受候而も御用弁如何可有之哉、且ハ、取締も行屆申間敷哉ニ而、前書雅五郎儀ハ、身上向相應ニ而平日寄子共取締も行屆候ものゟ相聞候間、四ケ所御馬飼一手ニ爲引受、取締方之儀ハ嚴重ニ申付候上、組廻り之ものにも心付方申渡置候樣可仕奉存候、

右取調候趣、書面之通御座候、可然被思召候ハヽ、御差圖次第申渡候上、御馬預に申達候樣可仕哉、依之、別紙申渡書案（第二四號）幷風聞書貳通（第一九・二三號）相添、御下ケ書付三通返上仕、此段相伺申候、

以上、

（弘化三年）午三月

遠山左衛門尉

鍋嶋内匠頭（直孝、北町奉行）

（朱書）（弘化三年）「午十月廿七日、出、」

二七　南町奉行掛合書　北町奉行宛

御馬飼共宿町方身元相應ノ者申付クヤウ命ゼラル
御馬預ヨリ申立アリ是迄通リ差置ク請負人呼出シ取締ノ儀申渡サン
下ケ札
北町奉行挨拶

遠山左衛門尉（景元、南町奉行）

内匠頭殿（鍋島直孝、北町奉行）

御馬飼共取締之爲、町方之内身元相應ニ而取締可仕者相撰、四ケ所御厩御馬飼共宿一手ニ爲引受取締可相成もの相撰申付候様、先般但馬守殿（遠藤胤統、若年寄）被仰渡（第二三號）候間、其節御相談之上、請負可申付もの取調申上候処、御馬預ゟ申立（第一六〜一八號）候趣も有之候由ニ而、先是迄之通差置、併、爲取締當時御厩向請負候者共呼出、不取締無之様急度可申渡旨、御同人被仰渡候間、右請負人共拙者方江呼出、取締之儀申渡候ニ付、其段申上置、御馬預りにも右之趣申達候様可致与存候、依之、別紙御書取（朱書）「写」（第二八號）并右書類一冊差進申候、

（弘化三年）午十月

下ケ札

御書面之趣致承知、拙者儀何之存寄無之候、依之、被遣候別紙壹册返却致し、此段及御挨拶候、

午十月

鍋嶋内匠頭

（朱書）（弘化三年）
「午十月廿二日、
但馬守殿（遠藤胤統、若年寄）、御直御渡、」

二八　若年寄書取

御厩御馬飼共宿是迄通リ差置ク

請負人呼出シ不取締ナキヤウ申渡スベシ

御馬飼共取締之ため、町方之內身元相應ニゐ取締も可仕者相撰、四ヶ所御厩御馬飼共宿一手ニ爲引請候積、㝡前相達候處（第一三號）、御馬預より申聞候趣（第一六〜一八號）も有之候間、先是迄之通差置候、併、爲取締當時御厩向請負候者共、一應町奉行所に呼出、不取締無之樣急度可被申渡候事、

（朱書）（弘化三年）
「午十月廿九日、」

二九　町奉行上申書

「遠山左衛門尉（景元、南町奉行）
町奉行

御馬飼共取締方之儀ニ付請負人共に申渡候儀申上候書付

但馬守殿（遠藤胤統、若年寄）（朱書）「（思孝、奥右筆）に原弥十郎を以上ル、」

御厩御馬飼共宿才力アル町人ニ一手ニ申付ク旨取調ブ
是迄通リ差置ク
請負人呼出シ取締方行屆クヤウ申渡ス
御馬預ヘモ申達ス

三〇 町奉行申渡書案 箔屋町元番組人宿等宛

四ケ所御厩御馬飼共不取締ニ有之候間、町人共之内才力有之もの相撰、宿一手ニ申付候方可然哉之旨、兩度御沙汰（第一三號）御座候間宿一手ニ引受取締ニも可相成もの取調申上候処、御馬預ゟ申上候趣（第一六〜一八號）も有之候間、先是迄之通被差置、併、當時御厩向請負候もの一應私御役所（朱書）「共」ニ呼出、不取締之儀無之樣急度可申渡旨被仰渡（第一八號）候間、昨廿七日、右請負致し候もの共左衛門尉御役所ニ呼出、以來取締方行屆候樣急度申渡候、尤、右之趣御馬預ニも申達（第三一號）候、依之、右申渡書（第三〇號）相添、此段申上候（朱書）「置」、以上、

十月廿八日（弘化三年）

遠山左衛門尉
鍋嶋内匠頭（直孝、北町奉行）

申渡案

箔屋町
忠七地借
元番組人宿
政五郎（相模屋）
皆川町三丁目
惣次郎店
同
平六（福嶋屋）

小石川春日町
五人組持店同（冨士屋）
新　七
亀井町
金五郎店同（上總屋）
万右衛門
松村町
孫兵衛店同（仙臺屋）
与五郎

其方共儀、四ケ所御厩御馬飼共受負致し候処、是迄御馬飼部屋ニゐ不取締之儀度〻有之由、既右部屋内おゐて博奕致し候もの、去巳（弘化二年）二月中召捕吟味之上、夫〻御仕置申付候後ヽ、右躰之儀ヽ有之間鋪候得共、今般御沙汰之趣も有之候ニ付、以來御馬飼共實躰成もの相撰、博奕ヽ勿論火之元等別ゐ入念、平日共かさつ法外之儀無之様急度申付、且、右部屋壹ケ所毎ニ取締可相成寄子之内重立候もの部屋頭ニ附置、其方共儀、日〻無懈怠見廻り心附、御馬飼勤方ヽ、前〻振合を以御厩其筋ゟ差圖を受、聊たり共卒爾之儀無之様厚相心得、此上御馬飼共御法度を相背候もの有之候ハヽ、聊無用捨召連、月番町奉行所ニ可訴出、若申付方等閑候儀も有之趣於相聞ヽ、吟味之上受負取放、急度可及沙汰条、入念可相勤、

御馬飼部屋ニテ不取締アリ
寄子ノ内重立ノ者部屋頭ニ附ケ請負人日々見廻ルベシ
申付方等閑ノ儀アラバ受負取放チ沙汰ニ及ブベシ

三一　町奉行達書案　御馬預宛

御厩御馬飼共宿是迄通リ差置ク

請負人呼出シ御馬飼共取締方行届クヤウ申付ク

申付方等閑ノ儀アラバ請負取放チ沙汰ニ及ブベシ

御馬預ニ御達之案

御支配御馬飼共取締之爲メ、四ケ所御厩御馬飼共宿町方ニ而一手ニ(為)引受候積ニ付、身元相應ニ而取締可致もの相撰申付候様可致旨、先般但馬守殿(遠藤胤統、若年寄)被仰渡候間、(第一三號)御打合之上右人宿可申付もの取調申上候処、各方ゟ被御申上候趣も有之候間、先つ是迄之通差置候、併、爲取締當時御厩向請負候もの共呼出、不取締無之様急度可申渡旨、御書取を以御同人被仰渡候(第一八號)間、拙者御役所ニ(朱書)「箔屋」檜正町(同上)「忠七」伊兵衛地借雅五郎(相模屋)外四人之もの共呼出、以來御馬飼共實躰成ものを相撰、右之者共部屋一ケ所毎ニ取締可相成もの附置、請負人共ハ日〻無懈怠見廻り、平日共かさつ法外之儀無之様申付、此上御法度相背候ものも有之候ハヽ、月番町奉行所ニ無用捨召連訴出候様致し、若請負人共申付等閑之儀も於相聞ハ、請負取放、急度可及沙汰旨申渡候、(第三〇號)依之、御心得として此段及御達候、

午(弘化三年)十月

第二件

三二　風聞書

（朱書）「弘化四年」（二）
巳九月
本多越中守殿御渡

御醫師供方於病家先ねだりケ間敷儀申掛候儀ニ付調

但、町方醫師にも町年寄ゟ申渡、

（朱書）「巳（弘化二年）九月四日、
本多越中守（忠德、若年寄）殿、御渡、」

（朱書）「本紙美濃紙横帳」

上

奥醫師

西丸奥醫師

醫療格別功者

奥醫師

小川（汶庵）龍仙院

多紀（元堅）樂眞院

佐藤道安

津輕玄意

村山自伯

森　雲悅

土生玄昌

西丸
奥醫師

大八木傳庵

小島春庵

佐藤道碩

小堀（朱書）「祐」禎〻眞

右之面〻當時醫療格別功者ニ而、右之内ニも龍仙院・樂眞院・傳庵等ハ、業躰悉く精を尽

供廻リノ風儀御改革後又宜シカラズ取次ノ者差略致スユヘ歎ク者多シ

取次ノ者ヘ内々ニ仕度代遣ハス

供廻リヨリ仕度代强請ルヤウニ立戻ル

し、世上一盤(マヽ)ニ相響、手蔓相求候而薬を乞候趣ハ相違も無之相聞候得共、一盤ニ取用ひられ候に付而ハ、供廻り之もの御改革後又候不宜風儀ニ罷成候由、假令ハ漸手蔓相求申込候而も、取次之者差略致し、主人并自分共爲ニ不相成向ハ、急速難見廻旨主人申聞候抔与申取候ニ付、無余儀相歎キ候もの多く有之候由、勿論銘々召連候中小性初メ陸尺・手廻り之もの共、如何成風説無之様与而兼々嚴敷申付候由ニ而、ねたりハ不申由ニ候得共、諸家并町家共支度代ニ不心付、薬取ニ遣し候向ハ、早朝ゟ參り候而も八時過七時頃迄も相待せ候様ニ、取次之者差略致し候様子ニ付、無據、主人江ハ内々ニ而夫々支度代遣し候由ニ相聞、中ニハ中小性并取次もの等兼々申合置、支度代之内取次之者江も分ケ遣し候哉ニ有之、既ニ龍仙院・樂眞院中小性抔ハ、日々平均壹分余ニも相成、其以下之もの共も右ニ准候由相聞申候、尤、支度代遣し候節、兼々主人被申付候儀も有之候抔与及斷候口上を實意与相心得差扣居候向も有之候由ニ候得とも、左候節ハ陸尺・手廻り之もの共、何となく雜言・がさつ成致し方、或ハ心障之儀を申聞候ニ付、自然見廻方等怠り候而ハ當惑致し候ニ付、内々支度代等差出候由之処、當時いつとなく先方ゟねだり候様ニ立戻り候様(朱書)「趣」相聞申候、尤、主人强而制候上ハ、悉く差支之事共有之候由ニ而、程能制置候様子ニも沙汰仕候、銘々行狀之儀ハ悪説も相聞不申候得共、龍仙院當時甚疳氣相募候而療用等薄く罷成候趣相聞申候、

奥醫師

岡櫟（良允）仙院
吉田長禎
半井策庵
野間玄琢
余語古庵
坂　幽玄
津輕意伯
本康宗圓
杉枝仙庵
吉田秀哲
湯川安道
坂本道景
上田東哲
篠崎三伯

西丸奥醫師

小川玄達
伊藤宗益
太田元禮
柴田元春
小野西育
柴田藝庵
坂　春達
篠崎三哲
小川道伯
柴田玄泰
高村隆德

西丸
奥醫師
大膳亮章庵
岡　了元

多記安良
山崎宗安
村山伯元
畑中善良

醫療醫學共一通リ

從來供廻リノ風儀宜シカラズ

御改革ノ砌主人嚴シク申渡ス

支度ヲ辭退スルユヘ支度代ニテ内々渡ス

支度代強請ル儀一同ニ聞ク

暇遣スモ醫師方相互ニ部屋内入替ルノミ

右之面〻醫療・醫學共一通之儀ニゐ、左迄之儀も相聞不申候、然ル処、日〻召連候中小性幷陸尺・手廻之もの共、前〻ゟ不宜風儀相聞候處、御改革之砌主人嚴敷申渡相愼罷在候由ニ候得共、素ゟ醫師而已を渡居候もの共多く有之、功者ニ立廻り候ゐ、當時ニ至り候ゐハ、其向ニ寄至ゐ穩ニ相愼、病家之次第勘弁致し、がさつ成事共致し候ニ付、時喜〔宜〕ニ至らず候とも支度差出候向も有之由ニ候得共、却ゐ辭退致し、手を不付其儘差置候樣ニ仕成し、無余儀支度代ニゐ内〻相渡候由ニ候得共、いつとなく先方ゟねだり候趣罷成、尤、主人四五度も見廻候上ニゐねだり候ものも有之、又ハ兩三度見廻候ゐ申請候者も有之候由、支度代ねだり候儀も（朱書）「ハ」一同ニ相聞申候、勿論、如何樣成ねだり方主人耳ニ入候ゐ、難捨置向有之候砌ハ、急速暇を遣し候ゐも矢張其日之内醫師方相互ニ部屋内内〻入替り候迄之事ニゐ、何レニも主人嚴敷制候節ハ、家中抔病家急用之出先を申合候ゐ差支させ候儀ハ時〻之事故、醫師手廻り共ニハ銘〻當惑罷在候趣沙汰仕候、且、途中ニおゐて行合候者奥醫師ゟ心付候者ハ、早く片寄り相通し候得共、心得不申候ゆ橋相返抔致し候砌ㇸ、悪口雑言等申懸候ニ付、外聞を恐レ自分片寄候様ニ罷成候、右ㇸ、兼〻奥醫師手廻共不法成儀ㇸ世上噂仕候儀故、差向善悪ㇸ差置、早〻行過候様ニ相成候ニ付、近來別ゆ奥醫師供廻り之もの共權威相募り、往來ニゆ難義致し候もの有之候由相聞申候、右等之風儀ハ奥醫師其外醫師方一般之儀ニ有之、尤、主人銘〻行狀等之儀ㇸ、當時申立候程之風說も相聞不申候、

上

奥醫師
小川龍仙院（汶庵）
多紀樂眞院（元堅）
吉田長禎

奥醫師供廻り權威相募ル

三三　風聞書

奥醫師

半井策庵
野間玄琢
森　雲悦
高村隆德
余語古庵
坂　幽玄
村山自伯
津輕意伯
本康宗圓
杉枝仙庵
吉田秀哲
佐藤道安
土生玄昌
湯川安道
坂本道景

津輕玄意
上田東哲
篠崎三伯
小川玄達
伊藤宗益
太田元禮
柴田元春
岡櫟（良允）仙院
小野西育
柴田藝庵
坂　春達
篠崎三哲
小川道作
柴田元泰

西丸奥醫師

西丸奥醫師

醫療功者ノ世評アル者

小野桃（西節）仙院
岡　了元
大膳亮章庵
大八木傳庵
多紀安良
小嶋春庵
小堀祐益
山崎宗安
村山伯元
佐藤道碩
畑中善良

右之面々風儀・行跡等當時差向善悪共沙汰相聞不申、醫療功者之趣ニ世評仕候ニ、樂眞院・龍仙院・自伯・傳庵・道安・祐益抔ニ可有之趣ニ而、其餘ニ世評之者も相聞不申候得共、療治之儀ニ面々病症ニ寄、得手不得手も有之候儀故、一概ニニ難申、中ニニ學術ハ宜出來候得共、療治ニ至候而ニ左迄之儀無之者も相聞、乍併、近來御趣意被仰出候以

御改革以來取締方改ル

供廻リノ風儀宜シカラズ行合ヒテモ往還中央ヲ往來ス

病家ニテ支度代等强請ル

主人ヨリ嚴シク申付ケ暫時ハ相愼ム

醫師陸諸家等ノ陸尺トハ別派

來ハ、業躰ハ勿論精出し仲ケ間中之音信贈答迄も相改り、家事取賄向迄一躰質素之風儀
ニ相成、尤、御改革以來奥向ニ而頂戴物も相減し候哉ニ付、是迄乘輿之者も願之上歩行
勤ニ相成候者も餘程有之候趣ニ而、惣躰取締方も前〻よりハ格別ニ相改候由ニ候得共、

從來困り居候儀ハ陸尺・手廻之ものハ、何も風儀不宜、供先ニ而行合之者有之候而も
兎角往還中央を往來いたし、先方ニ而も奥醫師ゟ心得候ものハ(朱書)「片」行寄相通候得共、心附不
中ものハ咎候儀も有之候得共、(朱書)「ハ」御病用ニ而罷出候旨相答候ニ付、先方ニ而も奥向御用之
儀故、片寄相通候儀ハ毎〻之儀ニ而相濟候間、病用とさへ申述候得ハ、何用之向ニ而も
奥向之權威ニ恐れ候ものと心得罷在、都而かさつ其上病家ニ罷越候得ハ、先方之様子見

計支度代等ねたり取候ニ付、主人〻ゟ相制候由ニハ候得共、等閑之申付方も有之哉ニ付、

先達而御書付を以御沙汰有之候程之儀ニ付、(朱書)「砌」其筋ハ銘〻嚴敷申付、公儀ゟ之御觸と申
儀ニ付、暫時之內ハ相愼候得共、元來身輕之ものニ而申サ(朱書)「本ノマヽ」[セカ]も一所不定同様之もの共故、

近來相弛ム

又〻近來相弛候哉ニ相聞申候、尤、當時迚も主人〻ニ寄隨分申付候由ニハ候得共、事馴
達者之者ニ無之候而ハ日〻差支候付、無餘儀少〻之儀ハ相聞候而も先ハ其侭ニ抱置候儀

之由、一躰右陸尺共之儀ハ、世俗ニ醫師陸ゟハ唱、諸家幷御役人方等之陸尺ゟハ別派ニ而、
諸家抱醫師(朱書)「町醫師」等ニ至迄一般仲ケ間之突合ニ而、右之內年古くいたし候歟、又ハ小利口ニ立

頭分ハ病家多キ方へ罷越ス

万石以上ノ病家ノ支度料

旗本ノ支度料

町家ノ支度料

困窮ノ者ハ療治ヲ見合ハス

内分ニ強請ルユヘ主人ハ存ゼズ

廻り頭分抔ゟ唱候ものハ、病家多有之方ニ罷越候風儀ニ相成候由ニ而、惣醫師之方ニ而抱不申樣、如何之聞有之候ものも、寂早通例之陸尺ハ難出來訳柄も有之候哉、右躰之ものも上野・增上寺并寺院抔之抱六尺ニ相成候外も不相成事之由ニも相聞、常々醫師之内ニ而も誰々も病家多く流行、又も病家等之噂而已いたし居、實々放埒之ものゟ相聞、當時之樣子ニ而も、病家万石以上ニ候得も、供人數侍兩人・狹箱持・藥箱持・(朱書)「陸」尺・長柄持・草履取都而拾人ニ而貳百疋以上、其以下御旗本ニ而も、先方之樣子ニ寄三貫文或も壹分貳朱位つゝ支度料申受、尤、日々之樣ニ罷越候方ニ而も三四日目位ニ前條(朱書)「見」目合申受、町家抔ニ而奥醫師相招候も、いつれ相應之身代ニ無之候而も療治も受兼候ニ付、右町家ニ罷越候得も、是又店之樣子ニ寄四五貫文位つゝ申受候由、右之通ニ而先方あしらへも不宜支度料差出不申候得も、惡口ケ間鋪申成候ニ付、外聞旁ニ而無余儀乍不肖差遣し候場合ニ至、困窮之者も如何程療治受度存候共、無是非見合候筋ニ而歎ケ敷次第ニも相聞、且又、右支度料又も酒代等ねたり候共一切差出不申樣、寂初ゟ兼而主人々ゟ斷置候者も有之候由ニ候得共、時刻ニも相成候得も(朱書)「支」差度差出候処、寂早支度も濟候旨申候ニ付、料ニ引替差遣候樣ニ相成、其上兩三度も罷越候得も、主人も都度々斷候ニも至兼、終ニも等閑ニ相成、尤、如何樣制候共供待之内内分ニ而ねたり候儀故、主人も不存相過、乍去、

居付ノ者ナクテハ差支フ

醫學館發會ニ御醫師詰メル供待ノ者料理屋等ニテ代錢拂ハズ休息ス發會ノ節商賣休マセ役金ヨリ手當ス

逸〻相紮候ニて居付候もの無之差支ニ付、節〻申渡迄ニて不相募様程能いたし置候由ニも相聞、いつれも當惑いたし候儀故、可成丈制候儀ニは候得共、時〻抱替候儀も出來兼、且は差支ニ付、彼是与申計ニて相過候由、

一年〻正月廿三日於醫（朱書）「學」館發會有之、御醫師一同罷出終日相詰罷在、家來共も供待いたし候（朱書）「居」ニ付、前書之通之者共故、冣寄料理屋・居酒店等に入込酒食いたし代錢不相拂もの有之、其上終日休息罷在、右町人共殊之外難澁之趣に付、近來は右發會之節商賣爲相休候ニ付、醫學館御役金之內ニて右料理屋・居酒店等壹軒に金五拾疋つゝ被下候由ニ付、當時發會之節は近邊難澁之趣は無之由ニ御座候、

〔市中取締類集　御馬飼幷御飼料馬賣買醫師供方取締之部　三〕

三四
町奉行所隠密
廻同心風聞書

奥醫師供廻リ
風儀宜シカラ
ズ風聞取調ブ

笹屋新八口入

風聞書

隠密廻

兩御丸奥醫師中小性幷陸尺・手廻共風儀不宜、酒代等ねたり、差遣し不申向ゟ悪口又ハ心障之義申候趣入御聽、御醫師名前御下ケ被成、右風聞取調候樣被仰渡候間承探左ニ申(第三二・三三號)上候、

龜井町元番組
人宿笹屋新八
口入

岡 櫟仙院(良允、奥醫師)
同 了元(西丸奥醫師)
篠崎三哲(奥醫師)
同 三伯(同右)
野間玄琢(同右)
半井策庵(同右)
津輕玄意(同右)

山形屋重助口入

上州屋文七口入

木挽町三丁目
元番組人宿
山形屋重助口入

（同右）吉田長禎
（同右）津輕意伯
（同右）吉田秀哲
（西丸奥醫師）多紀安良
（同右）山崎宗安
（奥醫師）本康宗圓
（元堅、奥醫師）多紀樂眞院
（奥醫師）森　雲悦
（西丸奥醫師）小堀祐眞
（同右）同　祐益
（奥醫師）柴田元春
（同右）柴田藝庵
（西丸奥醫師）畑中善良
（奥醫師）土生玄昌
（汶庵、奥醫師）小川龍仙院

伊助口入
越中屋三次郎口入
傳吉口入
藤助口入
彦七口入
榮吉口入
安五郎口入
藤吉口入
彌市口入

神田明神下御臺所町
元番組人宿上州屋
文七口入

本郷三町目新平店
伊助日雇入口致候

元人宿ニゆ類焼後出入屋敷
長屋借罷在候越中屋三次郎
口入

日雇宿本郷元町家主不知
傳吉人入

同斷三河町貳丁目同
藤助人入

麹町壹町目喜平店
彦七人入

同店榮吉人入

芝口貳町目安五郎
人入

三河町三丁目藤吉(加賀屋)
人入

元飯田町弥市人入

同　道伯(奥醫師)
小嶋春庵(西丸奥醫師)
湯川安道(奥醫師)
村山自伯(同右)
同　伯元(西丸奥醫師)
大八木傳庵(同右)
余語古庵(奥醫師)
坂　幽玄(同右)
柴田玄蓁(同右)
小川玄達(同右)
伊藤宗益(同右)
小野桃仙院(西節、西丸奥醫師)
同　西育(奥醫師)
高村隆徳(同右)
佐藤道安(同右)

大膳亮章庵〔西丸奥醫師〕　三河町三町目又四郎人入
杉枝仙庵〔奥醫師〕　神田大和町代地吉兵衛店三次郎人入
坂本道景〔同右〕
上田東哲〔同右〕　差當り入口名前相分り不申候
太田玄禮〔同右〕
坂　春達〔同右〕
佐藤道碩〔西丸奥醫師〕

右ハ、業躰功者之方ニハ手筋を求メ申込候得ハ見舞、尤、取次之者差略ニて、主人幷自分共爲メニも不相成向ハ、急束〔速〕難見舞抔ゟ申聞、相歎キ候もの方ニハ罷越候儀ニ有之由、尤、銘〻召連候中小性幷陸尺・手廻り之もの共ニハ、御改革後兼〻嚴敷申付も有之候處、諸家幷町家身分相應之者共方ニハ、支度代等貰受候儀、世上一盤(マヽ)之仕癖相成居候故、一旦相愼罷在候得共、此節相弛ミ候ゟ申儀ニ無之候得共、風儀不宜中小性幷陸尺共支度代ねたり、又ハ時刻ニ相成候得ハ、外〻ニてハ支度代出候得共、家來或ハ召仕不心付抔ゟ世評申成、心障之儀等悪口致し、外聞を厭ひ自然先方ゟ差出候様仕成貰受候由、一躰奥御醫師之分ハ往返共かさつ之義有之、往來混雜之場所ニて往來人難澁致候もの有之候得

又四郎口入
三次郎口入
口入名前不知
取次ノ者差略
御改革後供廻リヘ嚴シク申付ク
供廻リ支度代ヲ强請ル
又ハ自然先方ヨリ差出スヤウ仕成ス
往返ガサツノ義アリ

暇出スモ渡リ者ユヘ部屋入替ルノミ

諸家方勤メトハ風儀違ヒ御醫師ノミ勤ム

供人數

支度代

支度濟ムト申シ支度代ニテ申受ク

醫學館發會ノ節近邊町家ノ者難儀ニ及ブ

近來役所金ニテ手當下シ難澁ニハアラズ

共、權威ヱ恐縮致し差構候もの無之、如何之所業致候者・かさつもの等ハ、主人方ヱゐも心付罷在暇差出候得共、何れも中小性幷寄子もの之義ヱゐ渡りものヱ有之故、陸尺・手廻り等ハ暇出候得ハ、人宿共部屋入替候迄ヱゐ、諸家方相勤候ものらハ風儀も違ひ、御醫師而已相勤候由、

一供人數之儀ハ、侍兩人・挾箱・藥箱・陸尺・草履取り時宜ヱ寄長柄持も召連、以上拾人又ハ八九人位、支度代三分出候得ハ、侍兩人ヱゐ百疋受取、其外夫〻配分致し候由、御籏本ヱゐハ先方ヱ寄壹分貳朱位宛貰受、尤、日〻罷越候先幷年來參り候得ハ四五日目ヱ貰受、町家抔ヱゐハ身分次第四五貫文ゟ三貫文位迄申受候由、勿論支度差出候得ハ、寂早相濟候中支度代ヱゐ貰受度旨申聞、代料申受候儀有之候由、

一每年正月廿三日於醫學館發會有之、御醫師一統罷出供待〻致し、右近邊町家之もの共難儀およひ候處、近來醫學館御役所金之內ヱゐ其渡世ヱ寄金貳朱宛手當被下候由ヱゐ、難澁ら申程之儀ハ無之由、

右之通ヱゐ、前〻御觸も有之、被仰渡之後ハ一兩年程相愼候得共、一躰身輕之もの其上諸家幷御役人方陸尺・手廻らハ違ひ、御醫師陸尺・手廻共給分も無數由ヱ候間、自分支度代等申受候次第ヱも相成候趣ヱゐ、前書御醫師之內日雇のものハ、左迄如何之所業無之哉ヱ

候得共、笹屋新八儀ハ手廣之ものニて、寄子之内ニハ悪ル人多ク有之候間、支度料等ねたり、不申受向ニハ悪口申候趣、右ニ引續候ものハ山形屋重助ニて、新八方寄子同様ニ無之、其余之もの共寄子ニハ差てねたり又ハ一躰之仕成振もかさつ之義無之由ニ候得共、右寄子共之内一様ニ善悪差極メ難申上、種ミ之悪評ハ有之候得共、何れニて何程支度代貰受又ハ悪口致候上強てねたり候与申儀、何分先方名前突留り兼申候、

右密ミ承探候趣書面之通御座候、猶風儀不宜向有之候趣及承次第取調申上候様可仕候、以上、

（弘化二年）
巳十月　　　隠密廻

（朱書）（弘化二年）
「巳十月七日、
（本多忠徳、若年寄）
越中守殿、御直御渡、」

笹屋新八寄子ニハ悪人多シ
寄子ノ善悪一様ニ極メ難シ
悪評アルモ先方名前突留メ兼ヌ

三五　奥醫師願書

供ノ者病家ニテ酒料等申出ザルヤウ先年命ゼラル口入共へモ厳シク申付ク手限ニハ行届兼ネ取締ヲ願フ

私共供之者、病家先ニ而酒料・弁當代等申出候義無之様、先達而被仰渡御座候以後（第五〇號別紙二參看）、別而入念相制し口入共江も嚴敷申付方仕置候処、下賤之もの共、不心掛之輩等も有之、仲間共一統掛念仕候得共、何分手切〔限〕ニ行屆兼候間、可相成ハ猶又其筋ニ而取締御座候様仕度、此段奉願候、以上、

（弘化二年）
巳九月

多紀樂眞院（元堅、奥醫師）
野　間　玄　琢（奥醫師）

三六　南町奉行掛合書　奥醫師宛

御醫師方供ノ者取締方ニツキ評議センヘ御醫師方へ入口ノ者名前等調ベラレタシ

遠山左衛門尉（景元、南町奉行）

多紀樂眞院殿（元堅、奥醫師）
野　間　玄　琢殿（奥醫師）

御醫師方供之もの共取締方之儀、越中守殿（本多忠德、若年寄）御渡有之候付、取計方勘弁致し可申上存候、就而ハ貴様方を始繁職之御醫師方江陸尺其外入口之もの共名住所等御取調之上、御醫師之内誰方陸尺共等ハ何町誰店誰口入ゟ御記、早々御挨拶有之候様存候（第三七號）、此段及御懸合候、

（弘化二年）
巳十月

三七　奥醫師供方人宿名前書

奥醫師陸尺等入口名前書

奥御醫師陸尺・手廻り之者入口名前書

（汶庵）
小川龍仙院

神田明神下御臺所町
家主
銀藏店
壹番組人宿（上州屋）
文　七

（元堅）
多紀樂眞院

木挽町三町目
家主
与兵衛店人宿（山形屋）
重　助

野間玄琢

龜井町家主
金五郎店人宿
新八（笹屋）

吉田長禎

龜井町家主
金五郎店
新八

篠崎三伯

龜井町家主
金五郎店
新八

小川玄達

麹町谷町
陸尺手廻入口
家主
彦四郎

半井策庵

龜井町家主
金五郎店人宿
新八

伊東宗益

麹町壹町目家主
喜兵衛店人宿
榮吉

森雲悦

木挽町三町目家主
与兵衛店人宿
重助

高村隆德

神田三河町三町目家主
新平店人宿
（加賀屋）藤吉

小川道伯

神田明神下御臺所町
家主銀藏店人宿
文七

津輕玄意

龜井町家主
金五郎店人宿
新八

太田元禮

八町堀北嶋町家主
友七店人宿

三之助

木挽町三町目家主
与兵衛店人宿
柴田元泰

重助

木挽町三町目家主
与兵衛店
柴田元春

重助

木挽町三町目家主
与兵衛店
柴田藝庵

重助

篠崎三哲

龜井町家主
金五郎店
壹番組人宿
新八

坂幽玄

神田三河町三町目家主
新兵衛店人宿
加賀屋

藤吉

麹町壹町目家主
儀兵衛店人宿
甲州屋
津輕意伯

佐兵衛

杉枝仙庵

龜井町家主
金五郎店人宿
新八

佐藤道安

神田四軒町家主
徳次郎店人宿
上總屋
弥市

土生玄昌

木挽町三町目家主
与兵衛店人宿
重助

坂本道景

神田四軒町家主
徳次郎店人宿

西丸奥醫師陸尺等入口名前書

西丸奥御醫師右同斷

山木屋
兼次郎

上田東哲

深川中森下町家主
平次郎店人宿
七五郎

岡了元

龜井町家主
金五郎店人宿
新八

大膳亮章庵

神田三河町四町目家主
吉兵衛店人宿
又四郎

大八木傳庵

龜井町家主
金五郎店人宿
新八

多紀安良

龜井町家主

金五郎店人宿
新　八

神田明神下御臺所町
家主銀藏店
小嶋春庵

上州屋
文　七

小堀祐眞

木挽町三町目家主
与兵衛店人宿
重　助

村山伯元

本郷三丁目家主
藤右衛門店人宿
伊　助

山崎宗安

龜井町家主
金五郎店人宿
新　八

神田四軒町家主
德次郎店人宿
佐藤道碩

弥　市
畑　中　善　良
木挽町三町目家主
与兵衛店人宿
重　助
多紀樂眞院
野　間　玄　琢

右之通御座候、以上、
（弘化二年）
十月

三八
奥醫師供方給金等書上
文七人入ノ分

神田明神下御臺所町銀藏店人宿文七（上州屋）「〻」（朱點、本號文書ニツキテハ以下同）人入之分
小川龍仙院（汶庵、奥醫師）「〻」
壹ヶ年
陸尺壹人四兩貳分「〻」
内貳分引落「〻」
手廻同貳兩三分貳朱「〻」
内壹分貳朱引落「〻」
人宿文七ゟ壹人扶持「〻」
小川道伯（奥醫師）「〻」
同斷
小川龍仙院方同斷「〻」
春庵引込ニ付、當五

月以來人入無之、

木挽町三町目与兵衛店人宿重助（山形屋）人入之分

同斷
陸尺壹人六兩「、」
　內爲判賃三分引落「、」
手廻壹人三兩「、」
　內貳分引落「、」

同斷
樂眞院方同斷「、」

同斷
右同斷「、」

同斷
陸尺壹人五兩貳分「、」
　內三分引落「、」
手廻同斷三兩「、」
　內貳分引落「、」

同斷
元泰方同斷「、」

同斷
右同斷

重助人入ノ分

小嶋春庵（西丸奥醫師）「、」

多紀樂眞院（元堅、奥醫師）「、」

森　雲悅（奥醫師）「、」

柴田藝庵（同右）「、」

柴田元泰（同右）「、」

柴田元春（同右）「、」

土生玄昌（同右）「、」

新八人入ノ分

同断
右同断

同断
右同断

亀井町金五郎店人宿新八(笹屋)人入之分

同断
陸尺壹人四両弐分「、」
内三分引落「、」
手廻同断弐両三分「、」
内壹分弐朱引落「、」
新八江別段扶持代一ケ月弐朱宛「、」

同断
右同断「、」
新八扶持代無之「、」

小堀祐眞(西丸奥醫師)「、」

畑中善良(同右)「、」

野間玄琢(奥醫師)「、」

吉田長禎(同右)「、」
篠崎三伯(同右)「、」
篠崎三哲(同右)「、」
杉枝仙庵(同右)「、」
大八木傳庵(西丸奥醫師)「、」
多紀安良(同右)「、」

同断
右同断「、」
新八ゟ別段壹人扶持「、」

同断
陸尺壹人五両「、」
内三分引落「、」
手廻壹人貳両三分「、」
内壹分貳朱引落「、」
同水汲手當一人月〻百文宛「、」

彦四郎人入ノ分

麴町谷町家主人宿彦四郎「、」人入之分

同断
棒頭五両「、」
内三分引落「、」
陸尺両人之内「、」
壹人四両「、」
内貳分引落「、」
壹人三両三分「、」
内貳分引落「、」
手廻壹人貳両三分「、」

山崎宗庵（同右）「、」
岡　了　元（同右）「、」
半井策庵（奥醫師）「、」

津輕玄意（同右）「、」

小川玄達（同右）「、」

榮吉人入ノ分

藤吉人入ノ分

三之助人入ノ分

內貳分引落「、」

麹町壹町目喜兵衛店人宿榮吉「、」人入

同斷
陸尺五兩「、」
內三分引落「、」
手廻三兩「、」
內貳分引落「、」

三河町三町目五人組持店人宿藤吉(加賀屋)「、」人入之分

(朱書)
「右藤吉儀、加役方ニ而手鎖吟味中ニ付未不取調、」

北嶋町友七店人宿三之助「、」人入

壹ケ月雇
陸尺壹人三貫五百文「、」
壹人半扶持「、」

伊東(同右)宗益「、」

高村(同右)隆德「、」

坂(同右)幽玄「、」

太田(同右)元禮「、」

佐兵衛人入ノ分

彌市人入ノ分

兼右衛門人入ノ分

手廻りハ口入不致「、」
三之助に別段扶持代「、」
　一ケ年壹兩貳分「、」

麴町壹町目儀兵衛店人宿佐兵衛(甲州屋)「、」人入之分

津輕意伯(同右)「、」

壹ケ年
手廻壹人貳兩三分「、」
　內壹分引落「、」
陸尺不遣「、」

佐藤道安(同右)「、」

佐藤道碩(西丸奥醫師)「、」

神田四軒町徳次郎店人宿兼右衛門(山木屋カ)方同居弥市(上總屋)人入之分

(朱書)「弥市儀、加役方ニ而手鎖吟味中ニ付未不取調、」

右兼右衛門人入

坂本道景(奥醫師)「、」

壹ケ年
手廻壹人三兩「、」

七五郎人入ノ分

又四郎人入ノ分

伊助人入ノ分

内貳分引落「、」
陸尺ゟ不遣「、」

深川森下町平次郎店七五郎人入　上田東哲（同右）「、」

（朱書）「七五郎儀、旅行致し聢与之儀不相分、」

三河町四町目吉兵衛店人宿又四郎「、」人入　大膳亮章庵（西丸奥醫師）「、」

壹ケ年
　陸尺壹人五兩「、」
　内三分引落「、」
　手廻同斷貳兩三分「、」
　内壹分貳朱引落「、」

本郷三町目藤右衛門店人宿伊助人入

同斷
　陸尺壹人五兩「、」
　内貳分引落「、」
　手廻同斷貳兩三分「、」

村山伯元（同右）「、」

三九
木挽町三丁目人宿上申書
供方給金及ビ判賃
桂川甫安
立野龍貞
丸山岱玄
嶋玄秀

内壹分弐朱引落「、」
伊助ニ別段扶持代「、」
盆暮壹分宛「、」

一御給金壹ケ年三兩つゝ
　内御判賃壹歩つゝ受取申候

一御給金右同斷
　内判賃右同斷

一御給金右同斷
　内判賃右同斷

一御給金壹ケ年三兩
　内判賃壹歩弐朱つゝ受取申候

築地
　寄合御醫師
　　桂川甫安様
　　御手廻り弐人

木挽町三丁目
　町醫師
　　立野龍貞様
　　御手廻り弐人

同所五丁目
　(義次、美作勝山藩主)
　三浦備後守様御醫師
　　丸山岱玄様
　　御手廻り壹人

三拾間堀三丁目
　(齊肅、安藝廣島藩主)
　松平安藝守様御醫師
　　嶋　玄秀様
　　御手廻り三人

神田永富町

山本意庵
大嶋藝庵
杉本仲雲
中嶋玄順
山田定長

一御給金五兩つゝ
　内判賃貳歩つゝ受取申候
一御給金壹ケ年五兩三歩つゝ
　内判賃貳歩貳朱ㇾ受取申候
一御給金壹ケ年三兩つゝ
　内判賃壹歩つゝ受取申候
一御給金壹ケ年六兩つゝ
　内判賃貳歩貳朱つゝ受取申候
一御給金壹ケ年三兩貳分つゝ
　内判賃貳歩つゝ受取申候
右之通り御座候、御尋ㇾ付此段奉申上候、以上、
　弘化二巳年十月廿三日

太田攝津守様御醫師（資功、遠江掛川藩主）
　山本意庵様
　御陸尺四人
靈岸嶋
松平左近將監様御醫師（近説、豊後府内藩主）
　大嶋藝庵様
　御陸尺二人
下谷御徒町
寄合御醫師
　杉本仲雲様
　御手廻り貳人
内藤新宿
御廣敷御醫師
　中嶋玄順様
　御陸尺三人
（朱書）「壹」
神田四軒町
寄合御醫師
　山田定長様
　御手廻り六人
（朱書）「二」
木挽町三丁目
与兵衛店

下ケ札一
給金ハ毎月渡サル
判賃ハ五節句ニ受取ル

下ケ札二
給金ハ年四度ニ割合渡サル
判賃ハ三月ニ受取ル

四〇
麹町一丁目人宿等上申書
町奉行所宛

松本龍方陸尺給金及ビ判賃

小達道益

中間給金及ビ判賃

人宿　（山形屋）重　助㊞

（朱書）
「壹」
御給金壹人分壹ケ月金貳分つヽ毎月御渡御座候、
内判賃之儀ハ、五節句ニ金貳朱つヽ當人共ゟ受取申候、

（朱書）
「二」
御給金壹人分金三兩貳分つヽ之處、爲御取替金壹兩貳つヽ毎年三月御渡有之、
殘金七月金貳分・九月金三分・十二月金三分御渡御座候、
内判賃之儀ハ、毎年三月壹人分金貳分つヽ當人共ゟ受取申候、
右之通ニ御座候、尤、外御出入仕御醫師方様方も凡右之振り合受取申候、
麹町天神下
御目見ニ御醫師
松本龍方様
但、御陸尺三人
御給金壹人ニ付
金五兩
内判賃金貳分
下ケ札
（割印）
麹町拾貳丁目
（徳川慶臧、尾張名古屋藩主）
尾州様ニ御目見
小達道益様
但、中間三人
御給金壹人ニ付
金貳兩貳分
内判賃金壹分貳朱

石川安正
中間給金及ビ判賃
中嶋三郷
中間給金及ビ判賃
吉田周庵
中間給金及ビ判賃
判賃ハ年四度ニ割合受取ル

四ツ谷仲殿町
尾州様御奥醫師
石川安正様
但、中間貳人
御給金壹人ニ付
金三両
内判賃金貳分

市ケ谷薬王寺前
同
中嶋三郷様
但、中間三人
御給金壹人ニ付
金三両
内判賃金貳分

雉子橋通り
御本丸御廣敷廻り
吉田周庵様
但、中間三人
御給金壹人ニ付
金三両
内判賃金貳分

右之通ニ御座候、尤、判賃之義も、年四度ニ割合前書之通り受取候義ニ御座候、右御尋ニ付、此段奉申上候、以上、

弘化二巳年十月廿三日

麹町壹町目
喜兵衛店
榮（人宿）吉㊞
家主
喜兵衛㊞
五人組

下ケ札
御出入ノ外病
家多クハナシ

四一
神田明神下御
臺所町人宿等
上申書
雨森宗益

陸尺給金及ビ
判賃

手廻給金及ビ
判賃

藤兵衛㊞

御番所様

下ケ札
本文松本龍方様外御四人共御出入之外格別病家多ゟ申〆も無御座、臨時〆夜分
抔御出ゟ申義も過半無御座候、御尋〆付此段申上候、

小川町一ツ橋通
御屋敷幷町家共貳拾軒程も病家有之由〆御座候、

御目見醫師　雨森宗益

松平讃岐守様御抱（賴胤、讃岐高松藩主）

陸尺　四人　陸尺壹人〆付壹ケ年　御給金六兩　內金三分判賃

手廻　壹人　手廻り右同斷　御給金貳兩三分　內金貳分判賃

〆

一ツ橋御主殿御附（徳川慶壽、一橋家當主）

曾谷長春

手廻給金及ビ
判賃

垂木庚民

陸尺給金及ビ
判賃

御番醫師　曾谷長春　下谷和泉橋通

一ツ橋様之外病家外ニ無之、

手廻　三人　手廻り壹人ニ付壹ヶ年
御給金三両　内金貳分判賃

四度受取　取替之節
判賃引

三　月金壹両貳分
七　月同貳分
九　月同貳分
十二月同貳分

上野(輪王寺宮慈性入道親王)御門主様御目見

町醫師　垂木庚民　本石町四丁目

町家ニ病家少〻有之、

陸尺　貳人　陸尺壹人ニ付壹ヶ年
御給金五両　内金三分判賃

四度ニ受取　取替之節
判賃引

三　月金貳両
七　月同壹両
九　月同壹両
十二月同壹両

御番醫

石坂宗貞

手廻給金及ビ判賃

下ケ札 陸尺給金

石坂宗貞　濱町山伏井戸

御番之外病家無之、

手廻り壹人ニ付壹ケ年

手廻 貳人　御給金三兩　内金貳分判賃

四度受取　取替之節判賃引

三　月金壹兩貳分
七　月金貳分
九　月金貳分
十二月金貳分

右之通ニ御座候、以上、

弘化二巳年十月廿三日

神田明神下御臺所町
銀藏店　文　七㊞（上州屋、人宿）
家主　銀　藏㊞
五人組　藤兵衛㊞

下ケ札
陸尺
御給金之内
三　月金貳兩
五　月貳分
七　月貳分　此節判賃引

手廻給金

九　月壹兩
十一月壹兩
十二月壹兩六度受取
手廻同
三　月金壹兩貳分右同斷
七　月同壹分貳朱
九　月同壹分貳朱
十二月同貳分四度受取

三拾間堀壹丁目
奥御醫師
柴　田　玄　春様

四二
木挽町三丁目
人宿上申書
柴田玄春

陸尺給金及ビ
判賃

御陸尺四人

御給金壹人分壹ケ年五兩貳分つゝ之處月割ニゐ壹ケ月壹分貳朱ト

五匁つゝ御渡し御座候、

內判賃每月壹人分金壹朱つゝ壹ケ年都合金三分受取申候、

手廻給金及ビ
判賃

給金ハ年四度
ニ割合渡サル

御手廻り五人

御給金壹人分壹ケ年三兩つゝ御渡し御座候、三月爲御取替金壹兩壹分・七月貳分・九月貳

分・十二月三分御渡し御座候、

判賃ハ三月ニ
受取ル

內判賃貳分受取申候、尤、三月受取申候、

(弘化二年)
巳十月廿三日

木挽町三丁目
与兵衛店
人宿　重(笹屋)助

四三　亀井町人宿上申書　町奉行所宛
供方給金及ビ判賃
吉田秀哲
本康宗圓
小野蕙畝
數原清庵

一 御給金三両
　内判賃壹分
　　御手廻り三人
右ㇵ、三月御取替相渡シ候節請取申候、外ㇾ病氣之節も手當金として金壹分追ゝ預り置申候、
　兩國薬研堀
　　奥御醫師
　　　吉田秀哲
「壹」(朱書)

一 同貳兩三歩
　内判賃壹分
　　御手廻り七人
右同斷
　麹町五町目
　　奥御醫師
　　　本康宗圓
「二」(朱書)

一 御給金四兩貳分
　内判賃貳分
　　御陸尺四人
右同斷
　下谷煉〔練〕塀小路
　　奥詰御醫師
　　　小野蕙〔蕙〕畝
「三」(朱書)

一 同三兩
　内判賃壹分
　　御手廻り貳人
右同斷
　濱町山伏井戸
　　寄合御醫師
　　　數原清庵
「四」(朱書)

蟲明春齋

一　御給金五兩貳分
　内判賃貳分
　右同斷
御陸尺貳人

日本橋西河岸町
田安様（徳川慶頼、田安家當主）
御目見御醫師
蟲明春齋
（朱書）「五」

二階堂道齋

一　同四兩貳分
　内判賃貳分
　右同斷
御陸尺三人

下谷煉〔練〕塀小路
町御醫師
二階堂道齋
〔六〕

利光仙庵

一　御給金五兩貳分
　内判賃貳分
　右同斷
御陸尺貳人

平松町
町御醫師
利光仙庵
〔七〕

青木春岱

一　同五兩三分
　内判賃貳分
　右同斷
御陸尺四人

本銀町壹町目
町御醫師
青木春岱
（朱書）「八」

印牧玄順

一　御給金五兩
　内判賃貳分
御陸尺三人

兩國村松町
御目見御醫師
印牧玄順
（朱書）「九」

右同断

「十」(朱書)
兩國若松町
御目見御醫師
加藤善庵
一　同五両
内判賃貳分
右同断
御陸尺貳人

「十一」(朱書)
兩國村松町
一ツ橋様(徳川慶壽、一橋家當主)
御醫師
出井悌三
一　御給金三両
内判賃壹分
右同断
御手廻り三人

「十二」(朱書)
湯嶋天神前町
町御醫師
野間玄琇
一　同貳両三分
内判賃壹分
右同断
御手廻り貳人

「十三」(朱書)
淺草並木町
町御醫師
鈴木淡齋
一　御給金三両
内判賃壹分
右同断
御手廻り壹人

「十四」(朱書)
濱町矢ノ倉
町御醫師
石坂宗桂
一　同三両
内判賃壹分
御手廻り貳人

加藤善庵
出井悌三
野間玄琇
鈴木淡齋
石坂宗桂

添田玄誠

小原長春

吉田梅庵

右同断

「(朱書)十五」
下谷和泉橋通
御廣敷見廻り
御醫師
添田玄誠

一 御給金三両
内判賃壹分　　御手廻り三人
右同断

「(朱書)十六」
神田三河町三町目
一ツ橋様
御醫師
小原長春

一 同三両
内判賃壹分　　御手廻り貳人
右同断

「(朱書)十七」
新道壹番町
寄合御醫師
吉田梅庵

一 同三両
内判賃壹分　　御手廻り壹人
右同断

右之通御座候、以上、

弘化二巳年十月廿三日

龜井町
金五郎店
人宿　新八(笹屋)㊞

御番所様

下ケ札一
（朱書）「壹」御當番之外病家無之候、

下ケ札二
（朱書）「二」右同斷、

下ケ札三
（朱書）「三」御當番之外病家少〻ニ御座候、

下ケ札四
（朱書）「四」御幼年ニ付醫學館其外病家無御座候、

下ケ札五
（朱書）「五」病家少〻ニ御座候、

下ケ札六
（朱書）「六」右同斷、

下ケ札七
（朱書）「七」病家少〻ニ御座候、

下ケ札八
（朱書）「八」病家相應ニ御座候、

下ケ札九
（朱書）「九」病家少〻ニ御座候、

下ケ札十
（朱書）「十」右同斷、

下ケ札十一
（朱書）「十一」病家少〻ニ御座候、

下ケ札十二
（朱書）「十二」右同斷、

下ケ札十三
（朱書）「十三」右同斷、

下ケ札十四
（朱書）「十四」右同斷、

下ケ札十五
（朱書）「十五」御當番之外病家無之候、

下ケ札十六
下ケ札十七

四四　本郷三丁目人宿上申書　町奉行所宛

松嶋瑞碩
山本元丹
給金ノ外手當ナシ
三月ニ出替ノ節判料請取ル

(朱書)「十六」　病家少〻ニ御座候、

(朱書)「十七」　病家無之候、

乍恐以書付奉申上候

お玉ケ池住居
(前田齊泰、加賀金澤藩主)
松平加賀守様御家來
小児醫師
松嶋瑞碵〔碩〕
(割印)
(朱書)「壹」

下谷茅町貳丁目住居
(前田利平、加賀大聖寺藩主)
松平備後守様御家來
本道醫師
山本元丹
(割印)
(朱書)「二」

右兩人方ニ陸尺貳人宛差出置、壹人ニ付壹ケ年給金五兩宛其外手當等無之、毎年三月出替之節私方ニ判料金貳分宛請取申候、右御尋ニ付此段奉申上候、以上、
(割印)
(朱書)「三」

弘化二巳年十月廿三日
本郷三町目
新平店
伊(人宿)助㊞

御番所様

下ケ札一
（朱書）「壹」　宅ニて病人多參り候得共、外出之儀少キ方ニ御座候、

下ケ札二
（朱書）「二」　本文陸尺之者時取草履取其外ニも召連候得共、病家ても少キ方ニ御座候、

下ケ札三
（朱書）「三」　（朱書）「判」本文料〻之儀ハ、給金五兩之内ニゐ受取申候、

（朱書）（弘化二年）「巳十一月廿九日、
（朱書）越中守殿（本多忠德、若年寄）「ニ御直上ル、」

両丸奥御醫師供方之者共取締方之儀取調勘弁仕候趣申上候書付
〻〻〻

遠山左衛門尉（景元、南町奉行）

書面伺之通相心得取計、尤、御達
案取調申上候様被仰聞、承知仕候、
巳十二月五日

四五　南町奉行伺書

御醫師供方ノ風儀御改革後又宜シカラズ取締方評議ヲ命ゼラル先年御醫師ヘ達書

両丸奥御醫師供方之もの共、御改革後又候風儀不宜由之風聞書（第三二・三三號）幷右ニ付多紀樂眞院（元堅、奥醫師）・野間
〻〻〻
玄琢（奥醫師）ゟ申上候書付共（第三五號）御渡、取締方勘弁仕可申上旨被仰渡候、
此儀、組廻之者ニも申渡、猶風聞爲承候処（第三四號）、去ル寅年（丑）御書付を以御醫師中ニ被仰達候、
〻

町方醫師市中一躰ノ者ヘモ申渡サス

申付方等閑ニテ酒代等無心スル供方アリ

人宿呼出シ糺ス

人宿ノミ咎メテモ寄子共取締方行屆カズ

御醫師供重ノ入口ノ者ノミヘ申渡ス　組廻ノ者ヘモ探索方申付ク

右御書付之趣ハ、町方醫師ニも可申聞置旨被仰渡候ニ付、右家業之者共は勿論、市中一躰之者共ニも町年寄ともゟ爲申渡候、(第五〇號別紙二)以來銘〻供方之もの共ニ精〻入念申付、右入口之もの共ゟも無油斷申聞置候由ニは候得共、元來內〻ニ而いたし成候儀ニ付、主人之耳ニ不入樣病家与相對いたし候儀ニ而、當時ニ至り候而は、(朱書)「追〻」日〻之儀自ラ申付方も等閑ニ相成、無逸与右供方之者共之內、從來之仕癖ニ流れ心得違仕、酒代又は支度代等無心致し候もの有之候与之趣は粗相聞候ニ付、右之者共召捕及吟味候ハヽ、取締方相附可申得共、(朱書)「候」素ゟ相對之儀ニ有之、誰供方いつれニ而何樣之無心致し迷惑相懸ケ候与申儀は、差當り突留兼候ニ付、右御醫師方ニ兼〻入口致し候人宿名前之儀は、先達而入御聽置候通、夫〻呼出相糺候、此上吟味詰可申哉与勘弁仕候處、元來奉公人口入之儀は渡世ニ候得共、當人共勤方之儀は、敢而口入人之不埒ニも無之、全寄子共之不屆、其主人ゟも申付方等閑故之儀ニ付、本人共は相遁、人宿とも而已相咎候而も寄子共取締方行屆候とも難申上、猶再考仕処、右寅年被(丑)仰出候趣は、其節市中一躰ニ觸達置候儀ニ而、分而御醫師供重之入口者共ニ申聞候儀ニは無之間、自ラ寄子之者共ニも常〻申付方も不行屆ニも可有之間、此度は右入口之もの共而已ニ、以來風儀不宜儀無之樣嚴重ニ申渡、組廻り之者ニも無油斷探索方申付、此上不埒之所業致し候ものハ、時日を不移爲召捕、時宜ニ寄人宿幷

御馬飼幷御飼料・馬賣買・醫師供方取締之部　第二件(四五)　一一五

金錢差出候もの迄も吟味仕候ハヽ、一躰ニ相響取締相成可申哉ニ奉存候間、先右申上候趣を以取計候様可仕候哉、此段相伺申候、右伺之通取計被仰渡候ハヽ、御醫師共ニ之取締被仰渡案取調差上可申候、（第四八號）

右取調勘弁仕候趣、書面之通御座候、以上、

（弘化二年）巳十一月　遠山左衛門尉

「（朱書）巳十二月五日、（弘化二年）越中守殿、（本多忠德、若年寄）御直御書取御渡、承り付候様被仰聞、御渡し、」

覺

伺之通相心得可被取計候、尤、達案取調可被申聞候事、（第四八號）

「（朱書）巳十二月八日、（弘化二年）」

右ニヨリ取計フベキカ伺フ
伺通リ申渡サレバ御醫師ヘノ御達案取調ブ

四六　若年寄書取

四七　南町奉行上申書

御達案上申ス
町方醫師ヘモ申渡サス
入口ノ者ヘノ申渡ハ市中一躰ノ者ヘモ心得サスベシ

越中守殿（本多忠德、若年寄）（朱書）「に御直上之、」

御醫師供方取締之儀ニ付御達案取調申上候書付

書面御醫師中に取締之儀御達御座候間、町方醫師へ申渡等都ゐ伺之通相心得可取計旨被仰渡、奉承知候、
巳十二月廿六日

遠山左衛門尉（景元、南町奉行）

御醫師供方之もの共風儀不宜儀ニ付、取調勘弁仕候趣先達ゐ申上候処（第四五號）、伺之通相心得取計尤御達案取調申上候様被仰聞候ニ付（第四六號）、則御達案入御覧申候（第四八號）、尤、取調候趣を以、御醫師に御達相成候ハヽ、右之趣町方醫師にも町年寄共より爲申渡、此度入口之者共に申渡候趣（第四九號）を、市中一躰之者共にも爲相心得置候様可仕（朱書）「与」旨奉存候、依之、御下ケ被成候風聞書付貳冊（壹通）返上仕、此段申上候、以上、

（弘化二年）巳十二月　遠山左衛門尉

（朱書）（弘化二年）「巳十二月七日、書面之通御達書取調、忠太夫（高林、南町奉行公用人）を以差出候処、掛紙之通相心得、別紙請書認差出候事、」

御達案

醫師供方之もの風儀不宜、病家ニ罷越、酒料・弁當代与唱ねたりケ間敷義申懸ケ候もの有之趣相聞候ニ付、去ル寅年（丑）相達候趣も有之処、近來申付方等閑相成候故歟、又候相緩（朱書）「弛」心得違いたし候もの有之哉ニ相聞、以之外之事ニ候、（朱書）「此度」右入口渡世之もの町奉行所ニ呼出、急度取締方申渡候、此以後心得違いたし酒代等ねたり取候もの於有之ハ、供先ニても無用捨召捕及吟味、其品ニ寄家來共ニも嚴重ニ咎申付候筈、町奉行ニ申渡置候間、以來右躰之儀無之樣精〻嚴敷申付候樣可被致候、

（朱書）「掛紙」
其方共供方之者共風儀不宜、病家ニ罷越、酒代弁（又ハ）當料与唱へねたりケ間敷義申懸もの有之ニ付、去ル（朱書）「丑」寅年相達置候處、（第五〇號別紙二參看）近來亦〻相弛由（趣）風聞有之ニ付、可及沙汰處、其方共手切之制度行屆兼趣（由）ニて其筋へ取締相願付、（第三五號）町奉行ニ達、口入之者共呼出夫〻相糺、以後心得違決て無之樣奉公人共ニ精〻可申聞旨申渡置候、（第四九號）若相背者於有之ハ、無用捨召捕可吟（及）

四八　若年寄達書案

醫師供方ノ風儀宜シカラズ

口入ノ者町奉行所へ呼出シ取締方申渡ス

嚴シク申付クベシ

掛紙

醫師ヨリ取締願フユへ町奉行へ口入ノ者呼出ス

以後申付方等閑ノ儀アラバ沙汰ニ及バン

四九　町奉行申渡書案　奥醫師供方人宿宛

味条、侍共之義ハ嚴料ニも相當り候可及間、念入可申付置、今度之義ハ其方共ゟ取締之義相願事故、不及沙汰候、以後銘〻申付方等閑之儀於有之ハ、其方共ニおゐても不束故、急度可及沙汰ゟ能〻申合置様可致事、

（朱書）（弘化二年）「巳十二月九日、○　申渡、

○本多越中守殿（忠德、若年寄）に申上候上」　申渡

神田明神下御臺所町
銀藏店
人宿　文七（上州屋）

木挽町三町目
与兵衛店
同　重助（山形屋）

龜井町
金五郎店
同　新八（笹屋）

麴町谷町
家主同　彦四郎

同所壹町目

喜兵衛店
同　　榮　吉

三河
神田町三町目
〻〻
五人組持
新平店同　　（加賀屋）藤　吉　（朱書）「壹」

北嶋町
友七店
同　　三之助

麴町壹町目
儀兵衛店
同　　（甲州屋）佐兵衛

神田四軒町
〻〻
徳次郎店
同　　（上總屋）弥　市　（朱書）「二」

同店
同　　（山木屋）兼次郎

深川中森下町
〻

平次郎店
同　七五郎

三河町四町目
吉兵衛店
同　又四郎

本郷三町目
藤右衛門店
同　伊助

御醫師供方ノ風儀又宜シカラズ病家先ニテ酒代等强請ル者アリ

此度ハ宥免ス

不埒ノ筋ナキヤウ寄子等ヘ申付クベシ

下ケ札一

下ケ札二

御醫師供方之者共風儀不宜候ニ付、去寅年〔丑〕觸置候趣も有之処、(第五〇號別紙二)近來又候心得違いたし、病家先ニ而酒代等不差出向にハねたりケ間敷儀申掛候もの有之哉ニ相聞、其方共儀專ラ御醫師方供方人入いたし候趣相聞、右躰不埒之もの有之候段、平日申付方等閑故之儀ニ付、吟味之上ニ急度も可申付処、(朱書)「此」今度ハ宥免を以吟味之不及沙汰、此上不埒之筋於相聞ハ、供先ニ而も無用捨召捕、其方供にも嚴重ニ可及沙汰条、(朱書)「間」以來右躰(朱書)「之儀」無之樣精〻入念寄子共に(朱書)「等」申付置候樣可致、

(朱書)「壹」　此者當時加役方掛吟味中手鎖預相成居候、

(朱書)「二」　此者當時加役方掛吟味中手鎖預相成居、

「（朱書）本文之通被仰渡候ハヽ、左之通末之文を加爲致觸達候方ニ可有之候哉、」
右之通御醫師中重之入口之ものゝ共ニ申渡、以後如何之儀等相聞候ハヽ、時宜次第金錢差出候もの迄も呼出し可及吟味条、同渡世之者共ハ勿論、市中一躰之者共ニも不洩樣申渡置候樣可致、

左ノ本文ヲ加ヘ觸達スベシ

五〇
老中書取

「（朱書）（弘化二年）巳十二月廿六日、
（牧野忠雅、老中）備前守殿、御直御渡、」

覺

御醫師中ニ取締之儀相違候間（第四八號參看）、町方醫師へ申渡等都而伺之通相心得可被取計候事、

別紙一
町年寄方書上帳書拔

「（朱書）（町年寄）舘市右衛門差出、天保十二丑年書上帳書拔、
（天保十二年）丑十二月九日、（遠山景元、北町奉行）左衛門尉殿ニ上ル、（北町奉行公用人）高林忠太夫へ申渡案添、達、」

町年寄上申書

家來へ嚴シク申付クヤウ御醫師へ御達アリ

町方醫師へ觸達ス

人宿等町中へ觸達サバ取締ニナラン

別紙二町年寄方諸請書留帳書抜本町三丁目名主等請書

醫師供方之儀ニ付申上候書付

書面別紙申上候案文之通、世話懸り名主ニ可申渡旨被仰渡、奉畏候、

丑十二月十七日

（町年寄）
舘市右衛門

近來醫師之供方之風儀一躰ニ悪敷相成候趣、畢竟家來ニ之申付方不行屆、以來嚴敷可被申付置旨御醫師中ニ御達有之候間、町方醫師共ニも可被申付旨、先月中御書付之趣組〻名主共ニ申付、町方醫師共ニ觸達可致旨被仰渡、其旨申渡仕候、（別紙二）然ル處、右供方之儀ヲ多分町方請人可有之、就中、陸尺・手廻り等惣而町方ゟ差出候奉公人共心得方御沙汰被成下、人宿其外町中ニ觸達被仰渡候ハヽ、別而御取締可然哉、此段年番方ニ申談、別紙組〻世話懸り名主共ニ申渡案相添、依之申上候、以上、

（天保十二年）
丑十二月

舘市右衛門

（朱書）（町年寄）
「舘市右衛門方諸請書留帳之内書抜」

近來醫師之供方風儀一躰ニ悪敷相成、病家ニ罷越候度毎酒料或ヲ弁當代ゟ唱、金銀を乞受候由相聞候、病躰ニより候而ヲ、時刻并風雨等之無差別相招療治請候事有之候ニ付、

病家之心得を以、供方之者共に手當致し候を受納候と格別ニ候得共、供方之もの共ゟねたりケ間敷儀申出候と有之間敷筋ニ而、小身又ハ身上不如意等之ものと療治受候儀難成、右と畢竟家來に之申付方不行屆故ニ候、以來右様之儀無之様嚴敷可被申付置候、

（天保十二年）十一月

右之通御醫師中に相達候間、此趣町方醫師共にも可被申付置候、

前書御書付之趣、從町御奉行所被仰渡候間、組合申繼町方醫師共に不洩様觸達可致候、

（天保十二年）丑十一月

右之通被仰渡奉畏候、爲御請御帳ニ印形仕候、以上、

天保十二丑年十一月廿日

壹番組世話掛
本町三町目
名主　（益田）文左衛門
外拾八人

（朱書）「御觸文言前同斷ニ付略之、」

右之通御醫師中に御達有之候間、町方醫師共にも可申付旨、先達申渡候處〔而脱カ〕、右供方之儀と、多分町方請人可有之、就中、陸尺・手廻り等惣而町方より差出候奉公人共に具ニ申聞、病家に供いたしねたりケ間敷儀不致、前書之趣急度可相守旨、人宿其外町中不洩様觸達可致

醫師供方ヨリ強請ラザルヤウ申付クベシ

御醫師ヘノ達町方醫師ヘモ申付クベシ

本町三丁目名主等請書

人宿等町中ヘモ觸達スベシ

旨組〻名主ともゟ可申渡候、

右之通従町御奉行所被仰渡候間、組〻不洩様申通早〻觸達可致候、

（天保十二年）丑十二月

右之通被仰渡奉畏候、爲御受御帳ニ印形仕候、以上、

天保十二丑年十二月廿一日

壹番組世話掛
本町三丁目
名主 （益田）文左衛門 印
外十八人

第三件

〔市中取締類集 御馬飼并御飼料馬賣買醫師供方取締之部 四〕

弘化三午年正月

馬賣買之儀ニ付調

五一　町奉行伺書

近來馬賣買高價ニナル
取引取締方ノ上申ヲ命ゼラル
過半ノ馬ハ南部仙臺兩家國許ヨリ牽付ク
御用馬上覽ノ上買上ゲソノ餘ハ諸家へ相對ニテ賣渡ス

（朱書）（弘化三年）
「午正月十四日、
但馬守（遠藤胤統、若年寄）殿ニ御直上ル、同二月十五日、承付致し、（マヽ）」

「ヒレ付末、

馬賣買之儀ニ付申上候書付

書面之趣、尤之筋ニ被思召候得共、先ハ
是迄之通居置候様被仰聞、承知仕候、
午二月十五日

遠山左衛門尉（景元、南町奉行）

町　奉　行

近來馬賣買都而高價ニ相成候ニ付、去ル寅年（天保十三年）右直段等之儀ニ付御觸有之候處、其後手續を替、内實如何之取引致し候向も有之趣入御聽、右取締方勘弁仕可申上旨被仰渡候、

此儀、諸國ゟ出候与ハ乍申、多分ハ南部（陸奥盛岡藩）・仙臺（陸奥仙臺藩）兩家國許ゟ牽付候馬過半ニ而、年〻御用馬　上覽之上御覽留り相成候分ハ代金三拾五兩、其外吟味幷目利ニ而御買上之分三拾兩迄ニ有之由、右御買上御用相濟、其余ハ諸家ニ見世馬ニ差出、相對を以代金取極賣渡候仕來ニ有之、然ル処、馬喰共多ハ貪利ニ拘り格外高價ニ賣買致し、其外不正之取計も

寅年中馬代金ノ上限ヲ定ム

高價ノ馬ニハ下馬ヲ添ヘ賣買ス

謝禮樽代等ヲ加フ不正ノ取引モアリ

相對ノ商ハ御買上直段ヨリ高直ニ賣買ス

馬賣買ノミ相對ノ代金減ルハ如何

武備ノ為諸家良馬ヲ求ム

有之候付、去ル寅年中、向後馬代金貳拾五兩ゟ三拾兩を限、右ゟ高直ニ賣買致ス間敷旨被　仰出候付、右之趣可相守ハ勿論之儀ニ候処、右御買上相濟候上ハ、諸家江引合買方望ニよつてハ過分之價を申請候儀も有之候間、右等之励を以、自然御用馬厚撰立牽（朱書）「牽」付候儀ニ可有之哉之処、右躰賣買直段相定候故、前書振合之取引難相成候付、品〻手續を替、縦令ハ代金六拾兩ニ相當り候馬有之候得ハ、御觸直段ニ背候を厭ひ、内〻買方申合、三拾兩ハ正金にて受取、殘り三拾兩分ハ拾五兩宛の下馬貳疋も受取三拾兩之賣買ニ致し、或ハ、四五兩之馬を貳（朱書）「壹」疋も添、三（朱書）「貳」疋ニて六拾兩之積りニ致し、又ハ、右謝禮・樽代等品〻名目を付矢張正金ニて受取、不正之取引致し候向も有之哉ニ相聞候、尤、都て諸品御買上御本途直段ハ下直ニ相當り候付、相對之商ハ御買上直段より何れも高直ニ賣買致し候儀ニ有之候処、馬賣買ニ限り却て御買上直段より相對取引之方代金減居候ハ、何分相當仕間敷哉、素ゟ馬之儀ハ、平常武備之一廉ニて事欠かたき儀ニて、殊ニ良馬手ニ合候上ハ、縦令高價ニ候共諸家分限丈ケハ價も差遣引入候事故、右等を見込格外之（朱書）「無謂高價之」賣渡方ハ以之外ニ（朱書）「不宜」候得共、夫迚も買方之見込所望之厚薄ニも應し候儀ニて、事實一般ニ不埒とも難申、此上嚴重ニ賣方ハ勿論、買取方をも相糺、三拾兩之外一切賣買不相成候様ニ召捕吟味ニもおよひ候へゝ、馬喰共儀も恐入不正之取引相止可申候得共、一躰身輕之馬喰

上限ノ定メニヨリ馬喰ノ張合ナシ

馬柄ニ應ジ相當ノ直段ニテ相對取引ヲ命ズルカ

法外ノ高價ノ賣買ハ嚴重ニ申付ク

北町奉行挨拶鰭付

五二　觸書案

共故、此上精入飼置乘立等致し候ニも矢（朱書）「無」張合、自良馬も益ゝ稀ニ相成、たま〳〵出來候ハヽ萬一隱し置如何之取引等致し候も無（難ゝ）計、詰り御用馬ニ差置候ゟも不容易儀に付、向後前書御觸御買上直段ニ不拘、馬柄ニ應し事實相當之直段を以相對致し、無謂高價之賣買致間敷旨、馬喰共に改被　仰出候ハヽ、自然買方にも相響キ、事を不僞正路之取引ニ相成、却ゟ御取締相立可然哉、尤、法外之高價等之儀相聞候ハヽ、其節ハ嚴重ニ申付候樣可仕奉存候、

右勘弁仕候趣、書面之通御座候、依之、御觸書案（第五二號）相添、此段奉伺候、以上、

巳十二月
ゝゝゝ
午正（弘化三年）

遠山左衛門尉

鍋嶋内匠頭（直孝、北町奉行）

付レヒ「拙者何之存寄無御座候、

正月　内匠頭

御觸書案

近來馬賣買高直ニナル　寅年中馬代金ノ上限ヲ定ム　良馬ニハ組馬等致シ却テ高價ニ賣買ス　良馬ハ相當ノ直段ニテ相對取引スベシ　法外ノ高價ノ取引ハ嚴重ニ申付ク

近來馬喰共賣買甚高價ニ相成候付、去ル寅年中、(天保十三年)勝れ候馬ニ而も代金貳拾五兩ゟ三拾兩を限り高直ニ賣買致ス間敷旨觸置候處、其後ㇳ右直段ニ泥候儀ニも有之哉、兎角良馬無數ニ而、稀ニ有之節ㇳ表向而已三拾兩迄之取引名目ニ而內實組馬等致し、却而高價ニ當り候賣買致し候由相聞、觸面ニ悖り候仕方以之外不埒之事ニ候、依之、向後實ミ勝れ候良馬ㇳ、格別之憐愍を以御買上直段ニ不拘事實相當ニ相對を以取引可致、左も無之僞候仕方、又ㇳ無謂高價を貪賄賂筋を以諸家江取引等致し候ハヽ、急度遂吟味嚴重ニ申付候条、弥心得違不致精入飼上ケミミ(朱書)「立」、御用度ㇳ勿論、世上差支無之様可致候事、

右之通可被相觸候、

正月(弘化三年)

(朱書)(弘化三年)「午二月十五日、
(遠藤胤統、若年寄)但馬守殿、御渡、」

五三　若年寄書取

是迄通リ居置ク

覺

書面之趣尤之筋ニハ相聞候得共、先つ是迄之通居置候事、

（朱書）（弘化二年）
「巳十一月十九日、達ス、」

「諏訪部新太郎（マヽ）（御馬預）殿

遠山左衛門尉（景元、南町奉行）

五四　南町奉行掛合書　御馬預宛

御馬代金等ヲ承知シタシ

南部（陸奥盛岡藩）・仙臺（陸奥仙臺藩）ゟ御買上ニ相成候御馬、御目留ニ罷成候御馬共御定直段・員數、且、右御定直段何頃ゟ相定候哉、起立之儀も承知いたし度、此段及御掛合候、

（弘化二年）
巳十一月

五五　御馬預返答書　南町奉行宛

御馬代金等ノ書留見當ラズ書抜差上グ

「（朱書）巳（弘化二年）十二月朔日、差出候、」

先日御掛合（第五四號）御座候南部（陸奥盛岡藩）・仙臺（陸奥仙臺藩）ゟ御買上ニ相成候御馬、　御目留りニ罷成候御馬共、御定直段・員數、且御定直段何頃ゟ相定り候哉、起立之儀可申上旨承知仕候、然ル処、御買上直段御取極ニ相成候処年來之事故、得与書留見當り不申候得共、右之段御差急之趣ニ付、則別紙（第五六號）書抜壹通差上申候、御落手可被成下候、以上、

十二月朔日（弘化二年）　諏訪部新三郎（御馬預）

遠山左衛門尉（景元、南町奉行）様

五六　御馬代金書抜

享保七年仙臺南部馬ハ國元ニテ見分ス

享保八年ヨリ南部馬ハ下屋敷ニテ見分ス

一享保七寅年、仙臺（陸奥仙臺藩）・南部（陸奥盛岡藩）馬両家家來馬役人、國元於在所ニ致見分、國許ゟ牽着、諏訪部文右衛門（定軌、御馬預）ニ請取御買上ニ相成候、

一同八卯年ゟ南部馬、諏訪部文右衛門始南部大膳亮（利幹、陸奥盛岡藩主）下屋敷ニ而見分之上御買上、

同年御馬代金

御馬代金
三拾五兩
三拾兩
貳拾五兩

享保九年ヨリ仙臺馬ハ中屋敷ニテ見分ス
同年御馬代金

一同九辰年ゟ仙臺馬、諏訪部文右衛門始松平陸奥守（吉村、陸奥仙臺藩主）中屋敷ニ而見分之上御買上、
御馬代
右同斷

寛政ノ頃ノ御買上代金

一寛政之頃仙臺・南部御買上、　御覽留り三拾五兩、目利三拾三兩、其外吟味御買上貳拾五兩に御座候、尤、右以前も　御覽留り三拾五兩ト書留御座候、

當時御買上代金

一當時御買上御馬代金
御覽留り
三拾五兩
吟味御買上
三拾兩
目利御買上
三拾三兩
右之通御座候、以上、

十二月（弘化二年）　　　　　　　　　　　　　　　　諏訪部新三郎

（朱書）（弘化二年）
「巳十二月四日、銘〻留守居呼出、達し、」

遠山左衛門尉（景元、南町奉行）

松平陸奥守殿（慶邦、陸奥仙臺藩主）
南部信濃守殿（利濟、陸奥盛岡藩主）　格通
留守居

御領分ゟ出候馬、御當地江牽着御買上ニ相成候節、御馬預江引渡候手續、且、御覽留其外とも御馬代金御定直段・員數・起立等之儀、早〻取調可被申聞候、

巳十二月（弘化二年）

（朱書）　　　　　（第五八〜六〇號）
「右両家留守居ゟ答書
巳十二月七日差出候事、」

五七　南町奉行通達南部家伊達家留守居宛

領分ノ馬ノ引渡手續代金等ヲ取調ベラレタシ

松平陸奥守内（慶邦、陸奥仙臺藩主）
村上恒之進（成俊）

五八　伊達家留守居返答書

領分ノ馬ノ引渡手續代金等ヲ別紙ニテ届ケル

陸奥守領分ゟ出候馬、御當地に牽着御買上ニ相成候節、御馬預様に御引渡候手續、且、御覽留其外共御馬代金御定直段・員數・起立等之儀、早〻取調可申上旨、御書付を以被仰渡、承知仕候、別紙ヲ以御届仕候、以上、（第五七號）（第五九號）

（弘化二年）十二月

松平陸奥守内
村上恒之進

五九　伊達家留守居覺書

元和四年ヨリ仙臺國許ニテ御用馬買上グ

覺

國許ゟ出候御用馬御買上之儀ハ、元和四年ゟ元祿三年迄、御向役様御兩人宛國許に被成御下御買上罷成候處、同年四月大久保加賀守様（忠朝、老中）に留守居役被召呼、御馬買衆御下り之儀

元禄四年御馬買衆御下リ停止サル享保八年ヨリ馬喰共江戸表へ馬ヲ登ス

御買上ノ節ハ吹上御花檀ニテ上覽

御覽留ハ三十五兩御吟味御買上ハ三十三兩カ三十兩右定直段ノ起立ハ分ラズ

上覽前ノ見分ニ役人付添フ

上覽前ハ馬役共取扱フ

被相止候段、南部御留守居一同被仰渡、其冬ゟ手前役人共ニ御注文書被相渡、役人共吟味仕候、其向役人共附添御馬爲乘手登候処、享保八年ゟ右御注文書被相扣、馬喰共江戸表ニ馬爲乘手登候樣罷成申候、然ㇾ馬喰共之儀ㇵ、輕キ者共之儀、御用馬不相濟內万一心得違御座候而ㇵ難成候ㇾ付、愛宕下中屋敷ニ爲乘手入置、仕來行違等無之樣嚴敷制度爲仕、向〻ニも申付置候儀ㇾ御座候、

一前書之通仕來ㇾ而、御買上之節ㇵ、於吹上御花檀　上覽被　仰出候當曉留守居役・馬役其外役人共附添、　西御丸下御厩迄一同爲乘手罷出、右於御馬場　上覽、御買上罷成候儀ㇾ御座候、　御覽留ㇵ代金三十五兩宛、御吟味御買上之分三十三兩之例も有之、先ㇵ三十兩つゝ之定御直段を以年〻御買入相成申候、尤、　兩御丸共御同樣ㇾ御坐候、右定御直段之儀、享保以來當時同樣御座候哉、舊記之內以前類燒之節燒失之分も有之、起立之儀聢ゟ相分兼申候、

一右　上覽以前御用馬共差揃之儀、夫〻御屆仕候上、　兩御丸御小納戸統〔頭〕取樣方御始御見分有之、其節も　上覽之節之通、役〻附添罷出申候、

一御用馬共國許ㇾおゐて、在國之節ハ直〻被致一覽、在府之節ハ重役共見分相撰、道中〆り役人共相附爲指登、御當地ニ乘手着之上、　上覽前ㇵ馬役共取扱候迄ㇾ而、役人共

見分等ヽ無御座候、

右之通御座候、以上、

（弘化二年）
十二月

松平陸奥守内
村上恒之進

（利濟、陸奥盛岡藩主）
南部信濃守家來
沢田悦太

六〇 南部家留守居返答書

領分ヨリ江戸ニ出ル馬ノ引渡手續

信濃守領分ゟ出候馬、御當地に牽着御買上乙相成候節、御馬預衆に御引渡申候手續、馬喰馬御當地に着揃之儀追〻西丸下御馬預衆迄御屆申上候処、御内見之儀御達有之、御小納戸頭取衆御見分、其後吹上於御花檀馬場　上覽有之、西丸下御馬場に馬共御下ケ被成、猶又御吟味御買馬御取極、（朱書）「乙」直之御厩に御牽入相成候事、

御馬代金ノ定直段

御覽留其外共御馬代金御定直段・員數・起立

御覧留

御吟味御買上

六一　北町奉行相談
宛書　南町奉行

南部家來差出ノ馬直段書付ニツキ問合ス

御覧留ニ相成候分

御馬代金三十五兩

御吟味御買上

御馬代金三拾三兩或ハ三拾兩ニ御座候、

右之通、御尋ニ付取調候處、御馬代金・員數・起立等之儀年古キ事ニ而、吟味行屆兼申候、

且又、手續之儀ハ前書之通ニ御座候、此段御答申上候、以上、

(弘化二年)十二月七日

南部信濃守家來
沢田悦太

(朱書)(弘化三年)「午十月十五日、(鍋島直孝、北町奉行)内匠頭方ゟ來ル、」

「(遠山景元、南町奉行)左衛門尉殿ニ御談手覺

馬賣買直段之儀ニ付南部信濃守(利濟、陸奥盛岡藩)家來差出候書付(第六三・六四號)勘弁いたし可申上旨、但馬守殿(遠藤胤統、若年寄)御渡被成候

処、右ニ去巳(弘化二年)十二月貴様方ニ而御取調被御申上候節、御沙汰之次第をも見合、猶取調可及御相談与存候、此段御問合旁及御打合候事、

　　　　　　　拙者儀、何之存寄無御座候、
　　　　　　　午(弘化三年)十一月十九日　左衞門尉
「(遠山景元、南町奉行)左衞門尉殿江相談もの」

六二　町奉行上申書

南部家來願書ノ趣旨

「(遠藤胤統、若年寄)但馬守殿」

馬賣買之儀ニ付取調申上候書付

　　　　　　　　　　町奉行
「鍋嶋内匠頭(直孝、北町奉行)」

去ル寅年(天保十三年)、馬喰馬御定直段被　仰出候趣も御座候ニ付而ハ、近來諸色高直之折柄右直段ニ而ハ引合兼、馬喰渡世之もの共難行立、二歳駒より飼立三歳ニ至乘立仕込、御當地江爲牽登候迄餘分之入料相掛、且、賣捌中滯留仕候雜費も掛、(朱書)「相」實以難澁仕候旨申立、乍去、御用馬御買上御差支相成候而ハ恐入候儀ニ付、無餘儀於國許年々別段相應之增手當仕候得共、兎角引合不申、追々持立之もの相減、其上乘合手入等も任心底兼候場合より良馬も難出來、

右ニツキ評議ヲ命ゼラル

近來馬賣買高價ニナル

寅年中馬代金ノ上限ヲ定ム

良馬ハ定直段ニテハ賣買成リ兼ヌ

武備ノ爲諸家良馬ヲ求ム

向後御用馬御差支之程難計心配罷在候、依之、馬喰渡世之者共爲御助情〔成〕、下拂直段之儀以前之通勝手次第賣捌候樣被成下候ハヽ、馬喰共格別難有相励出精仕、御用馬御差支相成不申、下拂等も無窮屈賣捌ニ相成可申候間、何卒前〻之通相心得候樣被成下度奉願候旨、南部信濃守(利濟、陸奥盛岡藩主)家來ゟ申上候書面(第六三・六四號)御渡被成、勘弁致し可申上旨被仰聞候、

此儀、近來馬喰馬其外共賣買高價ニ相成候ニ付、向後馬代金貳拾五兩より三拾兩を限、右ゟ高直に賣買致間敷旨、去ル寅年(天保十三年)被　仰出候間、右之趣可相守ハ勿論之儀ニ御座候処、良馬之分御定直段ニゆハ賣買相成兼候儀故、手續ヲ替、譬ハ代金六拾兩ニ相當候馬有之候得ハ、御觸直段ニ背候を厭ひ、買方申合、三拾兩ハ正金ニゆ受取、殘三拾兩(押紙ニテ抹消)之賣買ニ(押紙上書)「分ハ拾五兩宛之下馬」致し或ハ貳疋も受取三拾兩之賣買ニいたし、或ハ四五兩之馬を壹疋も添貳疋ニゆ六拾兩之積ニ致し、又ハ謝禮・樽代抔ゟ唱金子受取候向も有之、表向之直段ハ名目而已ニゆ、矢張高價ニ相當、買方ニおゐても弁利之筋ハ無之哉ニ相聞、素ゟ馬之儀ハ平常武備之一廉ニゆ、事欠かたきハ勿論之儀、殊ニ良馬手ニ合候上ハ、縦令高價ニ候共諸家分限ニ應し候程之價ハ差遣買入候事故、右價而已ニ拘良馬出來兼候樣成行候ゆハ、以之外之儀ニ有之、一躰身輕之馬喰共義、二歳駒ゟ飼立多分之雜費をも不厭、精力を盡し乘立仕込良馬ニ致し、御當地に牽出候得ハ、第一御用馬御撰ニ相成、其上下拂も高價ニ相成候故、

三十両以上ノ賣買ナラザレバ徳用薄ク不正ノ取引ス

馬喰共衰微シ良馬稀ニナル

御用馬撰方ニモ差支ヘン

南部家來ノ願ハ沙汰ニ及バズ

良馬ハ相當ノ直段ニテ賣買スベシ

銘〻相励候由之處、三拾兩以上之賣買不相成候ニ付、徳用薄く難儀致し候場合ゟ品〻不正之取引致し、其上仕込方も自然等閑ニ相成可申哉、既右之趣去巳（弘化二年）十二月左衞門尉ゟ御沙汰有之、其節委細取調申上候儀も御座候處、前書之通信濃守家來ゟ申上候趣も御座候間、再應勘弁仕候上、組廻之者ゟ申付、其筋探索爲仕候處、右ハ信濃守領分ニも限不申、松平陸奥守（慶邦、陸奥仙臺藩主）領分ゟ牽出候馬之儀も同様之振合ニ而、當時之姿ニ而被差置候ハヽ、馬喰馬喰共追〻衰微致し、此上良馬ハ益稀ニ相成、終ニハ御用馬御撰方御差支ニも相成可申哉、元來飼立ゟ御當地ゟ牽出下拂迄之雜費多分ニ相掛候段ハ、事實無相違相聞候得共、今般信共濃守家來ゟ之依願被仰付候様相成候而ハ、御觸事惣躰ゟ相響可申哉ニ付、右願之趣ハ難被及御沙汰筋之旨被仰渡、追而別段之御趣意を以、向後實〻勝レ候良馬ハ御定直段ニ不拘相當之直段を以正路ニ賣買致し、尤、無謂高價を貪不正之取引等相聞候ハヽ、嚴重之御沙汰可有之旨被仰出候ハヽ、御取締相立可申哉ニ奉存候、可然も思召候ハヽ御觸案取調相伺候様可仕候、

右取調候趣書面之通御座候、依之、御渡被成候別紙書付貳通返上、風聞書（第六五號）一通相添、此段申上候、以上、

（弘化三年）十一月

遠山左衞門尉

鍋島内匠頭

伊（阿部正弘、老中）勢守

「（朱書）午十月七日、（弘化三年）但馬守殿、（遠藤胤統、若年寄）恩田虎次郎ヲ以御渡、勘弁致し可申上旨、」

南部信濃守（利濟、陸奥盛岡藩主）家來内意二通

六三 南部家家來願書

馬御定直段ニテハ引合ハズ馬喰渡世ノ者行立難シ

去ル天保十三年、馬喰馬御定直段被仰出候趣も御座候付ゟ而、近年諸色高直之折柄御据直段ニゟ而引合兼、馬喰渡世之者共難行立、二歳駒より飼立三才ニ至乘立仕込、御當地江為牽登候迄餘分之入料相掛、且、賣捌中滯留仕居候諸雜費是又不少相掛、實以難澁仕候旨申立御座候、乍去、御用馬御買上御差支相成候ゟ而ハ恐入候儀ニ付、無餘儀於國許年〻別段相應之增手當仕候得共、兎角引合不申、追〻持立之者相減、其上乘合手入等も任心底兼候処より良馬も難出來、向後御用馬御差支之程難計心配罷在候、依之、馬喰渡世之もの共為御助情〔成〕、下拂直段之儀以前之通勝手次第賣捌候樣被成下候ハヽ、馬喰共格別難有相励出精仕、御用馬御差支相成不申、下拂等も無窮屈賣捌ニ相成可申与奉存候間、何卒前〻之通相心得

向後御用馬差支ヘン

下拂直段ノ儀以前ノ通リ賣捌カバ馬喰共出精セン

候様被成下度、此段奉願候、以上、

（弘化三年）
十月

南部信濃守内
駕七五郎

六四 南部家家來願書

良馬モ手入方宜シカラザレバ乘馬ニナラズ

（朱書）
「別紙」

演説

（第六三號）
別紙中上候通、近年諸色高直ニ而、二才駒買入元直段も以前ゟ違格別引上り候上、三才ニ至乘立仕込、御當地ニ爲牽登候迄長之道中餘分之路費相掛、御用明後下拂之間御府內逗留中彼是存外物入相嵩、殊飼立馬之內良馬至而稀ニ御座候得と、容易ニ引合候訳に無御座候由、尤、國許ニ而良馬ゟ唱候ハ、形良く色而已ニ無御座、氣向・息合と勿論物驚不致、軍用ニ可相成馬ハ專ラ飼立ニ寄候儀、縱令牧ニ而はれなから馬形も備り筋骨逞敷肝强ニ而駿

下拂直段窮屈ニテハ馬喰渡世ノ者減ル往々御用馬差支ヘン以前ノ通リ下拂直段勝手次第ヲ願フ

足等之勝馬も、手入方不宜候ゆㇸ種〻之癖相出乘馬ニ相成不申候付、馬喰共相及候丈ㇸ手厚ニ持立良馬出來候樣銘〻精力ヲ竭し飼立候義ニ御座候處、兎角下拂直段窮屈御座候ゆㇸ、馬喰渡世之もの共自然ゟ相減、往〻御用馬之御差障ニも相成可申哉ゟ深心配仕候儀ニ御座候間、此段何分ニも御賢察被成下、以前之通下拂直段勝手次第相心得候樣被成下候ハヽ、二才駒買入方ハ勿論、出精持立御用馬御差支相成不申、渡世筋行立可申奉存候間、此段各樣ニも宜御執成奉願候、以上、

十月（弘化三年）

六五 町奉行所隱密廻同心風聞書

南部領馬喰共馬ヲ牽登ル諸家へ買入ノ代金定メラル

南部馬賣買之儀ニ付承合候風聞之趣申上候書付

隱密廻

南部領（陸奥盛岡藩）馬喰共、年〻仕入馬御當地へ牽登、御用馬相納其餘諸家方ㇵ買入之分ㇸ馬柄ニ應シ相對代金高取極候處、五ケ年以前寅年（天保十三年）中馬代壹疋貳拾五兩ゟ三十兩迄を限候樣被仰出

馬喰共引合兼ネ馬數減ル

馬喰共歎願シ領主國許ニテ手當等遣ス由ニツキ探索ス

良馬ニナルベキ分ノ買取直段ハ十兩程馬喰方ニテ飼置ク入用牽登ル道中ノ入用

良馬ハ元掛リ二十五六兩程御定直段ニテハ利分ナシ

仕立中死馬モアリ

目利ニ見込違モアリ

有之、馬喰共引合兼候趣にて牽登候馬數相減、當時者馬喰共國許ニ而馬仕立致シ候而も元入金高を見競、御當地へ牽登候而も御定直段ニ而引合兼候趣申、領主江歎候ニ付、領主國許ニ而手當等致し遣候由、右事實承探可申上旨被仰渡候付、密ニ探索仕候趣左ニ申上候、

一南部領馬喰共國元手元之儀ハ、一躰百姓方ゟ二才馬買入之節目利致し、良馬ニ可相成分ハ百姓方より買取候直段拾兩程、其上馬喰方ニ而飼置候入用拾兩程相掛り、幷乗仕立ハ巧者之馬乗相頼仕立候入用相掛、三才ニ而國許ゟ御當地迄日數十八日位も相掛り、牽登り候道中馬旅籠料壹疋ニ付金貳兩余幷馬牽登道中仕入馬七疋一群、又者五疋一群・十疋一群ニ而道中朝夕泊等之手當小者、一群に三四人四五人宛附添、右小もの江戸着之上國許江差歸し候旅籠料・雇賃等馬喰共一式取調賄候ニ付、一疋ニ付良馬之分ハ元掛り貳拾五六兩程相掛り候ニ付、右元入金之馬を貳拾五兩ゟ三拾兩程ニ諸家江買入ニ相成候而者全利分無之、殊馬喰共壹人ニ而二才馬縦令ハ五疋買入候而も仕立中死馬に相成候も有之、又良馬之目利ニ而拾兩位ニ買取候馬仕立應シ不申、五六兩ニ相成候も有之、其外二才馬ニ而下直ニ百姓ゟ買取、駄馬ニ見込置候内より良馬ニ仕立候も有之候得共、元買入之勘定馬喰手許ニ而ハ損毛勝に有之、此分見込ゟ良馬仕立出來候節埋合候事柄之稼之由、御

良馬ト下馬ヲ組合セ御定直段ニ賣渡ス下馬直段ノ徳分ヲ良馬ノ損金ヘ埋合ス

馬喰引合兼ネ領主買入同樣ノ手當アル由

馬喰共衰微セバ御用馬ニモ差支ヘン

馬柄相當ノ直段ニテ買入方アラバ馬數モ増スベシ

定直段ニ而御當地ニ牽登候分壹疋毎ニ賣渡候而ハ馬喰引合兼候間、良馬ゟ下馬ゟ貳疋組合せ御定直段ニ賣渡候而、下馬直段之徳分ヲ良馬之損金ニ埋合候樣差略致し、又ハ、先方ゟ下タ馬を取差引勘定宜樣ニ種〻工夫致し賣渡し取續罷在候由、只國許ニ而良馬仕立之馬御當地ニ而賣直段ゟ見競引合兼候節ハ、領主ニ相歎領主之買入同樣ニ相成候樣手當有之候而、馬仕立方取續候樣領主ニ而世話有之候由、乍併、一躰之處南部領・仙臺領ハ御用馬納方有之儀ニ付、此上馬喰共衰微致し候而ハ、領主之賄方ニも不相成候而ハ、御用馬之御差支ニも可相成哉之由、

一良馬之分御當地牽入迄之入用貳拾五兩程相掛候、其上見込違、又ハ死馬等之損失埋合見込候得ハ、良馬之內勝レ候分四五拾兩ゟ七八拾兩ニも賣渡候分有之故、馬喰共も家業筋相進候間、自ラ馬數も多く牽登候得共、當時之樣子ニ而ハ不進ニ付、牽入馬數自然ゟ相減し可申哉之由、勿論御用馬御直段ハ壹疋三拾五兩、其外御買上三拾兩位ニ御定も有之候儀ニ付、御入用筋ニ相拘り候儀ゟも相聞不申、此上馬喰共年〻牽登候節、御用馬御買上相濟候餘ハ諸家方買入馬直段之儀、目利次第馬柄に應し相當之直段相對取極買入方有之樣相成候得ハ、馬喰共國許ニ而馬撰買入方等も励相進候ニ付、馬數も自然ゟ相増可申哉之由、且又、御用馬御買上濟之上、領主ニ而買入、御役家方御買入馬も領主ニ而差圖

馬數ノ內良馬ナクバ不正モ止マザラン

致し、右馬代も御定直段程之格合之由ニ付、其餘を諸家に賣渡候ニ付、馬數之內良馬多無之候ゆハ、前段元入之埋合相成兼候間、內〻不正之差略取計相止申間敷哉之由、風評仕候、

南部馬ハ麻布下屋敷へ牽入置ク

諸雜費多分ニ掛ル

馬直段定メラレ掛合等捗取ラズ諸賄增ス

馬喰逗留中ノ飯米等ハ米屋利八ヨリ送ル

馬捌方利潤薄ク拂方差支フ

下屋敷馬定掛南部馬逗留中萬事取計フ

一南部馬國許ゟ牽登御當地に着致し候得ハ、南部信濃守(利濟、陸奥盛岡藩主)麻布下屋敷に牽入置、御當地格別功者成馬乘を夫〻頼、日〻乘仕立貰候ニ付、右仕立貰候謝禮又ハ逗留中惣躰馬掛之者共飯米・鹽噌其外炭薪・飼葉・大豆・糠等諸雜費口〻多分ニ相掛り候由、然處、五年以前寅年(天保十三年)中下拂馬直段御定ニ相成候後ハ、賣買直段掛合等以前之樣ニ早速ニ取極り兼、兎角捗取不申日數多く相掛り候間、夫丈逗留中之諸賄相增、馬喰共實〻及難澁候由、殊又、右逗留中飯米幷大豆・飼葉其外年〻麻布三軒家町家主米屋利八ゟ申ものより馬喰共逗留中仕送り貰、馬賣捌次第代金相拂歸國致し來候處、近年追〻右捌方窮屈ニ相成利潤薄候故拂方差支、右仕送代金五拾三兩余も當時相滯有之、利八方ニゆも及迷惑居候由、右之外ニも近頃馬喰共逗留中之借財滯口〻有之趣ニ相聞申候、且又、信濃守下屋敷馬定掛ニゆ高瀬半藏・木下喜之助ゟ申兩人へ、南部馬逗留中万事引受取計、御用馬御買上相濟候後、下拂馬諸家方買入之節も、都ゆ右兩人其先方に引合馬喰共ゟ直段掛合爲致、右ニ付ゆハ半藏・喜之助兩人も德分相應ニ有之候處、近年下拂馬御定直段ニ相成候後ハ捌方不

馬定掛ノ徳分モ減リ暮シ方不如意ニナル

仙臺馬ハ中屋敷下屋敷ニ差置ク

御三家御役家方買入迄ハ領主ヨリ馬喰諸入用ヲ賄フ

御定直段取極ル後ハ仙臺馬喰共モ難澁ス

聞濟ノ見込薄ク領主方へ歎願セズ

宜、内〻儲も相減候趣ニて、右兩人共兩三年以來暮し方不如意ニ相成、所持之品〻質入等致し、不請戻罷在候由、
一仙臺領（陸奥仙臺藩）ゟ牽登候馬之儀ハ、江戸着致し候得ハ松平陸奥守（慶邦、陸奥仙臺藩主）中屋敷又ハ下屋敷ニ差置候由、其内御用馬御買上幷御三家方・御役家方御買入等相濟候迄ハ、領主ゟ馬喰共逗留中之諸入用相賄遣、其後逗留中之諸雜費領主方ニてハ相賄不申、馬喰共銘〻取賄居候仕來之趣ニ御座候、尤、五年以前より下拂馬御定直段取極り候後ハ、南部馬同樣賣捌方不宜、馬喰共及難澁居候趣相聞申候、右樣に付仙臺馬喰共も難澁之趣領主方に歎願可致之處、仙臺家法之義ハ、都ゟ出入町人抔ゟ買上品何品ニ不限直上ケ等之儀殊之外六ケ敷、願候ゟも容易ニ聞濟不申仕來之趣ニ付、無致方强ゟ歎願も致し兼罷在候由相聞申候、
右ハ密〻承糺候風聞之趣、書面之通御座候、此段申上候、以上、
（弘化三年）午十月
隱密廻
「（朱書）挨拶無之、可調、」

第四件

弘化三午年十一月

御馬御飼料之儀ニ付御勘定奉行ゟ問合調

六六　勘定所問合書　町奉行所宛

御馬御飼料

（朱書）「午十一月十六日、來、」（弘化三年）

「町奉行所

御勘定所

御馬御飼料

一飼葉苅大豆

一粉糠

一薪

一稿〔藁〕

当時市中直段
問合ス

一片春麦

一千草

右口〻当時市中直段御問合申候、

(弘化三年)
午十一月

御勘定所

〔市中取締類集　床見世等之部　二〕

（表紙）

（押紙）
九ノ百十六

第十棚

市中取締類集

（原寸縦二三・〇糎、横一六・一糎）

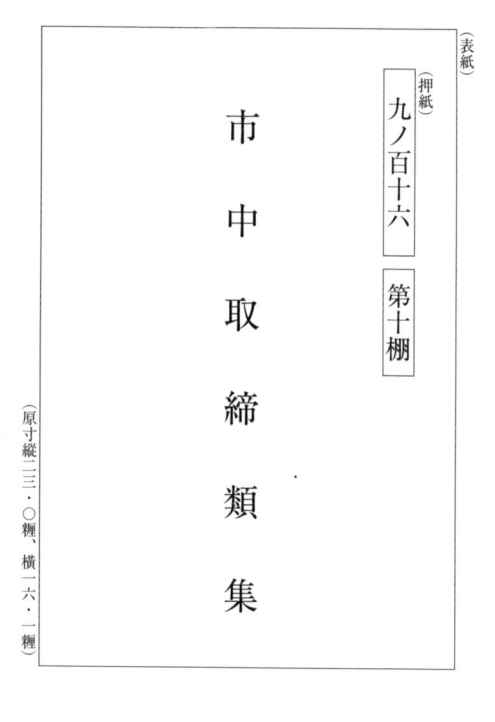

床見世等之部　（朱書）「全」

一市中床見世不殘取調可申上旨御書取幷町〻年番名主ニ申渡其外取調書類
一筋違橋御門內籾藏建添地外懸ケ床之儀ニ付取調一件
一町中床見世等取拂有無評議致し候儀申上幷右懸與力・同心差免候儀ニ付調
一町中床見世取拂方之儀調
一赤坂御門外湯茶商床外四ケ所古復之儀ニ付調
一市谷八幡町地先御堀端幷大下水上ニ葭簀張茶見世差出度願
一淺草御藏前土手通床見世補理度願
一市谷八幡町地先大下水上葭簀張古復之儀ニ付調
一淺草猿屋町會所附懸床取拂申渡

第一件

天保十二丑年十月

北方取扱

市中床見世不殘取調可申上旨御書取幷町〻年番名主江申渡其外取調書類

一 老中書取

町中床見世殘ラズ取調ブベシ

（朱書）「丑（天保十二年）十月十日、越前守（水野忠邦、老中）殿、御直御渡、」

町奉行江達之覺

常時町中ニ有之候床見世不殘取調可被申聞候事、

二　北町奉行書宛南町奉行通達

「甲斐守殿（鳥居忠耀、南町奉行）

遠山左衛門尉（景元、北町奉行）

町中床見世取調ヲ命ゼラル
名主共書上ヲ以テ伺フ
掛ノ者申付ケ取拂ノ目當ヲ付ケ伺フヤウ命ゼラル

去丑（天保十二年）十月當時町中ニ有之候床見世不殘取調可申上旨、越前守殿（水野忠邦、老中）御書取（第一號）を以被　仰渡候ニ付、町ゝ名主共申付爲書上見込之趣別册之通（第七號參看）同十一月中相伺候処（第一〇號）、懸り之もの兩組ニ而与力貳人・同心四人申付、能ゝ相糺目當を附ケ可相伺旨、今日越前守殿御書取を以被仰渡候、懸（朱書）「巨細取調取拂之有無」申付候与力・同心名前ハ猶可申進候得共、先此段及御達候、

八月（天保十三年）

三　年番名主請書

年番名主共江可申渡覺

（朱書）「丑（天保十二年）十月十一日、年番名主壹番組新革屋町定治郎（木村）外二十二人呼出し、書面之通申渡、受書取之候もの」ゝゝ事、

町中床見世町奉行所支配場限リ取調ベ書上グベシ

願濟ノ有無上納金等ノ譯調ベ綴帳ニテ書出スベシ

四　年番名主伺書

一組限合册シ差上ゲタシ

當時町中ニ有之候床見世不殘町奉行支配場限り取調可書上事、

但、寺社方持・御普請方持之場所ニ不及書上候、

右願濟之有無・上納金等之訳等委細相調、認方等區々ニ不相成様申合、半紙綴帳ニ致し可書出事、

右之通被仰渡奉畏候、仍御受書奉差上候処仍如件、

(朱書)「書面之通伺ニ付、附札致し遣、」

町中床見世可書上旨被仰渡候ニ付伺書

一別紙雛形之通、一組限合册致し、來ル廿日差上候様仕度奉存候、

(朱書)「附札」可爲伺之通候、

但、名主共一ト支配限書上候而ハ、却而混雜可仕候哉ニ付、一ト組限年番名主ともニ而合册ニ致し差上可申哉、又ハ、一ト支配限り一册宛ニ致し書上可申哉、

一ト組限合册ニ致し可差出、

床見世持主認ムベキカ

繪圖面差上グベキカ

一床見世持主何町誰店誰ゟ申儀認メ可申哉、

「書面之通たるへく候、

一雛形之通間數幷御願濟有無、且、補理候年月上納金之訳高等委細相認メ候得とも、別段(朱書)「等」

繪圖面差上可申哉、

「繪圖面ハ帳面之末に綴込可差出、

右之廉〻奉伺候、以上、

丑(天保十二年)十月十一日

組〻
年番
名主共

五
北町奉行所御詮議役与力等
書状
所改役与力宛
同所本

都筑十左衞門様(北町奉行所本所改役与力)

以手紙得御意候、然ハ、當時町中ニ有之候床見世不殘取調可申上旨、越前守殿御書取を(水野忠邦、老中)(第一號)

東條八太夫(北町奉行所御詮議役与力)
松浦榮之助(北町奉行所町火消人足改役与力)

以被仰渡候ニ付、名主共に申付爲書出候內(第七號參看)、深川八幡旅所門前地先往還水戸殿(徳川齊昭、常陸水戸藩主)石置場矢來際掛床拾壹ケ所、町內ゟ水戸殿屋敷に相對之上差出來候処、去ル卯(天保二年)年中本所方ニて調有之、以來外渡世ニ相成候歟、又ハ、渡世相止候ものハ減切之積、其外御申渡置候由、右ハ、其頃御伺之上御取計被成候儀ニ有之候哉、

一兩國橋東廣小路之內床見世貳ケ所之儀、南本所元町御用屋敷家主由次郎儀、地代取立本所方に相納候旨申立候、右起立御伺有無幷地代壹ケ年上り高、且、何〻之入用ニ相成候ゟ申儀、別册ニ下札致し越前守殿に御上相成候積ニ付、貳ケ所共委細ニ承知致し度候、尤、差急候儀ニ付、兩三日中御取調被御申越候樣存候、依之、別紙貳册に小札附差進申候、右可得御意如此御座候、以上、

(天保十二年)十月廿五日

西河岸町
五人組持店
願人　孫兵衛
同町嘉兵衛店
同　松五郎
同町平兵衛店
同　清七

深川八幡旅所門前地先往還水戸殿石置場矢來際掛床

兩國橋東廣小路ノ內床見世

右ニツキ取調ベラレタシ

別紙町奉行申渡書西河岸町孫兵衛等宛

町内河岸御堀端際へ葭簀張水茶屋差出ヲ願フ

繪圖面ノ通リ相違ナシ

願ノ通リ申付ク

同　万吉

此者共願出候(第六號)ハ、町内河岸御堀端際ニ間口貳間・奥行貳間半之葭簀張水茶屋壹間宛間取致し、四ケ所此度新規補理、夜分ハ取拂晝之内計差出し置申度段、別紙(第一圖)繪圖面を以相願候ニ付、見分遣遂吟味候処、繪圖面之通無相違、道幅拾五間幷河岸並も有之、往還其外差障儀も無之間、願之通申付之、

○コノ別紙ハ、第六號ニ添ヘラレシモノカ、年月日ヲ缺クモ、第六號ニ照ラシ文政四年五月十八日ナラン、

六 西河岸町名主上申書

葭簀張四ケ所御願書上

四番組
西河岸町
名主　清右衛門(千柄)

西河岸町孫兵衛等願書

町内河岸へ葭簀張水茶屋差出ヲ願フ

乍恐以書付奉願上候

一西河岸町五人組持店孫兵衛・同町嘉兵衛店松五郎・同店清吉・同町平兵衛店万吉右四人代兼孫兵衛・松五郎兩人奉申上候、私共儀、町内河岸ニ葭簀張水茶屋仕度候ニ付、町内ニも相願(朱書)「頼」候処、貧窮もの殊に町内住居之ものニ有之故、差障無御座由申し候間、何卒格

別以御慈悲葭簀張水茶屋隣町並ニ御免被成下候様、別帋繪圖面（第一圖）を以偏奉願上候、以上、

文政四巳年五月九日

西河岸町
五人組持店
願人　孫兵衛

五人組　平兵衛

同町
嘉兵衛店
願人　松五郎

家主　嘉兵衛

御奉行所様

〔第一圖〕○四二四頁

右之通五月九日筒井和泉守（政憲、南町奉行）様御番所に奉願上候得ㇳ、翌十一日御見分被下置、同十八日御同所様御内寄合に一同被召出、願之通被仰付候、（第五號別紙）右御調ニ付、此段奉申上候、以上、

（天保十二年）丑十月廿八日

右町
名主　清右衛門

願ノ通リ命ゼラル

別紙町奉行申渡書北町奉行所与力宛

往來ノ障ニナル場所ノ取調掛ヲ申付ク

七 床見世書上書抜

(朱書)「文政元寅年七月晦日、於內座被仰渡、」

申渡

松浦左一郎(北町奉行所与力)

町〻下水外ニ商賣もの等差出置、往來之障ニ相成候場所取調懸申付、下役兩人申付候間、年番与力ニ可被談候、

(文政元年)七月

○コノ申渡書、第一〇號別紙一ト關連アルカ、

壹番組ゟ廿一番組迄　廿一冊　番外三冊　神田火除地　壹袋

江戸橋廣小路一冊　三橋三冊　兩國一冊　床見世唱方　一冊

床見世書上三十一冊

〆三十一冊

二番組ノ内

貳番組之内
源六（村松、村松町名主）

淺草御門外後ロ之方 平兵衛 市兵衛 三左衛門持 三ケ所床見世

此平兵衛持外貳ケ所之儀、夜分ㇳ疊置可申処、其侭差置候段ㇳ願濟ㇵ振れ申候、

三番組ノ内

三番組之内
伊兵衛（鈴木、淺草竝木町名主）

淺草茶屋町 伊勢屋長次郎（御楊枝師） 久次郎 持貳ケ所

此長次郎外壹人持床見世之儀、往古ㇳ　御成之節も其侭差置候処、寶暦度ゟ取拂、

尤、年古儀ㇵ付、願濟之書面ㇳ無之旨申立候、

同斷
久左衛門（關口、淺草三間町名主）
兵藏（柳川、新鳥越町名主）

大川橋左右床見世

四番組ノ内

〔右〕清左衛門（千柄、西河岸町名主）
四番組之内
西河岸町御堀端 万吉・貞七・伊之助・五兵衛 持四ケ所
此万吉持外三ケ所之儀、葭簀張可差出処、たゝみ床補理候段願済ニ振れ申候、

七番組ノ内

（島崎、南八丁堀一丁目名主）清左衛門
七番組之内
眞福寺橋東橋臺左側
（朱書）「文十郎持外六ケ所願済、年月も難分趣ニ候得共、享保度ゟ御番所駈付人足差出候趣ニ付、◯遣〔本ノマヽ〕下ス、」

十一番組ノ内

（岡村、小柳町一丁目名主）十郎兵衛
拾壹番組之内
須田町
一葭簀張辻賣十四ケ所
下ケ札
此葭簀張拾四ケ所之儀、床見世ニ而も無之候得共、見渡之場所ニ付書出候旨申立候、
同
神田小柳町地先五ケ町持

葭簀張可差出処、床見世補理候段願濟ニ振れ申候、且、冥加金之儀ハ、矢部駿河守（定謙、南町奉行）方ニ而取扱、年々御金藏納相成申候、

十三番組ノ内

拾三番組之内

十五番組ノ内

拾五番組之内

左内（嶋田、左内坂町名主）

市谷八幡坂町大下水上兵八持外四ケ所

此兵八持外四ケ所之儀、葭簀張可差置処、疊床補理候段願濟ニ振れ申候、

一二十一番組持

壹貳十一番組持

名主
定次郎（木村、新革屋町名主）
五郎三郎（宮邊、小傳馬町名主）
權左衛門（小藤、多町一丁目名主）

（朱書）「白銀町ノ土手跡ナルヘシ」

此土手殘地上納地之儀ハ、藏地・物置・物干場・床見世等ニ貸附受負申付、書面之通四番土手ゟ拾番土手迄北側殘地合上納、當時壹ケ年金百九拾六兩三分銀拾壹匁兩度ニ割合、町年寄共ゟ御金藏江相納申候、

十二番組ノ内

神田火除土手
殘地床見世
一名主　定次郎
二　五郎三郎
十一　權左衛門

此土手殘地上納地之儀ハ、藏地・物置・物干場・床見世等ニ貸附受負被仰付、書面之通四番土手ゟ拾番土手迄北側殘地合上納金當時壹ケ年金百九十六兩三分銀拾壹匁兩度ニ割合御金藏に上納仕候、

外ニ南側貸地家作受負金右上納之節相納申候、

丑（天保十二年）十月　舘（町年寄）市右衛門

拾貳番組之内

神田冨山〔松〕町名主源太郎（吉村）・豊島町名主六左衛門（山本）持

此柳原土手通床見世之儀ハ、大傳馬鹽町家持弥平次ゟ申もの、右床見世助世（朱書）「成」を以神田川柵受負仕居候処、寛政二戌年中先役初鹿野河内守（信興、北町奉行）勤役中受負取放申付候後、江戸川・神田川常浚之儀ハ御勘定所持ニ相成候ニ付、右床見世地代諸入用引之、壹ケ年凡金七十兩余年々町年寄共ゟ御金藏に相納申候、

（朱枠）
但、右地所番屋普請修復等入用金拾兩以上相懸り候節ハ、伺之上申付、

拾両以下少分入用之節ハ、入札取之吟味仕不相當之儀無御座候得ハ、
私手限ニ而申付候仕來ニ御座候、
丑十月　樽藤左衛門（忠温、町年寄）

江戸橋廣小路

江戸橋廣小路之内床見世書上
此床見世上納金之儀ハ、町内持商藏・水茶屋・楊弓場・密〔蜜〕柑賣場等品〻幷家作御免地等を込、惣躰ニ而當時壹ケ年金貳百（朱書）「貳拾」両宛上納仕候、
町内割合内訳
金九拾壹両　床見世分
金百貳拾九両　町内持
〆金貳百貳十両
右割合を以相納候旨名主共申立候、
右上納金之儀ハ、江戸川・神田川定浚御手當地之内ニ有之、年〻町年寄共ゟ御金藏に相納申候、

十七番組ノ内

拾七番組之内　深川八幡旅所門前地先往還水戸殿石置場矢來際（徳川齊昭、常陸水戸藩主）
此勝五郎持外九ケ所掛床之儀ハ、筒井紀伊守（政憲、南町奉行）勤役中去ル卯年（天保二年）八月中取調候処、年來水

戸殿石置場役人ニ申込聞濟之上差出來、取拂切ニ相成候ゟも、差當渡世ニ相放レ大勢難儀之趣相願候ニ付、榊原主計頭(忠之、北町奉行)相談之上、願之趣も難取用、渡世替又も差障無之場所相願候共、(朱書)「出」夫迄之内猶豫聞濟置候場所ニ御座候、

本所見廻

兩國橋廣小路
床見世書上之内

東廣小路
髪結床四ケ所
楊弓場三ケ所

此床見世拾坪起立之儀、延享四卯年中御石置場番人上ケ地ニゟ、本所道役共兩人御預り一ケ月地代錢四貫五百文つゝ、壹ケ年錢合五拾四貫文取立、毎年暮ニ至外本所附町屋敷地代金之内ニ込御金藏納ニ相成申候、

同斷續
床見世壹ケ所
此床見世五坪起立之儀、延享四卯年中御石置場番人上ケ地ニゟ、本所道役共兩人拜借

助成地ニ相成候趣申傳、今以兩人助成之地所ニ御座候、且、右書物等類焼之節焼失、
大川通出水之節水腐仕、年月等不相知候旨道役共申立候由、本所見廻与力共申聞候、

大川橋

「（朱書）大川橋」
本文壹ケ年上納高貳拾九兩ト錢七貫三百文町年寄方ゟ〔にカ〕取立、十組冥加金壹万貳百兩之内
小破其外諸入用遣拂ゟして町年寄共に請取候目當高三百兩之内に組込、御拂殘金有之候
得ㇳ御金藏に相納申候、

下ケ札
御附札之趣相違無御座候、
丑十一月
喜多村彦右衛門（町年寄）

永代橋

「（朱書）永代橋」
本文壹ケ年上納高錢貳百貳十三貫六百四拾八文町年寄方に取立、十組冥加金壹万貳百兩
之内小破其外諸入用遣拂ゟして町年寄共に受取候目當高三百兩之内に組込、遣拂殘金有
之候へㇳ年御金藏に相納申候、

下ケ札
前同斷、

新大橋

大橋

八　神田鍛冶町一丁目名主上申書

神田鍛冶町一丁目南木戸際畳床見世

「新大橋」(朱書)

本文壹ヶ年上納高増減御座候へ共、去子年分銭百貫五百文町年寄方に取立、十組冥加金壹万貳百兩之内小破其外諸入用遣拂らして町年寄共に受取候目當高三百兩之内に組込、遣拂殘金有之候得を年御金藏に相納申候、

札ケ下「前同斷、」

「大橋」(朱書)

本文助成地內に葭簀張床見世差出候節之願等を不致旨申立、舊來仕來之由乙を候得共、尙又得ら取調候樣可仕候、

上

神田鍛冶町壹丁目

御作事頭支配
御鍛冶頭
高井美濃

神田鍛冶町壹丁目南木戸際

一たゝみ床見世壹ヶ所

但、間口九尺奥行壹間
たゝみ候へハ奥行三人(朱書)「尺」ニ相成申候、
右ハ、高井美濃拝領町屋敷地ニ(朱書)「先」而、鍛冶役所見守床番屋ゟ申往古ゟ有來、願濟有無幷書留等類焼之節焼失致し相分不申旨申之候へ共、得ゟ相調候へハ、同町新七店利八ゟ申もの、數年來右床見世借受、日々罷出雑菓子商ひいたし罷在、壹ヶ月金壹分つゝ床代ゟして右美濃家守豊太郎方ニ差出候旨申之候、
右之通取調申上候、以上、

(天保十二年)
丑十月

神田鍛冶町一丁目
權左衛門(小藤)印

床見世取調書上

三番組
淺草茶屋町
名主　伊兵衛(鈴木)

淺草茶屋町
名主　伊兵衛支配
御細工頭支配
御楊枝師

九　淺草茶屋町名主上申書

御鍛冶頭高井美濃拝領町屋敷地先ノ鍛冶役所見守床番屋床見世借受ケ雑菓子商フ者床代ヲ美濃家守へ差出ス

浅草茶屋町
床見世

御楊枝木御用命ゼラレ床見世ヲ補理フ寶暦度ヨリ御成ノ節ハ取片付ク

別紙一馬喰町四丁目月行事願書町奉行所宛

浅草茶屋町
一床見世壹ケ所

間口貳間
奥行三尺

浅草今戸町八五郎地面内
借受罷存候
持主　伊勢屋長次郎

同町
一床見世壹ケ所

間口九尺
奥行三尺

浅草茶屋町
名主伊兵衛支配
同町家主
持主　久次郎

右床見世貳ケ所共年古キ儀ニ而、書留等無御座候間、御願済之有無相分り不申候得共、元禄六酉年八月中、御楊枝師〔木〕御用被為　仰付相勤罷在候ニ付、床見世貳ケ所を往古ゟ補理、　御成之節も右床見世に楊枝木差出置候處、其後寶暦之度ゟ　御成之節を右床見世取片付候趣ニ御座候、此段取調申上候、以上、

天保十二丑年十月廿八日

浅草茶屋町
名主　伊兵衛印

文化六巳年模様替願書写

弐番組
馬喰町四丁目
名主由之助(高木)
後見　源　六(村松、村松町名主)

〔第二圖〕○四二五頁
〔第三圖〕○四二六頁

乍恐以書付奉願候

一馬喰町四丁目月行事伊右衛門奉申上候、私共町内町家之内、元祿七戌年、淺草御門爲火除同町北之方角左右ニ而間口八間つゝ・奥行貳十間、并右御門ニ付候方拾三間・奥行八間被召上、右拾三間ニ八間之場所町内ニ御預ケ被仰候ニ付、矢來町入用を以補理申候、然ル處、一躰廣場ニ有之、其上右矢來內往來も無御座候故、時〻捨物・行倒もの等有之、町入用等も相懸り難儀いたし候ニ付、其砌爲助成矢來外通りニ間口六尺・奥行四尺前ニ五尺揚庇付候疊床拾七軒御願申上候処、同十二月中願之通被仰付、尚又同十一寅年六月、右矢來內明地ニ葭簀張賣藥・物讀見世等差出、日〻夜分ハ取片付度旨御願申上候得共、

淺草御門火除ノ爲町内町家ヲ召上ゲラル
町内預ケ地ニ矢來ヲ補理フ
矢來内捨物等ニ町入用等モ懸リ難儀ス
矢來外通リヘ疊床十七軒願ヒ許可サル
矢來内明地へ葭簀張差出ヲ願ヒ許可サル

近年商ヒ薄ク助成ニナラズ疊床等ヲ楊弓場ニシタシ

別紙二
南新堀一丁目
月行事願書等

是又願之通り被仰付難有仕合奉存候、其砌ゟ町內又ハ隣町之者共、日々罷出渡世致し來候処、近年商ひ薄ク右場所借受候もの無之、助成ニ相成兼難義至極仕候ニ付、何卒此度右疊床幷葭簀張等少々つゝ手入致し楊弓場ニ仕度、尤、致來之通夜分ハ疊置又ハ取片付候様可仕候間、何卒以　御慈悲右之段御聞濟被成下願之通被仰付被下置候ハヽ、難有仕合ニ奉存候、依之、別紙繪圖面(第二・三圖)を以奉願上候、以上、

文化六巳年十一月廿六日

馬喰町四丁目
月行事
願人
伊右衛門
長三郎
源兵衛

御番所様

南新堀壹丁目自身番屋向商床四ケ所ヲ貳ケ所ニ模様替仕度旨御訴訟申上候写

七番組
南新堀町
名主
平兵衛(冨田)支配

南新堀一丁目
月行事願書
町奉行所宛

柿葺商床番屋
四ケ所アリ
風雨ニテ打潰
レ取片付ク
右跡へ新規商
床番屋二ケ所
ノ建設ヲ願フ

瓦葺塗家ニテ
建テタシ

乍恐以書付御訴訟奉申上候

一南新堀壹丁目月行事甚兵衛申上候、私町內湊橋際自身番屋向ニ間口九尺・奥行同斷・棟高サ壹丈有之候有之候柿葺商床番屋四ケ所有來候処、去未年(文政六年)八月中風雨之節、同所ニ有之家主吉左衞門地先同人店茂兵衞所持之土藏に水廻り候哉、右壁落商床番屋四ケ所共過半打潰シ往來之差障ニも相成候ニ付、早速取片付申候、然ル所、右跡に新規模様替致候商床番屋貳ケ所相建申度旨、同年閏八月中御訴訟申上候節、風与心得違仕、取崩候ヲ有形有之候趣ニ取繕相違之義を御訴訟奉申上候ニ付、追〻御吟味之上、私共一同御咎被仰付重〻奉恐入候、右ニ付、此度御願申上候も恐ヲも不顧候得共、町用差支之義も御座候間、何卒　御慈悲ヲ以、右取崩候跡に間口四間半・出巾九尺棟高サ壹丈貳尺八寸・軒下九尺幷間口九尺・出巾壹丈壹尺・棟高サ軒下共同斷、商床番屋貳ケ所共、此度ハ瓦葺塗家ニ仕、右屋根左右ニ流レを致、吉左衞門地先同人店茂兵衞所持之土藏に取付、出庇同様ニ新規相建申度、別紙繪圖面相添比段奉願上候、以上、

文政八酉年二月十五日

南新堀壹丁目
月行事
願人　甚兵衛

五人組　善　六
名主　平兵衛

御奉行所様

此町内湊橋際自身番屋向ニ間口九尺・奥行同斷・棟高サ壹丈有之候柿葺商床番屋四ケ所有來候處、去年八月中風雨之節、同所ニ有之家主吉左衛門地先同人店茂兵衛所持之土藏江水廻候哉、壁落商床番屋四ケ所共過半打潰レ往來之障ニ相成候ニ付、取片付置、右跡江新規模様替商床番屋貳ケ所相建申度旨、同年閏八月中訴訟申出候節、心得違致、取崩候ヲ有有之候趣ニ取膳相違之義ヲ訴訟申出候ニ付、御吟味之上願人幷町役人一同御咎被仰付候、然ル所、町用差支之義も御座候ニ付、右取崩候跡江棟高サ壹丈貳尺八寸・軒下九尺・間口四間半・出巾九尺幷棟・軒共高サ同様ニ而、間口九尺・出巾壹丈壹尺之商床番屋貳ケ所共、此度ハ瓦葺塗家ニ致し、貳ケ所之内四間半之方屋根左右江流レヲ致し、前書茂兵衛所持之土藏江取付、出庇同様ニ此度新規相建申度旨、當月十五日訴訟申出、尚又御糺之上私共今日見分ニ罷越、願人幷町役人爲立合間數丈尺相改候處、繪圖面之通無相違往還其外差障候義相見江不申候、尤、川筋　御成　御通船之　御目障ニ不相成様可仕旨申渡候、以

町奉行所同心見分書
柿葺商床番屋四ケ所アリ
風雨ニテ打潰レ取片付ク
右跡へ新規商床番屋二ケ所ノ建設ヲ願フ
今日見分シ間數等改ム
繪圖面ノ通リ往還等ニ支障ナシ

上、

（文政八年）
酉二月廿二日

見分人
（北町奉行所同心）
服部嘉太夫
（南町奉行所同心）
横地惣兵衛

南新堀町一丁目月行事等請書
町奉行所同心宛
柿葺商内床番屋四ケ所アリ
風雨ニテ打潰レ取片付ク
右跡へ新規商床番屋二ケ所ノ建設ヲ願フ
今日見分アリ往還等ニ支障ナシ

差上申一札之事

一私共町内湊橋際自身番屋向ニ間口九尺・奥行同斷・棟高サ壹丈有之候柿葺商床番屋四ケ所有來候所、去年（文政七年）八月中風雨之節、同所ニ有之候家主吉左衛門地先同人店茂兵衛所持之土藏ゟ水廻壁落、右商床番屋四ケ所共過半打潰レ往來障ニも相成候ニ付、取片付置、右跡ゟ新規模様替商床番屋貳ケ所相建申度旨、同年閏八月中御訴訟申上候節、風与心得違仕、取崩候を有形有之趣ニ取繕相違之儀を御訴訟申上候ニ付、御吟味之上、願人幷町役人一同御咎被仰付奉恐入候、然処、町用差支之義も御座候ニ付、右取崩候跡ゟ棟高サ壹丈貳尺八寸・軒下九尺・間口四間半出巾九尺、幷棟軒高サ同様ニゅ間口九尺出巾壹丈壹尺之商床番屋貳ケ所共、此度ㇳ瓦葺塗屋ニ致し、貳ケ所之内四間半之分家根左右ゟ流レを仕、前書茂兵衛所持之土藏ゟ取付出庇同様ニ此度新規相建申度段、當月十五日御訴訟申上候得共、尚又御糺ニ相成候上、今日御見分被下置、私共立合被仰付間數丈尺御改被

願ノ通リ命ゼラレタシ

別紙三
深川八幡旅所
門前家主等請
書

成候所、繪圖面之通相違無御座候ニ付、先規之土臺殘有之、往還其外差障無御座候間、願之通被仰付被下置候ハヽ、早速普請ニ取懸り、尚又出來次第御訴奉申上候、尤、御成　御通船之節、　御目障ニ不相成樣可仕旨被仰渡奉畏候、仍如件、

文政八酉年二月廿二日

南新堀壹丁目
月行事　甚兵衛
五人組　善六
名主　（冨田）平兵衛

（北町奉行所同心）服部嘉太夫殿
（南町奉行所同心）横地惣兵衛殿

天保二卯年八月

深川八幡旅所門前外壹ケ町地先水戸殿（徳川齊昭、常陸水戸藩主）石置場矢來際床見世之もの共江申渡候受書写

深川八幡旅所門前、同所御船藏前町地先、町方往還水戸殿石置場矢來際江是迄掛床之水

水戸殿石置場矢來際水茶屋等ハ願濟ニアラズ

御成ノ節取拂ヲ命ズ

取拂切ニテハ大勢難儀ス手輕ノ水茶屋差出ヲ願フ

渡世替又ハ外場所ヲ願フ迄ハ許可ス

茶屋拾軒・葭簀張小商壹軒都合拾壹軒、旅所門前勝五郎外拾人之もの共差出銘々渡世致し來候処、右ハ願濟之場所ニハ無之、尤、御船藏ゟ間近ニて、御場所柄近邊之所、小前之もの共心得違致し、石置場役人江申込內々聞濟ニ相成候由ニて、近頃いつとなく右往還江建物致し置候間、當八月四日中川筋江內府様(徳川家慶)　御成之節取拂之儀申渡候処、手重之補理方ニて急ニ取拂も相成兼候ニ付相糺候処、全心得違恐入候旨申立不殘取拂候、然ル処、取拂切相成候てハ、差當り銘々渡世ニも相放大勢難義之趣相歎キ、手輕之水茶屋差出申度慈悲相願、年々月切を以相願候樣致し度段申立候得共、願之趣ハ難取用候間、渡世替致し候共又ハ差障無之外場所相願候共可致、夫迄之內別紙差出候繪圖面之通取縮メ、何時ニても不殘速ニ取拂相成候樣手輕ニ致し、往來差支無之樣致し、其日限り取片付、且、　御成之節其外風烈幷非常之砌ハ早速取拂可申、右拾壹軒之內壹軒ハ是迄葭簀張ニて、其日限り取拂來候間掛床ニハ致間敷、勿論當時渡世致し罷在候もの之外新規之もの差出候儀ハ難相成、銘々外渡世ニ相成候歟、又ハ勝手ニ付相休候ものハ減切ニ致し、其內差支之儀も有之候ハヽ、早速取拂切ニ可致、

右之通被仰渡奉畏候、差障無之場所見立相願候歟、又ハ外渡世ニ相成候迄之內水茶屋取拂之儀御猶豫被成下難有奉存候、右ハ等閑ニ不仕相備候樣、町役人共ゟも心附可申候、御用

之節ハ何時ニ不限早速取拂可申候、爲後日御受仍如件、

天保二卯年九月

深川八幡旅所門前
家主
喜右衛門
月行事無之
五人組
喜三郎
同所御船藏前町
家主
庄兵衛
五人組
助七
家主
重藏
五人組
直藏

前書之通被仰渡奉畏候、水茶屋引拂候迄之內不取締之義無之樣爲仕可申候、爲後日仍如件、

深川御船藏前町
名主
（佐藤）
忠右衛門
本所緑町
肝煎名主
（關岡）
長兵衛

一〇　北町奉行伺書

町中床見世取調ヲ命ゼラル名主共へ書出サスモ不分明ノ分モアリ

私ニ取建置ク床見世等夥シ多クハ大火後ニ殖ヘル

本文ニテ分リ難キ分ハ譯書下ケ札トス

「(朱書)(天保十二年)丑十一月八日、(水野忠邦、老中)越前守殿ゟ御直上ル、」

町中床見世之儀ニ付御內慮奉伺候書付

遠山(景元、北町奉行)左衛門尉

當時町中ニ有之候床見世不殘取調可申上旨、去月十日御書付(第一號)を以被仰渡候ニ付、町〻名主共ゟ願濟之有無ニ不拘有躰申立候樣申付爲書出候処(第七號參看)、願濟之分ハ冥加上納金・欠付人足・道式修復等相心得候向も有之候処、元祿・享保度年古願濟之分ハ可突合「御役所書物類も(コノ上二一八一頁ノ下ケ札アリ)〔アリ〕燒失仕不分明之分も有之候、然処、私ニ取建置候床見世等夥敷、尤、右之內ニハ願濟有無不相知、年來差出來候も有之趣ニ候得共、多くハ拾三年以前丑年(文政十二年)、八年以前」午年(天保五年)、神田佐久間町ゟ之出火兩度大火後、別而相殖候儀ゟ相聞候間、別册願濟ゟ相見へ候分ニハ朱を以丸印を付、上納金等有之分、本文ニ而難相分廉ハ、訳書下ケ札ニ仕候、一躰町〻橋際左右河岸五間程人溜りを明、番屋之外建物一切致間敷、番屋たりとも可成たけ橋臺ゟ引下ケ可申、右間數之內ハ葭簀張・物置樣之ものニ而も都而火傳ニ可相成品ハ、以後一切取建申

町觸ニ背キ橋臺際へ床見世差出ス分アリ

願濟ト齟齬スル內實モアリ

願ヒナクトモ害ニナラザル分モアリ

取拂ハバ其日暮ノ者生活ヲ失ハセン

願濟ノ有無ヲ以テ取拂ヲ極メ難シ

書面ニテハ可否見定メ難シ

町家ニテ買フヨリ手輕ニテ床見世繁昌ス

町家表店ノ者衰微シ沽券地へ響クトノ風聞

間敷旨、十三ケ年以前丑年大火後、翌寅（文政十三年）正月町觸（別紙二）致し置候儀ニ御座候処、右ニ背橋臺際ニ床見世さし出候分も相見不埒之義ニ付、右類ハ何れニも為取拂候段勿論之儀、其餘願濟ニ無之分ハ、一統取拂申付候ハ當前之処、譬ハ葭簀張之願濟ケ所へ自己ニ掛床等差出置候分、書上之內ニ有之候上ハ、其餘廉〻願濟ゟ齟齬致し候も內實可有之、然ル上ハ、見分之もの不差遣候而ハ難相分儀、願を經候內ニも不正有之、又願無之共御堀端・河岸端等ニ全晝之內計差出し候疊床之分ハ、敢而火災等之節害ニ不相成分も可有之、右等ハ其日暮之もの生活を失ひ候も可有之哉ニ付、宥免致し、以來之儀取締付候ハヽ、可然一途ニ願濟之差別を以、取拂之有無を極候ハヽ、却而事實を失可申、迚も書面之上之取調ニ而ハ可否難見定、床見世之弁理ハ品〻有之趣ニ而、右故猥ニ相殖候儀ゟ相聞候間、

「（朱書）床見世持之ものハ、裏屋住居致し居候得共、表店同前ニ而、殊町並住居ゟ違諸懸・雜費も無之、同商賣軒並ニ罷在候而も渡世差障出入も無之、其上何品ニよらす町家ニ而買調候より、床見世之方手輕之樣ニ心得候人氣ニ而、床見世商ひ繁昌致し万端都合宜由、右故町家表店之もの衰微致し、自然沽券地ニ相響可申哉之風聞ニ付、繁花之町〻ニ床見世有之候ハ、諸商ひ見世の為ニハ邪广〔魔〕ニ而、且、非常之節・平日とても往還混雜致し不宜儀ニ候へ共、場所末之儀ハ、裏店等借受候ものも少く候処、床見世ニ而渡

床見世ノ者裏店等借受ケ土地ノ潤ヒニナルトノ風聞

見分ノ上取拂ノ目當ヲ付ケ伺ヒタシ掛与力同心申付クベキカ

文政元年七月老中書取ノ內容

与力二人同心四人申付ク

橋臺際ノ建物ヲ改ムレバ取締ニナラン

世仕候もの有之候得ハ、其爲ニ裏店等も借受候ものも少く候処床見世ニ而渡世仕候もの有之候得ハ其爲ニ裏店等も借受候もの有之却而土地之潤ひに可相成哉之風聞も御座候、」

趣ニ而右故猥りニ相殖候義ら相聞候間

「（朱書）床見世持候ものハ裏屋住居致し居候」

一躰ニ得ら見分爲致、精細ニ相糺、全調詰候上ニ而取拂有無目當ヲ附相伺候様仕度、右ハ市中一同之事故、手數日數も相懸り候儀ニ付、右掛与力兩組ニ而貳人・同心四人申付候様可仕候哉ニ奉存候、

「（朱書）文政元寅年七月、町々之内見世先下水之外に庇等差出、又ハ日覆致し往來に商賣もの差出、道幅狹処ハ別而往來之障ニ相成候哉ニ付、精々組之ものをも相廻爲致（改）候様可致旨、青山下野守（忠裕、老中）殿御書取（別紙一）を以被仰渡、兩組与力貳人・同心四人掛申付候儀も有之候間、本文之通申上候、」

伺之通被仰渡候ハヽ、床見世ニ限り取調、前書寅年之觸面ニ背候橋臺左右ニ葭簀張・物置ニ而も建物致し有之候を、其侭ニ捨置候而ハ偏頗之筋ニ相當、市中之もの疑惑も可有之候間、右廉々をも尚相改候様仕候ハヽ、一統之取締ニ相成可然ら奉存候、依之、名主共差出

下ケ札

願濟ト申立ツ内ニハ別段申上等ヲセザルモアリ

別紙一老中書取

町々下水外ヘ商賣物等差置キ往來ノ支障ニナル

候書付（第七號參看）三十一冊・御見合之御書取（別紙一）・町觸等写（別紙二）一冊相添、（朱書）「此段」御内慮奉伺候、以上、

（天保十二年）丑十一月　　　遠山左衛門尉（景元、北町奉行）

下ケ札

本文願濟ゟ申立候内、上納金等致し候分ハ先役共ゟ夫々申上置候義ニ御座候得共、一ト通之願濟ハ月番之番所へ訴訟申出候得ハ、見分之もの差遣、差障無之候得ハ同役相談之上、内寄合之節呼出、願之通申渡置候義ニ而、別段申上等ハ不仕義ニ御座候、

○コノ下ケ札、本文中ノモノナルモ、便宜コヽニ掲グ、

（朱書）「文政元寅年七月廿四日、（青山忠裕、老中）下野守殿、御直、（永田正道、北町奉行）備後守ニ御渡候御書取写、」

町々之内、今以見世先下水之外ニ庇等差出、又ハ日覆致し往來ニ商賣物等差置、道幅狭キ所ハ別而往來之障ニも相成候ニ哉相聞候、右ハ、去ル寅年（文化三年）相達候趣も有之処、等閑ニ相成

候ヽ如何之事ニ候間、精ヽ組之者をも相廻し為改候様可被致候事、

（朱書）「文政十三寅年正月」

町觸

去丑（文政十二年）三月廿一日神田佐久間町ゟ出火にて、御入用橋ヽも數多燒失致候ニ付、前ヽ觸置候通、橋際左右河岸五間ニて人溜りを明ケ、番屋之外建もの一切致申間敷候、但、番屋たりとも可成丈橋臺より引下ケ可申、五間之内ニ燒殘有之河岸土藏之分ヽ、是又追ゐ建直し之節引下ケ可申旨、其砌も相觸候得共、（本書十三、河岸地調之部第二八二號參看）難改場所も有之哉ニ付、御入用橋之分、尚又為取調候處、中ニヽ五間之内に建物致し候も有之候得共、實ヽ外に引直候場所無之分ヽ、此度中渡候通相心得建物可致候、尤、右様之場所ヽ猶更之義、橋際左右五間之内葭簀張（朱書）「ヽ」・物置様之もの ニゐも、都ゐ火傳ニ可相成品ヽ、以後一切取立申間敷候、

組ノ者ニ改メサスベシ

別紙二
町觸

御入用橋數多燒失ス
橋際左右河岸五間ニ番屋ノ外建物ヲ禁ズ
番屋モ橋臺ヨリ引下グベシ
五間ノ内ニ建物アリ
葭簀張等ハ一切取立ヲ禁ズ

一南北小口年番
名主上申書
町奉行所宛

床見世ノ唱へ
方ヲ尋ネラル

床見世

建床トモ唱フ

掛ケ床見世

タヽミ床トモ
唱フ

タヽミ床見世

右之通町中不洩様可相觸もの也、
(文政十三年)
寅正月

乍恐以書付申上候

一當月十一日、組〻年番名主共御呼出之上、町中ニ有之候床見世不殘書上候様被仰渡、(第三號)同廿日一同書上仕候處、(第七號參看)右床見世何床与相唱候儀、私共心得方御尋ニ付、左ニ申上候、

一床見世

右ハ、町〻往還木戸際又ハ橋臺廣小路幷上納地等ニ柱建ニ而補理置、商ひ相仕舞候得ハ其侭戸〆り致し置候儀ニ御座候、尤、右を建床共相唱申候、

一掛ケ床見世

右ハ、町〻往還木戸際幷表土藏或ハ家作横手板塀抔に家根幷上ケ椽を取付置、商ひ仕候節ハ右家根を突上ケ揚椽をおろし、商ひ仕舞候得ハ家根釣下ケ、上ケ椽之儀ハ掛ケ鐵ニ而留置候を掛ケ床与相唱申候、

一たゝみ床見世

但、右掛ケ床をたゝみ床とも申候ニ付、此度書上ニハ名目入混シ居可申奉存候、

右ハ、橋臺廣小路・御堀端河岸等ニ取外シ相成候様補理置、御成之節ハ相たゝみ片付置、相濟候得ハ如元取建候をたゝみ床与唱申候、

但、右之内ニハ葭簀張之御願濟ニ而、補理いつとなくたゝみ床ニ相直し候も有之候、

一はこ置床見世

ハコ置床見世

右ハ、町〻ニ有之候箱番屋同様之形チニ補理置、日〻往還ニ荷ヒ出シ或（朱書）「車」ハ連を付ケ引出候も有之、夜分ハ河岸地・明地等ニ其侭入置候をはこ置床与相唱申候、

右之通名目御座候ニ付、廉〻相分ケ書上仕候得共、都而一圓床見世与相唱候儀ニ御座候、

分ケテ書上グレド全テ床見世ト唱フ

右私とも心得方御尋ニ付申上候、以上、

天保十二丑年
十月廿九日

南北小口年番
新革屋町
名主　定（木村）次郎　印

神田紺屋町
同（山家）喜四郎
後見　庄三郎　印

佐内町
同　八（倉本）右衛門　印

御番所様

一二
床見世書上下
ケ札写

町々ゟ差出候書上江下ケ札致し候写（第七号参看）

二番組ノ内

（朱書）（村松、村松町名主）
「源六」

貳番組之内

淺艸御門外後ロ之方 平兵衛 市右衛門 三右衛門持　三ケ所床見世

此平兵衛持外貳ケ所之儀、夜分ゟ疊置可申處、其侭差置差出候段ハ願濟ニ振レ申候、

三番組ノ内

（朱書）（鈴木、淺草竝木町名主）
「伊兵衛」

三番組之内

淺艸茶屋町（御楊枝師）伊勢屋長次郎 久次郎 持二ケ所

此長次郎外壹人持床見世之儀、往古ゟ御成之節も其侭差置候処、寶暦度ゟ取拂、尤、
年古儀ニ付、願濟之書留ゟ無之旨申立候、

(朱書)(千柄、西河岸町名主)
「清左〔右〕衛門」
四番組之内
西河岸町御堀端　万吉　貞七　伊助　五兵衛　持四ケ所

此万吉持外三ケ所之儀、葭簀張可差置処、たゝミ床補理候段願濟ニ振レ申候、

(朱書)(岡村、小柳町一丁目名主)
「十郎兵衛」
十一番組之内
須田町

此葭簀張十四ケ所之儀、床見世ニゟ無之候得共、見渡之場所ニ付書出候旨申立候、

同
神田小柳町地先五ケ所持床
葭簀張可差置処、床見世補理候段願濟ニ振レ申候、且、冥加金之義ゟ、矢部駿河守(定謙、南町奉行)方ニゆ取扱、年々御金藏納相成申候、

名主(木村、新革屋町名主)
定次郎

四番組ノ内

十一番組ノ内

二十一番組

十二番組ノ内

十五番組ノ内

壹貳十一組　（宮邊、小傳馬町名主）五郎三郎　（小藤、多町一丁目名主）權左衛門

此土手殘地上納地之儀ハ、藏地・物置場・干場・床見世等ニ貸附受負申付、書面之通四番土手ゟ拾番土手迄北側殘地合上納、當時壹ケ年金百九拾六両三分銀拾匁（朱書）「壹」両度ニ割合、町年寄共ゟ御金藏江相納申候、

拾貳番組之内

神田冨山町（松）　名主（吉村）源太郎

豊嶋町　同　六（左）右衛門（山本）

持

此柳原土手通床見世之儀ハ、大傳馬鹽町家持弥平次与申者、右床見世助成を以神田川柵請負仕居候処、寛政二戌年中先役初鹿野河内守（信興、北町奉行）勤役中受負取放申付候後、江戸川・神田川常浚之儀ハ御勘定所持ニ相成候ニ付、右床見世地代諸入用引之、壹ケ年凡金七拾両余年〻町年寄共ゟ御金藏江相納申候、

（朱書）「左内」（嶋田、左内坂町名主）
拾五番組之内

市谷八幡町大下水上　兵八持外四ケ所

十七番組ノ内

江戸橋廣小路

此兵八持外四ヶ所之儀、葭簀張可差置処、疊床補理候段願濟ニ振レ申候、

拾七番組之内
　深川八幡旅所門前地先往還水戸殿（徳川齊昭、常陸水戸藩主）石置場矢來際

此勝五郎持外九ヶ所掛床之儀ハ、筒井紀伊守（政憲、南町奉行）勤役中去ル卯年（天保二年）八月中取調候処、年來水戸殿石置場役人江申込聞濟之上差出來、取拂切ニ相成候而ハ、差當渡世ニ相放大勢難儀之趣相願候ニ付、榊原主計頭（忠之、北町奉行）相談之上、願之趣ハ難取用、渡世替又ハ差障無之場所相願候共、夫迄之内猶豫聞濟置候場所ニ御座候、

江戸橋廣小路之内床見世書上

此床見世上納金之義ハ、町内持商藏・水茶屋・楊弓場・密〔蜜〕柑賣場等品〻并家作御免地等を込、惣躰ニ而當時壹ヶ年金貳百貳拾兩つゝ上納仕候、

　町内割合内訳
　　金九拾壹兩　　床見世分
　　金百貳拾九兩　　町内持
　　〆金貳百貳拾兩

右割合を以相納候旨名主共申立候、

右上納金之儀ハ、江戸川・神田川定浚御手當地之内ニ有之、年〻町年寄共ゟ御金藏ニ相納申候、

兩國橋廣小路床見世書上之内

東廣小路　髪結床四ケ所　楊弓場三ケ所

此床見世拾坪起立之儀、延享四卯年中御石置場番人上ケ地ニて、本所道役共兩人御預り壹ケ月地代錢四貫五百文つゝ、壹ケ年錢合五十四貫文取立、毎年暮ニ至外本所附町屋敷地代金之内ニ込御金藏納ニ相成申候、

同斷續

床見世　壹ケ所

此床見世五坪起立之儀、延享四卯年中御石置場番人上ケ地ニて、本所道役共兩人拜借助成地ニ相成候趣申傳、今以兩人助成之地所ニ御座候、且、右書物等類燒之節燒失、大川通出水之節水腐仕、年月等不相知旨道役共申立候由、本所見廻与力共申聞候、

大川橋

本文壹ケ年上納高貳拾九兩ト錢七貫三百文町年寄方ニ取立、十組冥加金壹万貳百兩

之內小破其外諸入用出拂として町年寄共に受取御目當高三百兩之內に組込、遣拂殘金有之候得を御金藏に相納申候、

永代橋

永代橋

本文壹ケ年上納高錢貳百貳拾三貫六百四十八文町年寄方に取立、十組冥加金壹万貳百兩之內小破其外諸入用遣拂として町年寄共に受取御目當高三百兩之內に組込、遣拂殘金有之候得共御金藏に相納申候、

新大橋

新大橋

本文壹ケ年上納高增減御座候得共、去子年分錢百貫五百文町年寄方に取立、十組冥加金壹万貳百兩之內小破其外諸入用遣拂として町年寄共に受取御目當高三百兩之內に組込、遣拂殘金有之候得を御金藏に相納申候、

大橋

新大橋（マヽ）

本文助成地內に葭簀張床見世差出候節〻願等を不致旨申立、舊來仕來之由ニを候得共、尙又得与取調候樣可仕候、

「壹番組《（朱書）》ゟ廿壹番組迄廿一册番外三册　神田火除地壹袋

江戶橋廣小路壹册〔三橋三册　兩國一册脫カ〕　床見世唱方壹册

一三　町奉行所本所見廻与力伺書

本所深川諸橋臺建物等取調方ヲ命ゼラル
両國橋外三橋助成地内建物等モ取調ブ

〆三拾壹冊」

卯（天保十四年）四月廿八日來ル、

甲斐守（鳥居忠耀、南町奉行）殿江相談もの

書面両國橋外三橋之儀ハ、本所方持場ニ付、右掛ニ而取調候様被仰渡可然哉奉存候、
卯四月廿七日　市中取締懸

両國橋外三橋助成地内建物取締方之儀ニ付奉伺候書付

本所見廻

市中床見世・掛床幷河岸地・火焚所・諸橋臺建物取締方之儀、去寅年（天保十三年）十月中越前守（水野忠邦、老中）殿被仰渡、本所・深川諸橋臺建物幷右両地河岸地之儀ハ、左衛門尉（遠山景元、北町奉行）殿御掛りニ而、則私共江取調方被仰渡候ニ付、追〻相調取締方附、其段繪圖幷以書付申上置候ニ付、両國橋幷外三橋助成地内葭簀張水茶屋其外諸取建物之儀も、右同様取調可申上之処、右四橋之儀ハ、市中一範（マヽ）之諸橋〻共相違仕、是迄之処右助成地内地代金等を以御仕賄仕居候訳柄も有之、殊両國

両國橋ハ享保年中町方持ニナル
廣小路内髪結床等庭銭ヲ助成トシ諸入用等ヲ請負フ
外三橋ハ元十組問屋上納金等ヲ以テ諸入用ヲ賄フ
問屋停止後御入用ニテ賄フ
助成地内ノ手入モ致シ兼ヌ
市中床見世掛ヨリ橋々助成地内取締方等掛合アリ

ニ橋之儀ハ、寛文年中初而御掛渡しニ相成候節、橋番人江御給金被下置候處、享保年中町方御持ニ相成候以來、右橋東西廣小路内髪結床其外辻商人等之庭銭を以助成ニ被成下、出火出水又ハ　御成諸入用ハ不及申、其外橋附之諸雜費・役船・水防并同斷諸道具まて只今以壹式御忠節御請負致シ來候ニ付、是迄度々御取締被　仰出候節、右由緒之趣を以請負人共ゟ申立、其度々御聞濟有之、且、外三橋之儀ハ、是迄之処元十組問屋共上納金并右橋々助成地内地代金を以、番人給金其外橋附諸入用共御取賄有之候処、去々丑年（天保十二年）右問屋共御取潰被　仰出候以來、右橋々御修復其外番人給金等迄都而御入用ニ而壹式御取賄ニ相成、且、去寅年秋中、御勘定奉行衆御連名ニ而御伺ニ相成候三橋御修復御目當金高御取立御主法之内ニも相籠り居候ニ付、旁右助成地内之儀ハ容易ニ手入致兼候場合も有之、殊ニ昨年以來本所方御用向品々入湊居候儀ニ付、得与取調候上取締方附可申上与存相延置、且、両國橋助成地内取締方之儀ニ付而ハ、請負人共ゟ歎願致し候趣去寅年九月中左衞門尉殿江申上置、外三橋橋臺五間内建物引去申付候節ハ、上納金高之内凡金拾七兩餘之減方附可申哉之趣、同年十月甲斐守殿江申上候処、猶得与御勘弁之上御下知御座候趣御同人被仰渡有之候ニ付、暫時見合置候処、此節市中床見世掛より右橋々助成地内諸建物其外取締筋并起立等之儀品々掛合有之、私共挨拶振を以取拂方等之儀、同方ゟ相伺可申段申之候、右ハ前條申上候通、

四橋ハ古來ヨリ本所見廻進退仕來ル場所

私共一手ニテ取締方附ケタシ

南町奉行挨拶

本所見廻床見世掛打合セ取調ブヤウ申渡スカ

昨年中夫〻申上置候廉も有之、且、右四橋之儀ハ古來ゟ本所見廻進退仕來り候場所ニ付、右掛り之ものゟ取締向申渡候様ニ相成候而ハ、橋附掛り名主共を始請負人とも一同氣請ニも相拘、此以後私共進退承伏仕間敷と心配仕、殊ニ前條之通由緒も有之候場所取締方兩端ニ相成候而ハ混雜仕候儀も可有御座候ニ付、旁私共一手ニ而早〻相調取締方附候様仕度奉存候、右之趣御聞濟被成下伺之通被仰渡御座候ハヽ、右橋〻助成地内取調方之儀ハ相除候様可仕旨、床見世掛ニ被仰渡御座候様仕度奉存候、依之、此段奉伺候、

但、本文之趣甲斐守殿ニも相伺申(朱書)「置」候、

以上、

(天保十四年)
卯四月

下　村　弥　助(北町奉行所与力)
中村八郎左衞門(南町奉行所与力)

書面兩國橋外三橋助成地本所方持場ニ候得共、市中床見世之儀ハ本所・深川共一同ニ取調懸被仰付候儀ニ而、此上右場所之御伺も一束ニ可相成哉ニ付、本所見廻・床見世懸打合取調候様被仰渡候方可然哉ニ奉存候、

第二件

一四
南町奉行所市中取拂掛与力伺書

籾藏建添地見守町々葭簀張商地所拜借シ冥加金上納ス家作同樣ノ建方ニツキ名主共ヲ糺ス

天保十三寅年二月

筋違橋御門内籾藏建添地外掛ケ床之儀ニ付取調一件

（朱書）（天保十三年）
「寅二月朔日、渡邊錄郎（南町奉行用人）ヲ以上ル、」

筋違橋御門内籾藏建添地外家作同樣之建方仕候儀ニ付奉伺候書付

市中取締掛

筋違橋御門内籾藏建添地見守町々名主共儀文化六巳年願濟之上、下水際ゟ出幅貳間・長延拾六間之場所江葭簀張商地所拜借仕、冥加として壹ケ年金拾兩宛此方御役所江上納仕來、尤、　御成之節ハ取拂候筈ニ御座候処、去ル子年（天保十一年）紀伊守殿（筒井政憲、南町奉行）御勤役中、右場所江家作同樣之建方仕候ニ付、右名主共年番所江呼出相糺候處、一同恐入、右場所早々取拂候上兼而願

直サスユヘ宥免ノ願ヒアリ所々掛床等取拂ヲ命ゼラル以前ノ如ク家作同様ナラバ取拂申付クカ

別紙一町奉行所籾藏掛与力書狀南町奉行所与力宛

濟之通爲相直、尤、出火等之節ハ早速取片付候様可仕候間、此度之儀ㇳ宥免相願候旨申立(別紙三)候ニ付、紀伊守殿御仰聞置候旨被仰渡候、然處、所ミ掛床其外取拂被　仰付候ニ付而ハ、右場所之儀も冥加上納金迚も僅之儀、殊察斗受無間も、猶又以前之如く家作同様之建方仕候趣相聞不埒之次第ニ付、猶廻役之者に探方被(第一五號)　仰付、弥相違無御座候ハヽ、御吟味之上取拂可被仰付候哉、此段奉伺候、以上、

(天保十三年)二月

佐久間彦太夫(南町奉行所与力)
安藤源五左衛門(同右)
村井專右衛門(同右)
蜂屋新五郎(同右)

仁杉八右衛門(南町奉行所与力)
中村九郎右衛門(同右)
加藤九平(北町奉行所与力)
米倉諸右衛門(同右)

佐久間彦太夫(南町奉行所与力)様
仁杉五郎左衛門(同右)様

籾藏建添地外ニ葭簀張商ヒ見世差出ス御成ノ節ハ取拂フ筈ニテ冥加金納メ來ル
貸長屋同様ノ家作補理ヒ貸渡ス様子見ユ
改テ願濟ニナルカ問合ス

以手紙得貴意候、然ㇵ筋違橋御門内籾藏建添地見守人ゟ先年願濟之上、同所下水際ゟ出幅貳間・長延拾六間之場所ニ葭簀張商ひ見世差出、尤、御成之節ㇵ取拂候筈ニ有之、右ニ付冥加金年〻南御番所ㇸ納來候儀ゟ相心得罷在候、然ル処、近頃右地所ニ貸長屋之同様（マヽ）之家作補理貸渡候様子ニ相見候、右ㇵ改ゐ願濟ニ相成候儀ニ候哉、左候ハヽ御勘定方ㇸも一應相達置可申、乍御世話否御報ニ承知致し度、此段爲御問合如此御座候、以上、

（天保十一年）二月十三日

（南町奉行所与力）佐久間彦太夫
（同右）仁杉五郎左衛門

（南町奉行所与力）仁杉八右衛門様
（同右）中村九郎右衛門様
（北町奉行所与力）加藤　九　平様
（同右）米倉諸右衛門様

別紙二
南町奉行所与力書狀
町奉行所籾藏掛与力宛

籾藏建添地外ニ補理フ家作ニツキ問合セアリ

（別紙一）
御紙面致拜見候、然ㇵ筋違橋御門内籾藏建添地下水際ゟ出幅貳間・長拾六間之場所見守町〻ニゐ拜借致し、冥加金拾兩つヽ年〻此方御番所ㇸ相納、葭簀張商ひ見世差出し、　御成節ㇵ取拂候積之處、右地所ㇸ家作補理貸渡候様子ニ相見候ニ付、右ㇵ改願濟ニ相成候儀

名主共へ取調方申渡ス

別紙ノ通リ申立ツ

乙候哉御問合之趣承知致し候、其段半八郎（岡本、南町奉行用人）を以申上候上、町役人共呼出、御紙面之趣を以相尋候処、恐入候段申立候ニ付、名主共江取調方申渡候処、（別紙三）別紙之通申立候間、其段猶又半八郎を以申上候処、一昨廿七日書面之趣被聞置候旨、同人を以被仰渡候間、其段申渡候、依之、別紙書面写相添、此段及御挨拶候、以上、

（天保十一年）三月廿九日

別紙三
神田小柳町名主等願書
町奉行所宛

籾藏建添地外ニ葭簀張商ヒ地所拝借シ冥加金上納ス

家作同様ノ建方ニツキ察斗ヲ受ク

早速取片付クユへ宥免ヲ願フ

乍恐以書附申上候

一神田小柳町・同所平永町・柳原岩井町・神田九軒町續御染物屋伊左衛門拝借地・同所松下町一町目代地、右五ヶ町名主共一同申上候、筋違橋御門内籾御藏御建添地御圍外下水西之方出幅貳間・長延拾六間之場所、葭簀張商ひ地所拝借仕、冥加として壹ヶ年金拾兩宛年〻上納可仕旨、文化六巳年十二月中被仰渡有之候、然ル處、此度右場所江家作同様之建方仕候ニ付、行事共一同御呼出之上嚴敷蒙　御察斗一言可申上様無御座奉恐入候、依之、右場所早〻取拂、兼而被仰渡之通相振不申候様見計、早速爲相直、出火等之節ㇵ早速取片付候様可仕候間、何卒此度之儀ㇵ、格別之以　御宥免御聞濟被成下置候様一同奉願上候、以上、

天保十一子年三月廿六日

神田小柳町
名主
庄（岡村）兵衛　印

同所平永町
同
啓（久保）藏　印

柳原岩井町
同
五郎（宮邊）三郎　印

神田九軒町
御染物屋伊左衛門
拝借地
同
市（橋本）之丞　印

同所松下町一町目代地
同
平（柹澤）次郎　印

御番所様

別紙四
神田小柳町月
行事等請書

（朱書）
「享和三年
亥八月廿九日、於南御番所、（根岸鎭衞、南町奉行）肥前守殿被仰渡有之、同御番所ニ手形取置候事、
但、本文被仰渡候ニ付、（南町奉行所与力）小原惣右衛門罷出ル、」

神田小柳町

町内地先火除明地へ町々圍穀藏取立ツ圍外持場

晝夜廻リ異變アラバ申出ルヤウ手當ヲ町會所ニテ請取ルヤウ命ゼラル

同所平永町
柳原岩井町
神田九軒町續御染物屋
伊左衛門拝借地
神田松下町壹町目代地

右

月行事
地守共
五人組
名主

其方共町内地先火除明地ニ此度町々圍穀藏御取立ニ付、圍外持場之儀、南之方銘々町内地先東西往還之分ハ道造幷若異變等有之節ハ地先町々万端引受可取計、尤、仕上入用之半金町會所ゟ可差遣、且、中道新規往還之儀ハ、諸事岩井町ニ而同様引受可取計、右入用金ハ不殘會所ゟ可差遣、北之方柳原土手廻り之儀ハ、床番屋御免も有之事故、町會所ニ而ハ不差構候間、諸事只今迄之通右町内ニ而引受可取計、且、右藏地惣圍〆切候筈ニ付、其方共町内見守申付ル間、五ケ町ニ而申合昼夜相廻り入念見守、圍内外共若相替儀も及見候ハヽ、早々町會所ニ可申出、右ニ付爲手當壹ケ月ニ金貳兩つゝ遣し候間、町會所ニ罷出可請取、

右之通被仰渡奉畏候、仍如件、

（享和三年）
亥八月廿九日

神田小柳町
月行事　治兵衛印

五人組　善　藏　印

名主（岡村）甚藏煩ニ付代　庄　八　印

同所平永町
月行事　勘　五　郎　印

五人組　清右衛門　印

名主勘兵衛煩ニ付代　弥　助　印

柳原岩井町
月行事　権　兵　衛　印

五人組　嘉　七　印

名主（宮邊）又四郎煩ニ付代　幸　七　印

神田九軒町續
御染物屋伊左衛門拜借地
地守り　源　藏　印

名主（橋本）市之丞煩ニ付代　六　兵　衛　印

同所松下町壹町目代地
月行事　久　兵　衛　印

五人組

別紙五
神田小柳町見
守惣代請取書
筋違橋御門内
建添地見守給
分

奉請取金子之事

一金貳兩也

右ハ筋違橋御門内御建添地見守給分、當丑(天保十二年)十二月分書面之通慥ニ奉請取候處、仍如件、

天保十二丑年十二月

名主平次郎外御用ニ付
代　(杮澤)左兵衛印
喜八印

神田小柳町
見守三拾九人惣代
月行事　喜三郎

同所平永町
見守拾八人惣代
月行事　幸七

柳原岩井町
見守拾五人惣代
月行事　庄七

御染物屋伊左衛門拝借地
見守
月行事　秀三郎

神田松下町壹町目代地
見守四人惣代
月行事　喜兵衛

町
御會所

右手形御押切相濟被成御渡、奉請取候、以上、

丑（天保十二年）十二月廿四日

見守惣代
喜　三　郎　印

市中取締掛
三　廻

一五　町奉行所三廻同心風聞書

籾藏建添地外葭簀張商ヒ見世ハ願濟
柿葺ニテ貸長屋同様ノ家作補理ヒ貸渡ス
見守番屋
地守

筋違橋御門内籾藏建添地下水際ゟ出幅貳間・長拾六間之場所見守町〻ニ而拜借致し、葭簀張商ひ見世之儀ハ願濟ニ有之候様（朱書）「処」、當時之有形及見參候様被仰渡候ニ付、私共罷越右場所之様子見受候処、葭簀張商見世ニハ無之、柿葺ニ而貸長屋同様之家作ニ補理貸渡有之候、尤、別紙繪圖面（第四圖）朱引之所ニ而鱣屋・鮓屋・占者等罷在、三軒計ハ明き居申候、
一右場所際ニ見守番屋有之、籾藏建添地見守之者持番屋之様子ニ御座候、
一地守ゟ申候ハ、見守町〻家主共之内ニ而神田九軒町續き御染物屋伊左衛門拜借地之地守

ゟ相唱申候由、

右之趣ニ而、別紙幷繪圖面共去丑(天保十二年)十二月中左衛門尉殿(遠山景元、北町奉行)御役所ニ而市中掛ケ床取調有之節、見守町々名主共ゟ差出候書面ニ付、其侭写取奉入御覧候、以上、

(天保十三年)二月四日

市中取締掛

隠密廻

定　廻

臨時廻

別紙神田小柳町名主等上申書

疊床見世七ケ所

〔第四圖〕○四二七頁

筋違橋御門内圍籾藏御建添地西之方神田小柳町地先

一疊床見世七ケ所

間口拾六間・奥行貳間

神田小柳町

同所平永町

柳原岩井町

御染物屋伊(朱書)「目」左衛門拜借地

神田松下町壹町代地

籾藏建添地外ノ拝借ヲ願ヒ葭簀張許可サル
冥加金年十兩上納シ下水浚草苅人足等ヲ差出ス

右五ケ町家主共拝借地仕度段、文化六巳年九月中奉願候処、同年十二月廿三日小田切土佐守(直年、北町奉行)様御番所御内寄合ニ被召出、根岸肥前守(鎮衛、南町奉行)様御立合ニ而、葭簀張願之通被仰付、尤、冥加として壹ケ年金拾兩つゝ、御番所ニ是迄年々上納仕候、(第一六號別紙)且又、御建添地惣外廻り下水浚幷御圍内草苅人足等右町々ゟ差出申候、其後別段御願無之床見世補理申候、

一六 南町奉行所市中取締掛与力問合書 同所年番与力宛
冥加金ノ納方ヲ承知シタシ

籾藏建添地見守人ゟ相納候筋違橋内葭簀張冥加金拾兩ハ、當御役所持受ニ有之候哉、又ハ半金宛兩御番所ニ相納候哉、(朱書)「一手ニ」御世話番年之方ニ相納候哉、委細ニ承知致度候事、

市中
取締懸り

(天保十三年)二月五日

御年番衆

下ケ札
年番与力挨拶

下ケ札
御書面籾藏建添地上納金之儀ハ、文化六巳年十二月當御役所ニ而願之通被仰渡、其以來此方御取扱ニ而、年々六月御金藏納相成申候、

(天保十三年)寅二月

年番

別紙神田小柳町月行事等上申書

冥加金年十両ノ上納ヲ願ヒ許可サル

一七　南町奉行掛合書　北町奉行宛

一金拾兩

右ハ筋違橋内籾藏建添地西之方圍外下水際出幅貳間・長拾六間程之所拜借致し、晝之内葭簀張商人差出、同所下水浚幷圍内草取相勤、爲冥加一ケ年金拾兩つヽ上納仕度段相願候処、去巳（文化六年）十二月中願之通被仰付候ニ付、當午年（文化七年）分書面之通上納仕候、仍如件、

文化七午年十二月十七日

神田小柳町
同所平永町
柳原岩井町
神田九軒町續御染物屋伊左衛門拜借地
同所松下町壹町目代地
家主惣代
神田小柳町
月行事
和　助印
五人組
長兵衛印

（朱書）（天保十三年）
「寅二月　日、達、」

籾藏建添地見守町々葭簀張商地所拜借シ冥加金上納ス

家作同様ノ建方ニツキ名主共ヲ糺ス

直サスユヘ宥免願フモ猶又家作同様ニ建ツ

上金ニ及バズ葭簀張商モナリ難キ旨伺ノ上申付クカ

當方ニテ取調べ伺フカ

鳥居甲斐守（忠耀、南町奉行）

左衛門尉殿（遠山景元、北町奉行）

筋違橋御門内籾藏建添地見守町〻ゟ文化六巳年願濟之上、下水際ゟ出幅貳間・長延拾六間之場所ニ葭簀張商地所拜借致し、冥加として壹ケ年金拾兩宛拙者御役所ニ納來、（第一六號別紙）尤、御成之節ハ取拂候筈ニ御座候処、去〻子年（天保十一年）先役紀伊守（筒井政憲、南町奉行）勤役中、右場所ニ家作同様之建方致し候ニ付、右町〻名主共呼出相糺候処、一同恐入、右場所早〻取拂候上兼ゐ願濟之通爲相直、尤、出火等之節ハ早速取片付候様可仕候間、此度之儀ハ宥免相願候旨申立候付、（第一四號別紙三）聞置候旨申渡候、然處、此度所〻掛床其外取拂被　仰付候ニ付ゐハ、右場所之儀も察斗受無間も猶又如以前家作同様之建方致し候趣ニ付、右家作ハ勿論爲取拂可申、畢竟僅之冥加上納金も有之候ゟ心得違も生し候儀ニ付、以來上金ニ不及、葭簀張商も難相成旨、伺之上可申付哉ニ存候、尤、掛床之分ハ貴様方ニゐ御取扱之趣ニハ有之候得共、右ハ一旦先役ゟ察斗致し候場所之儀、殊上金之儀も拙者御役所之方ニ年〻納來候儀ニ付、拙者方ニゐ取調可相伺哉ニ存候、依之、及御掛合候、

（朱書）「別紙風聞書相添」

寅（天保十三年）二月

下ケ札北町奉行挨拶掛合ノ趣旨ヲ承知ス

床見世書上ニ下ケ札附シ伺書進達ス

御下知アラバ通達スルユヘ取扱ハレタシ

下ケ札

御書面筋違橋御門内籾藏建添地見守町〻願濟拜借地葭簀張場所家作同樣之建方いたし候趣、右ハ貴樣方御取扱之義ニ付、御伺之上取拂御申付可被成旨、御掛合之趣致承知候、然ル処、市中ニ有之候床見世不殘取調可申上旨、去丑(天保十二年)十月越(水野忠邦、老中)前守殿御書取(第一號)を以被　仰渡候ニ付、名主共江申付爲書出候內右場所も書上候間相糺候處、葭簀張可差置場所江床見世補理候段願濟ニ振れ、且又、冥加金之義ハ其御方御取扱ニ而御金藏納相成候旨下ケ札(第一二號)附、外床見世一同取調、同十一月御同人江伺書(第一〇號)致進達、未御下知無之候、右御下知相濟次第可及御通達候間、其節貴樣方ニ而御取扱有之候樣存候、依之、及御挨拶候、

寅二月　　　　　　　　　　　　遠山左衛門尉

一八
南町奉行掛合
宛書　北町奉行

「(朱書)(天保十三年)寅十一月十三日、差出、」

「(遠山景元、北町奉行)左衛門尉殿　　　　　　　　　鳥居甲斐守(忠耀、南町奉行)

冥加金取調ニツキ勘定奉行ヨリ掛合アリ籾藏建添地ノ家作取拂ニツキ先達テ掛合フモ御伺中

御改革ニ付、諸冥加金之內差免し相成候分、是迄之通爲相納候分幷當時調中之分共、何程ゟ申儀取調可申聞旨、御勘定奉行ゟ掛合有之候、然處、筋違橋御門內籾藏建添地見守町〻拝借地江葭簀張差出し、冥加金壹ケ年金拾兩つゝ拙者御役所江相納候處（第一六號別紙）、願濟ニ振レ家作同様之建方致し候ニ付、右場所取拂之儀拙者方ニ而取調可相伺哉之旨先達而及御掛合候處（第一七號）、

右ノ取扱ニツキ掛合フ

右ハ貴様御調市中床見世一同御伺中ニ付、右御下知相濟次第御通達可有之旨御挨拶有之候、右ハ如何様之御取扱ニ相成候哉、御勘定奉行江挨拶之次第も有之候間、否御申聞有之候様致し度、依之、及御掛合候、

寅（天保十三年）十一月

第三件

弘化二巳年六月

向方相談廻し

町中床見世等取拂有無評議致候儀申上幷右掛与力同心差免候儀ニ付調

拙者儀何之存寄無之候、
巳六月　遠山左衛門尉(景元、南町奉行)

鍋嶋内匠頭(直孝、北町奉行)

町奉行

書面之通取計可申旨
被仰渡、奉承知候、
巳十一月廿日

町中床見世等取拂有無之儀ニ付評議仕申上候書付

(朱書)(弘化二年)
「巳六月八日、相談廻し來ル、
翌九日、ヒレ付致し、返ス、
巳六月十六日、
伊勢守殿(阿部正弘、老中)に早川庄次郎(奥右筆)を以上ル、
同十一月廿日、
御同人、志賀金八郎(奥右筆)を以、御書取之通(第二〇號)承付候様御渡、」

一九　町奉行上申書

町中床見世取調ヲ命ゼラル

掛ノ者申付ケ取拂ノ目當ヲ附ケ伺フヤウ命ゼラル

去ル丑年(天保十二年)十月水野越前守(忠邦、老中)殿御書取(第一號)を以、當時町中ニ有之候床見世不殘取調可申上旨、左衛門尉先勤之節被仰渡候ニ付、町々名主共に申付、願濟之有無ニ不拘有形を以爲書上(第七號參看)、取調方等之儀御内慮相伺候處(第一〇號)、翌寅年(天保十三年)八月伺之通り掛り之もの兩組ニ而与力貳人・同心四人申付、能々相糺巨細ニ取調取拂之有無目當を附可相伺旨、猶又御書取を以被仰渡候(第二號參看)ニ付、則兩組与力・同心懸り申付、取調中左衛門尉幷阿部遠江守(正藏、北町奉行)御役替ニ付、内匠頭方に請取追々

掛ノ者ニ取調ベサス

願済ニテモ規矩ニ外レル床見世少ナカラズ

掛床共取拂ハバ小前ノ者共一同難儀セン

是迄ノ姿ニテ差置キ出火等ノ節減切ニ申付ク積リ

右懸り之ものに申渡、場所見分之上為取調（第二八號）候処、所々床見世之内願済年月等不慥分も有之候得共、何レも年久敷取建置、且、願済之内にも規矩ニ外レ候向も不少、巨細ニ相糺方正を以論し候得共（朱書）「ハ」、悉取拂申付、右ニ准し市中懸ケ床之分共不残取拂候より外無之処、左候而ハ小前之もの共一同難儀可致筋ニ付、猶再應厚談判評議仕候處、總而床見世・懸ケ床ニ而渡世いたし候ものハ何レも裏店住居又ハ表店ニ住居いたし候共横町其外ニ而、見世商ひ難相成細元手之ものニ而、一時ニ取拂相成候而ハ生活之便りを失ひ、御仁慮之御所置ニも相當不仕、殊ニ是迄不取締之儀も不相聞候間、先是迄之姿ニ而被差置、此上床見世又ハ懸ケ床等より出火いたし候歟、又ハ如何之筋相聞候吟味等ニ相成候節ハ、願済等之始末不分明之分ハ其節減切ニ申付候積、私共限内規矩ニ仕、前書書上為仕候亙調中之姿を以可咎之不及沙汰差置候方、此上新規之場所相増不申、猥成儀も無之可然哉与奉存候、依之、御書取貳通返上仕、此段申上候、以上、

巳（弘化二年）月

遠山左衛門尉

鍋嶋内匠頭

（朱書）（弘化二年）
「巳十一月廿日、
（阿部正弘、老中）　（奥右筆）
伊勢守殿、志賀金八郎を以御渡、」

二〇 老中書取

覺

書面之通可被取計候事、

「(朱書)巳(弘化二年)十一月廿二日、來ル、」

二一 北町奉行相談書 宛 南町奉行

床見世掛与力同心ヲ差免セン

鍋嶋内匠頭(直孝、北町奉行)

「左衛門尉殿(遠山景元、南町奉行)

町中床見世之儀ニ付、當六月御連名を以伊勢守殿(阿部正弘、老中)江申上候処(第一九號)、書面之通取計可申旨、御書取(第二〇號)を以被仰渡候、右ニ付床見世懸与力・同心共懸り差免候様可致与存候、依之、別紙相添此段及御相談候、

巳(弘化二年)十一月

南町奉行挨拶
同様ニ差免申
渡サン

御書面之趣致承知候、町中床見世之儀、伺之通御差圖有之候上ゝ、与力・同心共掛差免之儀御同様可申渡、日限御案內有之候様存候、依之、別册返却、此段及御挨拶候、

巳十一月　　遠山左衞門尉

〔市中取締類集　床見世等之部　三〕

第四件

天保十四卯年
町中床見世取拂方之儀調

二二　町奉行伺書案

町中床見世取調ヲ命ゼラル
掛ノ者申付ケ取拂ノ目當ヲ附ケ伺フヤウ命ゼラル
私共談判ノ趣上申ス
本材木町一丁目等御預場所
江戸橋廣小路ノ内床見世

(水野忠邦、老中)越前守殿

町中床見世取拂有無之儀ニ付奉伺候書付

町奉行
阿部遠江守(正藏、北町奉行)

去ゝ丑(天保十二年)年十月、當時町中ニ有之候床見世不殘取調可申上旨、御書取(第一號)を以遠山左衛門尉(景元、北町奉行)ゟ被仰渡候ニ付、町ゝ名主共ゟ願濟之有無ニ不拘有無ニ不拘有躰申立候様申付、書出候書付(第七號參看)相添、取計方等之儀ニ付御内慮奉伺候処(第一〇號)、去寅(天保十三年)八月、伺之通掛り之もの兩組ニゐ与力貳人・同心四人申付、能ゝ相糺巨細ニ取調、取拂之有無目當を附可相伺旨、猶又御書取を以被仰(第二號參看)渡候ニ付、則、兩組與力・同心懸り申付、取調中左衛門尉御役替ニ付、遠江守方ゟ受取追ゝ相糺、取拂之有無目當之処、私共談判仕候趣左ニ申上候、

一床見世　百七軒
江戸橋廣小路之内
元四日市町
同町貳町目　御預場所
本材木町壹町目

上納金年二百二十両

享保以前ヨリアリ

寛政四年許可ナキ分ノ取拂申付ク

明和七年ヨリ年百両宛上納

他町ノ者共受負ヲ願出ル

但、床見世上納金之儀、町内持商藏・水茶屋・楊弓場・密〔蜜〕柑賣場等品〻幷家作御免地等を込、惣躰ニ而當時一ケ年金貳百貳拾両宛上納仕候、

町内割合内訳

金九拾壹両　床見世分

金百貳拾九両　町内持

〆金貳百貳拾両

右割合を以相納候旨、右御預町名主共申之候、

右床見世之儀ハ、享保以前ゟ年久敷有來、寛政四子年先役小田切土佐守（直年、北町奉行）勤役之節、所〻火除地之内願も不致家作・物置等建置候類有之、先達而鳥居丹波守（忠意、老中）殿被仰渡候趣も御座候ニ而、同役池田筑後守（長恵、南町奉行）江相談之上、追〻取拂申付候砌、江戸橋廣小路之儀も相糺候上、願濟ニ無之分ハ取拂申付、前書床見世其外願濟ニ而前〻ゟ出稼致來候商人共ハ、軒數取極差置候儀ニ有之、且又、上納金之儀ハ、明和七寅年ゟ廣小路内惣躰ニ而金百両宛上納致し、其後御肴役所御取建ニ付、右地所丈ケ相減壹ケ年金九拾七両三分宛上納致し來候処、右場所受負之儀、他町〻之もの共ゟ願出候度〻調をも受候ニ付、万一他町之ものに請負等被　仰付候而ハ歎敷存、殊ニ追〻土地も繁昌致し、就而ハ上り高等も相增候儀ニ付、旁此度一同

文政九年願ノ通リ増上納ヲ申付ク

大火類焼後建継等致スモソノ儘差置ク

建継ハ取拂ヒ柿葺ハ瓦葺ニ申付ク建足等セザルヤウ申渡スカ

江戸橋廣小路内元四日市町持疊床見世

前條床見世一同割合ヒ上納金納ム

寛政度願濟

申合商床持共ゟも出金致し、以來壹ケ年金貳百貳拾兩宛、非常之儀有之候共聊無滞年〻可相納候間、永御預地ニ被　仰付候様仕度旨、文政九戌年筒井紀伊守（政憲、南町奉行）勤役之節、御預町〻月行事幷百七軒床持共ゟ願出候ニ付、水野出羽守（忠成、老中）殿に伺之上、増上納之儀ハ願之通申付、永御預地ゟ申儀ハ不容易事ニ付不及沙汰、併、以後他町ゟ増上納受負之儀願出候共、格別之訳柄無之候而ハ容易ニ増金吟味等ハ不致間、其旨可存段申渡候儀ニ御座候、然ル処、文政十二丑年三月・天保五午年二月兩度之大火類焼以後、少〻つゝ建継模様替等致し、又ハ、二三軒を一ト間口ニ圍込候も有之候得共、奥行大概九尺内外ニ而格別手廣ニハ無之候間、右躰舊來罷在上納地内之儀ニも御座候ニ付、其侭差置、尤、建継之分取拂、幷柿葺建床之分ハ非常之ため瓦葺ニ申付、右有形を規本ニ致し、以來猥ニ建足等致間敷旨、嚴重ニ申渡候様可仕哉ゟ奉存候、「壹」（朱書）下ケ札

江戸橋廣小路内元四日市町持

一疊床見世　六ケ所

但、上納金之儀、前條ニ申上候床見世一同割合相納候旨、町役人共申立候、

右元來九ケ所ニ有之候処、天保八酉年廣小路之内活鯛納人拜借地ニ相渡候節、三ケ所取潰當時六ケ所ニ相成、右ハ前〻ゟ有來、寛政度江戸橋廣小路取調之節軒數取極置候内ニ有之、

ソノ儘差置クカ

江戸橋廣小路内辻番所助成床見世

上納金ナシ

辻番所出來番人給金油代下置カルモ扶持米ナシ非番ノ者商ヒヲ助成ニ願ヒ許可サル寶永四年番人給分等引請ク

寛政度繪圖面ニ見ヘズ

往來ニ支障ナシ

ソノ儘差置クカ

柳原土手通ノ内武家方三ケ所屋敷地先

上納金も仕候儀ニ付、其侭差置可申哉ゟ奉存候、

江戸橋廣小路内辻番所助成

一床見世　三ケ所

但、上納金無之候、

右、明暦度江戸橋廣小路火除地ニ相成候節、年月不相知、先役神尾備前守（元勝、南町奉行）・石谷將監（貞清、北町奉行）勤役中、御入用ニ而辻番所一ケ所出來致し、番人給金・油代被下置候處、扶持米無之候ニ付、辻番所番人孫兵衞ゟ申もの所持致し候右床見世三ケ所に番人共之内非番之ものを差出商ひ爲致助成ニ仕度段願濟相成、寶永四亥年中ゟ辻番所普請・番人給分・油代共、都而廣小路出商人とも御忠節として引請罷在、寛政度取調之節、有形之侭ニ而聞濟相成候由、町役人共申立候間、取調候処、前條百七軒床見世之内ゟ混居候哉、其節之繪圖面ニ相見不申、併、廣小路出商人共一同ニ而辻番所入用引請相建置候と相違も無之、且、右床見世有之候場所と百七軒之床見世ゟ軒並ニ而、往還差障も相見不申候ニ付、建形等諸事百七軒同様ニ相心得候様申渡、其侭差置可申哉ゟ奉存候、

柳原土手通之内神田冨松町名主源太郎（吉村）外壹人御預場所
○原本改行ナシ、今他ニ合セテ改行ス、
馬喰町御用屋敷外武家方三ケ所屋敷地先

畳床見世
年七十両餘上納ス
寛延度商床許可サレ右助成ニテ神田川柵請負フ者アリ
寛政二年請負取放命ゼラレ最寄名主共地代取立テ納ム
柳原土手通ノ内神田横大工町代地等地先
畳床見世
上納金ナシ
享保十一年柳原新シ橋番人畳床設置ヲ願フ
掃除等ノ助成トシテ商人差置クヲ許可サル

一畳床見世　　長延貳百三拾六間

但、地代之儀、諸入用引之壹ヶ年凡金七十両餘宛年々上納仕候、

右、元來大傳馬鹽町家持弥平次与申もの寛延之度願濟ニ而、右地所ニ奥行三尺之商床補理、右助成を以神田川柵請負致來候処、寛政二戌年先役初鹿野河内守(信興、北町奉行)勤役中請負取放申付、江戸川・神田川常浚之儀ハ御勘定所持ニ相成、商床之儀ハ最寄名主共ニ地代取立申渡、當時神田冨松町名主源太郎・豊嶋町名主六右衛門(山本)両人ニ而諸事取扱、床見世地代取立相納申候、

柳原土手通之内神田佐久間町四町目元地庄兵衛店紋三郎外請負場所
神田横大工町代地・同所冨松町・豊嶋町等三ヶ町地先
一畳床見世　　長延百九拾間余

但、上納金無之候、

右、享保十一午年、柳原新シ橋番人紋三郎・与兵衛儀、右三ヶ町向土手百九拾間余之地所、永々竹矢來仕猥ニ人上ケ間敷、土手上之松根候ハヽ植替、九尺ニ壹間之番屋貳ヶ所塗家ニ相建番人差置、掃除等之儀ハ勿論、土手并道造り・捨もの其外諸事引請世話可仕候間、為助成奥行四尺通畳床ニ致し商人差置度旨、大岡越前守(忠相、南町奉行)・諏訪美濃守(頼篤、北町奉行)先役之節願出、水野和泉守(忠之、老中)殿ニ伺之上申付候、

柳原土手通ノ内神田松下町一丁目地先疊床見世上納金ナシ
土手通内ニ捨物等アリ難儀ス商床建テ掃除等勤メタキ段願濟
柳原土手通ノ内神田九軒町代地續地先疊床見世上納金ナシ
明和六年疊床建テ助成ニシタキ段願濟
柳原土手通ノ内柳原岩井町地先疊床見世上納金ナシ

柳原土手通之内神田松下町壹町目持同町地先
一疊床見世　貳拾三ケ所
但、上納金無之候、
右、寛保元酉年町内地先柳原土手通内ニ捨もの・倒もの等有之難儀仕候ニ付、長二拾六間程之所ニ間口壹間・奥行四尺之商床貳拾三ケ所御免ニ被成候ハヽ、隣町並之通土手矢來幷植込掃除等相勤可申旨、石河土佐守（政朝、北町奉行）・嶋長門守（祥正、南町奉行）先役之節願出、松平伊豆守（信祝、老中）殿ニ伺之上願之通申付候、
柳原土手通之内神田九軒町代地續御染物屋伊左衛門拜借地持同所地先
一疊床見世　貳ケ所
但、上納金無之候、
右、明和六丑年曲淵甲斐守（景漸、北町奉行）先役之節、地先六間余之処隣町並之通疊床相建、前條神田松下町壹町目同様之助成ニ仕度段願濟相成候旨、町役人共申之候、
柳原土手通之内柳原岩井町持同町地先
一疊床見世　長延七拾四間
但、上納金無之候、

元文元年疊床建テ助成ニシタキ旨願濟

柳原土手通ノ内神田平永町地先疊床見世上納金ナシ

元文二年疊床建テ助成ニシタキ段願濟

柳原土手通ノ内神田小柳町地先疊床見世上納金ナシ

同斷重右衛門請負場所疊床見世上納金ナシ

寛保三年疊床建テ助成ニシタキ段願濟

右、元文元辰年稻生下野守(正武、北町奉行)・松波筑後守(正春、南町奉行)先役之節、右地所ニ奥行四尺之疊床相建、前条同様之助成ニ仕度旨願出、松平伊豆守殿ニ伺之上願之通申付候、

柳原土手通之内神田平永町持同町地先
一疊床見世　長延四拾貳間余
但、上納金無之候、

右、町内東叡山領ニ有之寺社方支配之砌、元文二巳年大岡越前守殿寺社奉行之節、右地所ニ奥行四尺之疊床相建、前条同様之助成ニ仕度段願濟相成有來候間(朱書)「旨」、町役人共申之候、

柳原土手通之内神田小柳町持同町地先
一疊床見世　長延拾四間
但、上納金無之候、

同斷同町家持重右衛門請負場所
一疊床見世　長延拾五間
但、上納金無之候、

右、町内東叡山領ニ有之寺社方支配之砌、寛保三亥年本多紀伊守(正珍)寺社奉行之節、右地所ニ奥行四尺之疊床相建、前条同様之助成ニ仕度段願濟相成有來候旨、町役人共申之候、

柳原土手通ノ内須田町二丁目地先疊床見世上納金ナシ

疊床差置キ下水溜大枡入用賄ヒ松柳植替ヲ願濟

柳原土手通疊床起立ノ建形等ハ分ラズ

延享二年間ヲ離シ建ツヤウ申渡ス

文化三年大火後往還へ出張ル分ヲ切縮メサス

柳原土手通之內須田町貳町目持同町地先筋違橋御門內廣小路
一疊床見世　　　三拾八ケ所
　但、上納金無之候、
右、享保十九寅年六月、右廣小路東之方に引下ケ、壹間ニ四尺之疊床三拾八ケ所差置申度、尤、　御成之節ゟ取拂、爲冥加廣小路土手際ニ有之候下水溜大枡新規・修復とも町入用を以仕、幷筋違橋御門ゟ東に五十八間余之処土手上松・柳植替可申旨、大岡越前守・稻生下野守先役之節願出、松平左近將監殿（乘邑、老中）に伺之上願之通申付候、
前書柳原土手通疊床之儀、年古儀ニゅ起立之建形等委細相分り兼候得共、延享二丑年十月、嶋長門守・能勢肥後守（賴一、北町奉行）先役之節、柳原岩井町・神田平永町・同所小柳町・須田町右四ケ町町役人共幷神田横大工町代地外貳ケ町地先請負人紋三郞外壹人に床見世貳三間宛壹棟ニ建續候も有之、火除之爲メ惡敷候間、重ゅ修復之節ゟ、壹間宛之床見世間タを離し相建候樣申渡、幷文化三寅年三月大火後、町〻家作建形往還出張其外取調之儀、牧野備前守殿（忠精、老中）被　仰渡、小田切土佐守・根岸肥前守（鎭衞、南町奉行）先役之節、兩組与力・同心に懸り申渡相改候砌、柳原土手通り疊床庇幷上ケ椽格別往還に出張候も有之候ニ付、以來上ケ椽出巾三尺・庇四尺ニ切縮可申旨、其節兩組掛り之ものに差出候請書も有之候処、年來之流弊ゟ相聞

［朱書］「二二」下ケ札

當時土手へ出張ル分モアリ
取拂命ズレバ助成ナク町入用ニモ響カン
悉ク切縮メテハ渡世柄ノ迷惑ニモナラン
間ヲ離シ差置キ建繼分ノ取拂ヲ命ズルカ
神田火除土手北側殘地
床見世
上納金年百九十六兩餘
請負割合內訳

候得共、當時無透間一棟ニ建續、土手之方ニ出張候分も有之、願濟幷申渡之趣ニ振候間、取拂ニも可申付哉之処、左候而ハ土手通之助成無之、差當町入用ニも差響、且、土手道造・竹矢來・樹木植替其外引請來候儀ニ而、殊ニ神田冨松町名主源太郎外壹人持場所ニ上納地之儀ニも御座候ニ付、旁宥免、今般建形改正仕間口之儀ハ壹間つゝ相定、尤、當時悉切縮申付候而ハ渡世柄ニ寄迷惑も可仕候間、格別手廣ニ無之分ハ、追而修復之節迄有形之侭都而一ト間口宛間を離差置、奥行ハ四尺を限、上ケ椽出幅三尺・庇四尺ニ致し、建繼之分取拂候様可申付哉ニ奉存候、

神田火除土手北側殘地

一床見世　當時三拾五棟

但、地代上納金之儀、床見世・藏地・物置・干場等を込受負、三口ニ而都合壹ケ年金百九拾六兩三分銀拾壹匁年々上納仕候、

請負割合內訳

四番土手殘地請負人本銀町四軒屋敷家主善右衛門分
金四拾貳兩壹分
銀拾壹匁

五番ゟ七番迄土手殘地請負人神田紺屋町三町目代地家主長兵衛・同所鍛冶町壹町目家主善助分
金七拾壹兩三分
銀拾匁

八番ゟ十番迄土手殘地請負人岩本町家主平七分

金八拾貳兩貳分
銀五匁

右之通御座候、

右、文政十二丑年先役榊原主計頭（忠之、北町奉行）・筒井紀伊守勤役之節、水野出羽守殿に伺之上、右地所藏地・物置・物干場・床見世等ニ致し上納請負地ニ申渡、且、床見世之儀ハ、町年寄共ゟ主計頭方に伺出、瓦葺棟高サ壹丈貳尺位を限、奥行貳間ゟ定、間口ハ借人次第ニて不同庇三尺御取付候積相極候儀ニ御座候、然ル処、去ル午年（天保五年）類焼後追ゝ建足手廣ニ相成、燒失跡假建之由ニて、柿葺ニ相建又ハ家作ニ紛敷分も有之故、元極ニハ振候得共、上納地之儀（下ケ札）其上殘地構内限ニて往還差障も無之候ニ付、建足等元極之定尺ニ切縮床見世之姿ニ相直、柿葺之分瓦葺ニ致し候樣申渡差置可申哉ゟ奉存候、

（朱書）「三下ケ札」

兩國橋西廣小路橋番受負人拜借助成地内
一疊床見世　六ケ所

但、助成地惣躰地代・庭銭等受負人方に取立、橋附御用向ハ勿論、出火・出水防方幷右諸道具等迄一式受負致し、其外　御成之節先前相勤來候御用筋とも品ゝ引受罷在、且、新大橋番人給ゟ相唱候名目ニて年ゝ金七兩つゝ上納仕候、

文政十二年上納請負地ニ申渡ス

床見世瓦葺ニテ丈尺ヲ定ム

類焼後柿葺ニ建テ家作同様ノ分モアリ

建足等ヲ切縮メ瓦葺ニ申渡シ差置クカ

兩國橋西廣小路橋番受負人拜借助成地内疊床見世

地代等取立テ橋付御用向等引受ク

新大橋番人給上納ス

寛政九年願濟ノ見世往還へ張出ス

助成場内へ引下ゲ置クヤウ命ジ差置クカ

兩國橋東廣小路内本所道役御預地床見世地代

元來御石置場番人受負助成髪結床

當時四坪ハ疊床ニテ髪結床六坪ハ楊弓場等ニ圍込ミ床見世ニアラズソノ儘差置クカ

兩國橋東廣小路内本所道役助成地疊床見世上納金ナシ

右、寛政九巳年、先役村上肥後守（義禮、南町奉行）勤役之節願濟之上、間口九尺・奥行（朱書）「庇」床共六尺つゝ之奥床（朱書）「疊」見世六軒差置候処、其後刎椽取付平生突上庇三尺通吉川町往還に張出し置、願濟ニも振候得共、助成場之儀ニ付同所内に引下ケ置候様申付其侭差置可申哉与奉存候、

兩國橋東廣小路内本所道役御預地

一床見世　拾坪

但、地代一ケ月錢四貫五百文つゝ一ケ年合錢五拾四貫文取立、年々上納仕候処、當二月以來五分減相成申候、

右、元來本所奉行支配向場中御石置場番人受負助成髪結床ニ有之候処、享保四亥年町奉行支配場相成、本所附諸受負改革之節右受負取放候以來、本所道役共進退致し地代取立上納仕候、然処、當時四坪ハ疊床ニ而髪結床ニ致し、殘六坪ハ助成地内楊弓場幷見世物小屋之間口に圍込相成、床見世之姿無之候得共、廣場内ニ而往還差障も無之、殊上納地之儀ニ付其侭差置可申哉与奉存候、

兩國橋東廣小路内本所道役助成地

一疊床見世　一ケ所

但、上納金無之候、

右、元來本所奉行支配場中兩國橋溜下水役之もの持ニ而、間口七尺・奥行六尺之疊床五棟有之候処、享保四亥年町奉行支配場相成、本所附諸受負幷溜下水役共取放候節より本所道役共拜借助成地ニ相成候処、當時貳棟ニ建込庇等建繼致し、且、間口之方貳間通り御材木石奉行支配御石置場番人住居江圍込ニ相成、元形ゟも相替候得共、道役共儀も右等之助成を以取續罷在候儀ニ付、此上先規之通相直差置候樣可申付哉ゟ（朱書）「奉」存候、

永代橋西助成地北側

一建床見世　　九ケ所

同所南側

一疊床見世　　貳ケ所

但、地代之儀、東西成地（朱書）「助」内髮結床其外建物一同ニ而、一ケ年錢貳百貳拾三貫六百四拾八文上納仕候、

右、享保・元文・延享之度永代橋一旦町方持ニ相成候節、橋受負候ものゟ度〻ニ先役共江願出、橋付助成願濟相成有來候処、文化四卯年永代橋落損候一件ニ付受負人共遠嶋被　仰付、同六巳年十組問屋共引受ニ相成、文政二卯年御免被　仰付、其以來永代橋掛り名主共取扱候儀ニ而、床見世其外共都而起立之間數坪割等書留無之、再應取調候得共定尺難相分、

元來本所奉行支配場中兩國橋溜下水役持

享保四年町奉行支配場ニナリ本所道役共助成地ニナル

道役共右助成ヲ以テ取續ク

先規ノ通リ直シ差置クカ

永代橋西助成地北側建床見世

同所南側

疊床見世

地代

町方持ノ節橋付助成願濟

落橋ニテ受負人遠島トナル

文化六年十組問屋共引受ク

文政二年以來永代橋掛名主共取扱フ

文化度ニ見合セ建足等取拂ヒ手輕ニ取建テ差置クカ

新大橋西助成地內

疊床見世

地代

同所東助成地內

疊床見世

地代

新大橋町方持ノ節東西廣小路拝借シ商床等助成ニ願フ

ソノ儘差置クカ

尤、十組問屋共引受以來之有形を目當ニ仕、類燒之度〻取建候儀之旨、橋掛り名主共申之候、然処、近來建足候分も御座候得共、右ハ上納地內之儀ニ付、文化度一旦十組問屋と（朱書）「四下札」もに引受被　仰付候節之建もの有形ニ見合建足等取拂、且、同所ハ御船手番所幷御船藏程近之儀ニ付、成丈手輕ニ取建差置候樣可申付哉ヶ奉存候、

新大橋西助成地內

一疊床見世　　一ヶ所

但、地代壹ヶ年錢四貫八百文上納仕候、

同所東助成地內

一疊床見世　　一ヶ所

但、地代壹ヶ年錢貳貫百文上納仕候、

右、延享元子年新大橋一旦町方持ニ相成候節、東西廣小路拜借仕、有來候商床十八ヶ所・土弓場其外助成ニ仕度旨、先役嶋長門守・能勢肥後守勤役之節願出、松平左近將監殿ニ伺之上願之通申付候儀ニ有之候處、當時ハ前書貳ヶ所而已相殘、手廣にも無之、上納地內之儀ニ付其侭差置可申哉ヶ奉存候、

大川橋西助成地南側床見世

同所北側床見世

地代

淺草寺年貢地ユヘ同寺ヘモ冥加金差遣ス

大川橋受負人ヨリ願濟ニテ葭簀張水茶屋差置ク

當時柿葺家作同様ノ建床建テ食物渡世ノ者モ出ル

御成ノ節モ取拂ニ及バズ

大川橋西成助成地南側

一床見世〻　　　一ケ所

同所北側

一床見世　　　二ケ所

（朱書）
「去〻丑年十一月書上ニ者板屋根葺水茶屋ゟ御座候、」

但、地代之儀、西助地内髪結床其外建物一同〔成脱カ〕ニ而一ケ年金貳拾九兩錢七貫三百文上納仕候、且、同所者淺草寺年貢地ニ有之候間、同寺江も年〻冥加金差遣し候旨、橋懸名主共申立候、

右、寛政五丑年、先役池田筑後守・小田切土佐守勤役之節、大川橋受負人ゟ願濟之上、右地所江葭簀張水茶屋差置、　御成其外出水等之節者取拂、夜中者疊置候旨申立置候儀ニ御座候、然処、當時柿葺家作同様之建床手廣相建、獸肉煮賣・鱣蒲焼其外食物渡世之ものも出居申候ニ付、取調候処、右場所寂初葭簀張ニ而有之候砌、天保五丑年五月御成之節、御魚調所其外差懸御道具等差置候御用弁も宜、　御目障ニも不相成候間、取崩候ニ不及有形之通差置可申、尤、其節之時宜ニ寄差圖可有之旨、御場懸御小納戸申渡候段、御鳥見山田勇次郎ゟ大川橋懸名主江申渡有之候処、同六未年二月新吉原町類焼之遊女屋共近邊町

新吉原町類焼ノ遊女屋共假宅以來板屋根葺ニテ差置ク

葭簀張ニ直シ差置クカ

大川橋西助成地南側床見世

地代

葭簀張水茶屋願濟ノ場所

十組問屋共願濟ニテ商床差置ク

當時瓦葺建床ニ補理フ元濟通リ商床トシ差置クカ

兩國橋外三橋助成地内葭簀張願濟ノ地所ニ床見世アリ

〻に假宅致し候付、右假宅中板葺屋根手輕之板羽目等取附度、右之通　御成之節ハ取拂不及旨申渡候儀に付、御鳥見にも相屆聞濟相成、其以來引續板屋根葺ニ而差置、修復等之節、右有形を追當時之姿ニ取建候儀ニ有之候旨、(朱書)「橋」揚懸名主共申立候由、兩組懸之者申聞候、右ハ元來葭簀張水茶屋之地所に建床補理、右躰大業ニ煮燒致し候段、願濟ニ振外〻取締向ニも相拘候ニ付、元濟之通葭簀張ニ相直差置候様可申付哉ゟ奉存候、

大川橋西助成地南側

一床見世　　　一ケ所

但、地代之儀、前条床見世同様ニ御座候、

(朱書)「去〻丑年十一月書上ニハ取調落ニ相成申候、」

右、元來葭簀張水茶屋願濟之場所ニ有之候処、小田切土佐守勤役中文化七午年十組問屋共三橋引受之節、願濟之上葭簀張取拂、右跡に壹間四方之商床五軒差置、　御成之節ハ取片付可申筈有之候処、當時一ト間口ニ圍込、五間ニ五間半之瓦葺建床ニ補理、町家ニ紛敷相見不取締ニ付、元濟之通商床ニ致し差置候様可申付哉ゟ奉存候、

一右之外兩國橋外三橋助成地内元來葭簀張願濟之地所に床見世取建候も有之、右ハ上納地又ハ助成場内之儀ニ付、悉相改候ニも及申間敷哉ニ奉存候間、薄板日覆等仕付疊床ニ致

畳床ハ差置キ家作同様ノ分ハ建直サスカ

新吉原五十間道

掛床見世

上納金ナシ

寛政七年願済上納銭差戻ノ申傳アリ

夜商ノ荷家臺止メ町年寄へ積銭預リ置ク

町年寄ヨリ鑑札渡シ積銭ハ元々へ割渡ス

元荷家臺ノ類ニテ寛政以後掛床ニス

ソノ儘差置クカ

し候分ハ取置相成、葭簀張ニ准シ手軽之儀ニ付其侭差置、家作同様全建床ニ補理候分計
建直候様可申付哉与奉存候、

一掛床見世　五ケ所
新吉原〔五拾脱カ〕間道
但、上納金無之候、

右、寛政七卯年願済ニ而、日々上納銭可致旨被申渡、同十一未年鑑札受取、是迄之上納銭差戻相成候由ニ候得共、申傳而已ニ而書もの焼失仕、委細之儀難相分旨町役人共申立候間、取調候処、右ハ先役坂部能登守(廣高、南町奉行)勤役之節、夜商致し候荷ひ家臺為相止候積ニ而、追而身分有付之為、年限を極日々五銭つヽ町年寄方に預り置候処、其後小田切土佐守・根岸肥前守勤役之節、人数を定減切之積申渡、町年寄共ゟ鑑札相渡、積銭ハ元々に割渡し相成候儀ニ有之、然上ハ、右床見世之儀も元荷家臺之類ニ而、寛政以前ゟ有之、其後懸床ニ致し候儀与相聞候得共、同所与新吉原町而已之往来ニ而廓中同様ニ有之、人家建込候場所ニも無之、往還差障も相見不申候ニ付、願済之有無ニ不拘其侭差置、勿論㝡寄　御成之節　御目障不相成様可仕旨可申渡哉与奉存候、

一前書江戸橋廣小路其外ニ有之候床見世建継等取拂候上差置候積申上候分、伺之通被仰渡

廣場明地等ニテ建繼等取拂ヒ差置ク床見世ノ扱

普請修復前後ニ見分受クヤウ申付クカ

煮賣等ハ差置カズ夜分ハ片付置クヤウ申渡スカ

沽券地拜領町屋敷等ノ床見世ハ出張取縮メ差置クカ

元四日市町火除明地內床見世

上納金ナシ

起立願濟ノ有無分ラズ

候ハヽ、沽券地・拜領町屋敷構内之分ハ相除、廣場明地等ニ有之候分ハ、今般改申渡候建形を向後規矩ニ相立、右之外聊たりとも猥ニ不建廣、是迄ハ有來之分先規有形ニ見合不願出取建候場所も有之、右故流弊も生し候ニ付、以來之儀ハ、普請修復後ハ勿論、家根・壁・蔀之類而已取繕候節も、取懸候以前幷出來榮共兩度見分受候樣申付、且、近「(朱書)五下札」來煮焚渡世之もの多、火之元不宜候間、湯茶渡世幷醴屋・大福餅之類、聊之炭火相用候分ハ格別、煮賣・居酒・蒲燒・揚もの其外右類之煮燒致し候ものハ不差置、晝之內計渡世致し夜分ハ取片付置、都而造作等人家に紛敷不致、不取締之儀無之樣申付、町役人共も時々見廻り心付候樣可致旨、嚴重に可申渡哉ら奉存候、

一沽券地幷拜領町屋敷等ニ有之候床見世之分ハ、地面構內之儀ニ付、往還其外差障相紏、構外に出張候處取縮候ハヽ、願濟之有無ニ不拘其侭差置可申哉ら奉存候、

元四日市町火除明地內

一床見世　八ケ所

但、上納金無之候、

右、起立願濟之有無不相分有來候處、文化三寅年三月燒失致し、小田切土佐守先役之節、同五辰年有來之通相建度段願出、兩組之もの見分之上願之通申付候由町役人共申立候得共、

火除地ニテ往還ニ支障アリ取拂申付クカ

元四日市町火除明地内

土藏前庇床見世

上納金ナシ

土藏取建ノ經緯

鹽肴商賣以外ハ商賣サセザル趣ニテ願濟

塗垂庇補理ヒ勝手ニ床見世ニス

外渡世ノ者出商ハ違反道巾狹メ支障ニナル

床ノミ取拂ヒ外渡世ノ者引拂申付クカ

委細之書留も無之、其後普請修復等之節、不願出勝手侭ニ建廣夜中も不取片付差置、且、
同所ハ火除地之儀ニ而往還差障相成候間、取拂可申付哉与奉存候、

元四日市町火除明地内

一土藏前庇床見世　　　三ケ所
　但、上納金無之候、
　（朱書）「去ゝ丑年十一月書上ニハ取調落ニ相成申候、」

右、土藏之儀ハ、大岡越前守先役之節享保七寅年、元四日市町家持共例年十一月鹽肴商賣
小屋町屋前江取建候處、土藏造ニ仕度旨願出、東之方ニ而拾間・西之方ニ而四間半道巾相
除土藏七棟相建、其邊幷藏ニ入置候ものを商賣仕、右之外不依何事人集等仕商賣爲致申間

敷候趣を以願濟相成、其段證文差出候写町内舊記有之、其餘〔後〕願濟ニ而七棟を拾棟ニ割合相

建、文政四巳年筒井紀伊守先役之節願濟之上、東之方ニ有之候土藏三ケ所江塗垂庇補理候
處、勝手侭ニ床見世ニ致し、外渡世之もの借受出商致し居候段願濟ニ振、且、元來道巾拾

間之處、右庇幷向側前條ニ申上候床見世ニ而狹メ當時五間壹尺有之、平常往來人多差障相成、
其上火除地之儀、右庇取拂可申付哉ニ候得共、塗垂ニ付強而火災之害ニも相成間敷候間、

床カ而已取拂追而修復之節迄差置、鹽肴之外渡世致し居候ものハ引拂可申付哉与奉存候、

横山町三丁目火除地内床見世
石橋掛替等町人共入用ヲ以テ賄フ由ニテ畳床見世願済
上納金ナシ
願ナク建廣ゲ夜モ畳置カズ
近來石橋修復等ナク床賃上リ高ヲ家主方ヘ受取ル取拂申付クカ
馬喰町四丁目火除地内床見世
上納金ナシ
願済ノ畳床十ケ所ヲ一棟ニ建廣グ
同所淺草御門石垣土手通

横山町三町目火除地内
一床見世　　　拾ケ所
　但、上納金無之候、
右、享保三戌年中山出雲守先役之節、火除地内大下水石橋掛替并樋〔堰〕板浚等町人共入用を以可致由ニ而、間口六尺・奥行三尺五寸之疊床見世拾棟願濟ニ相成、寛政十一未年小田切土佐守先役之節、奥行壹尺相廣四尺五寸ニ致し、三尺之突上ケ庇相付度旨願出候ニ付、聊ニ而も建廣候儀難相成旨申渡置候處、其後願も不致、長拾五間・奥行庇共九尺餘之建床一棟ニ建廣、夜中も不疊置候段、願濟并申渡之趣ニ振、殊火除地之儀其上近來石橋其外修復等無之候由ニ而、床賃上り高を町内家主共方に受取候由ニ付、旁取拂可申付哉与奉存候、
馬喰町四町目火除地内
一床見世　　　壹棟
　但、上納金無之候、
右、享保九辰年大岡越前守先役之節願濟ニ而、六尺ニ四尺つゝ之疊床拾ケ所ニ差置候由、町役人共申立候處、當時長拾五間程・幅九尺餘之建床一棟ニ建廣有之候、
同所淺艸御門石垣土手通

床見世

上納金ナシ

願濟ニテ疊床一ケ所宛ニ差置ク由申立ツ

當時疊床ヲ勝手儘ニ棟續ニ建廣グ

夜モ疊置カズ取拂申付クカ

馬喰町四丁目火除地內淺草御門後ロ土手際

床見世

上納金ナシ

疊床等ヲ手入シ楊弓場ヲ許可サル

家作同樣ニ建廣ゲ夜中モ差置ク

取拂申付クカ

一床見世　　　貳棟

但、上納金無之候、

右、元祿七戌年願濟ニゐ、軒數不相知、六尺ニ四尺之疊床壹ケ所宛ニ差置候由、町役人共申立候処、當時長延拾貳間餘・幅貳間程之建床貳ケ所棟續ニ建廣有之候、前書床見世三ケ所共願濟之由申立候得共、可見合書もの類無之、且、普請修復之節不申立勝手侭ニ建廣、夜中も不疊置候段願濟ニ振、其上淺艸御門程近ニ有之、素火除地之儀ニ付、旁取拂可申付哉ら奉存候、

馬喰町四町目火除地內

淺艸御門後ロ土手際

一床見世　　　三ケ所

但、上納金無之候、

右、元來表之方ニ疊床、後ロ之方ニ葭簀張有之候を手入いたし楊弓場ニ仕度、夜分ゟ取片付可申趣を以、文化六巳年根岸肥前守先役之節願濟ニ相成候処、其後修復之節等願も不致家作同樣ニ建廣、夜中も其侭差置候段願濟ニ振、殊火除地內之儀ニ付、旁取拂可申付哉ら奉存候、

淺草三好町地先火除明地當時御用植物地際床見世上納金ナシ願濟ノ上辻商人共差置ク

願ナク建床ニ建廣ゲ夜モ差置ク

取拂申付クカ

淺草茶屋町往還御楊枝師伊勢屋長次郎所持床見世

上納金ナシ

曾祖父御楊枝御用命ゼラレ床見世差出ス由申立ツ

淺艸三好町地先火除明地當時御用植物地際

一床見世　貳ケ所

但、上納金無之候、

右、文化五辰年小田切土佐守先役之節、願濟之上、右地所表通板塀前之方ニ取外し之柱相建、幅三尺之突上ケ日覆戸取付有來之辻商人共差置、　御成之節并出火其外群集之節ハ早速取拂、平日共夜分ハ取片付、往來差障ニ不相成様可致旨請證文差出有之候、然處、願も不致建床ニ建廣、且、　御成之節等取拂不申、夜分も其侭差置候段、願濟ニ振、往還差障相成候間、取拂可申付哉与奉存候、

淺艸茶屋町往還御細工所頭支配
御楊枝師伊勢屋長次郎所持
一床見世　壹ケ所

但、上納金無之候、

右、伊勢屋長次郎曾祖父庄兵衞儀、右場所ニ而商ひ致し罷在、元祿六酉年御楊枝御用被仰付候儀ニ而、年來床見世差出有之、往古ハ御成之節も其侭差置候處、寶暦度より取片付候由、長次郎申聞候旨町役人共申立候、然ル処、右ハ長次郎先代より年古所持致し來候ニハ相違無

之趣ニ候得共、願濟有無不相分、且、御由緒有之商床御免被仰付候儀共不相聞、其上間口貳間・奥行壹間有之、往還差障相成、且、當時ハ床賃受取望之ものニ貸置候趣ニ付、旁取拂可申付哉与奉存候、

淺艸茶屋町往還同町家主久次郎所持
一床見世　　壹ケ所

但、上納金無之候、

右、願濟有無不相分、元祿年中ゟ御細工頭支配御楊師（朱書）「枝」伊勢屋長次郎曾祖父庄兵衛所持致し、其後讓渡相成候由申傳候旨町役人共申立候得とも、長次郎儀ハ右子細一向不存、何故讓渡（朱書）「取建」等仕候哉、更ニ取留候儀ニ無之、且、願濟ゟも不相聞、當時ハ鹽干肴類商致し居、往還差障相成候間、取拂可申付哉与奉存候、

五郎兵衛町往還兩側
一疊床見世　　七ケ所

但、上納金無之候、

右、願濟之有無不相知有來候処、文化三寅年三月大火後町〻家作取調掛兩組之者ニ其段書上置候後沙汰無之候ニ付、聞濟相成候儀ゟ心得罷在候由町役人共申立候得共、其節之儀ハ

願濟ノ有無分ラズ
往還ニ支障アル上當時ハ床賃受取リ望ム者ニ貸置ク
取拂申付クカ
淺草茶屋町往還家主久次郎所持床見世
上納金ナシ
伊勢屋長次郎曾祖父ヨリ讓渡ノ申傳アリ
願濟トモ聞カズ當時ハ鹽干肴類商ヒ往還ニ支障アリ
取拂申付クカ
五郎兵衛町往還兩側疊床見世
上納金ナシ

許可ナキ上近來建足シ往還ニ支障アリ取拂申付クカ

南新堀一丁目湊橋際廣場內床見世

上納金ナシ

文政八年商床番屋ノ由ニテ願濟

當時賣ト者等出商シ番屋ノ樣子ナシ取拂申付クカ

須田町一丁目往還疊床見世

右掛りゟ有來之分一通承糺候迄ニゐ、願濟之有無ニ寄取拂等申付候儀ニヽ無之、素願濟ニ無之儀ゟ相聞、殊近來建足致し、夜中も其侭差置往還差障相成候間、取拂可申付哉ゟ奉存候、

南新堀壹町目湊橋際廣場內
一床見世　　貳ケ所
　但、上納金無之候、

右、起立願濟等書留ヽ燒失いたし不相知候得共、元形商床四ケ所有之、寛文年中願濟相成有來候由申傳、寶曆十辰年・安永七戌年兩度類燒之節願出、見分之上普請致し候由之書留町內ニ有之候、然ル處、文政八酉年榊原主計頭先役之節、商床番屋之由ニゐ願濟之上、有形四ケ所を圍込貳ケ所ニ致し相建候後、更ニ番人等不差置、且、願も不致壹ケ所之分を貳ケ所ニ仕切、當時賣ト者幷繪双紙・手拭類渡世之もの共出商致し罷在、番屋之樣子無之、今般床見世取調ニ付ゐヽ、商床之趣ニ書上候儀共一事兩樣ニ相成甚紛敷御座候間、取拂可申付哉ゟ奉存候、

須田町［一町］目往還
一疊床見世　　壹ケ所

上納金ナシ
抱番人助成ニテ願濟ト申立ツ
蒲燒渡世ノ者出居リ火ノ元宜シカラズ取拂申付クカ
筋違橋御門内廣場籾藏建添地圍外
床見世
元來葭簀張願濟ニテ冥加金上納ス
家作同様ノ建方ニツキ糺ス
直サスユヘ宥免願フモ猶又家作同様ニ建ツ

但、上納金無之候、

右、起立願濟不相分、貞享年中ゟ有來抱番人助成ニ致し、文化三寅年願濟之上有形之通相建候由町役人共申立候得共、可見合書物無之、其後修復等之節も不願出、一躰往還混雜之場所ニ而、當時ニ床見世不相應蒲燒渡世之もの出居、火之元不宜候間、取拂可申付哉ニ奉存候、

筋違橋御門内廣場籾藏建添地圍外
神田小柳町外四ケ町持葭簀張地所
一床見世　壹ケ所

但、右床見世之儀、元來葭簀張願濟ニ而、爲冥加壹ケ年金拾兩宛上納仕候、

（朱書）「六下札」

右、文化六巳年神田小柳町・同所平永町・柳原岩井町・神田九軒町代地御染物屋伊左衛門拜借地・同所松下町壹町目代地右五ケ町之もの共、右場所に葭簀張出商之もの差出、爲冥加壹ケ年金拾兩宛上納可仕旨、根岸肥前守先役之節願出、牧野備前守殿に伺之上願之通申付候處、去ル子年（天保十一年）筒井紀伊守先役之節、家作同様之建方致し候ニ付、右町々名主共相糺候處、一同恐入早々取拂候上兼而願濟之通爲相直、尤、出火等之節ニ早速取片付候様可仕候間、此度之儀ニ宥免相願候旨（第一四號別紙三）申立候ニ付聞置候處、猶又如以前家作同様之建方致し候趣ニ

床見世取拂フ旨町役人共申立ツ

上納金ニ及バズ葭簀張商モ差止申付クカ

御堀端疊床

願濟ニテ建ツ段書上ニアリ

付、取拂可申付ゟ取調中、當春同所ㇵ日光　御參詣御道近ㇾ付、右床見世取拂候旨町役人共申立候、然共右躰察斗受無間も手廣之建物補理候段不取締ㇾ有之、右ㇵ畢竟僅之冥加上納金も有之候ゟ心得違も生し候義ㇾ付、以來上納金ㇾ不及、葭簀張商も難相成旨可申付哉ゟ奉存候、

（朱書）「一本町壹町目御堀端疊床貳棟

一本石町壹町目御堀端疊床貳棟

一三河町壹町目御堀端疊床拾七ケ所

一養安院屋敷御堀端疊床九ケ所

一本銀町壹町目御堀端疊床四ケ所

一吳服町御堀端疊床六ケ所

一五郎兵衞町御堀端疊床拾ケ所

一狩野探淵屋敷御堀端疊床貳ケ所

一丸屋町御堀端疊床三ケ所

一二葉町御堀端疊床拾九ケ所

右、起立願濟之上相建候段町〻名主共ゟ書上候內ㇾ有之、先達ゟ丈尺其外兩組懸之之（衍）も

去冬御堀端ノ土藏等取拂ヲ命ゼラル右床見世モ取拂申付ク

河岸床見世

の見分仕取調罷在候處、去冬御堀端に有之候土藏・物置・納屋等新古共不殘取拂可申旨、御書取を以甲斐守（鳥居忠耀、南町奉行）に被仰渡候ニ付、右床見世之儀も不殘取拂申付候、（本書一一一二、町觸申渡之部第八〇號）

一小網町壹町目河岸床見世壹ケ所
一同町貳町目河岸床見世壹棟
一箱崎町壹町目河岸床見世壹ケ所
一同町河岸掛床貳ケ所
一北新堀町河岸掛床壹ケ所
一同町河岸土藏前庇床見世拾八ケ所
一伊勢町河岸床見世壹棟
一与作屋敷河岸床見世壹棟
一新兩替町壹町目河岸床見世貳ケ所
一三拾間堀五町目河岸床見世拾貳ケ所
一丸屋町河岸床見世四ケ所
一木挽町四町目河岸床見世九ケ所
一同町五町目河岸床見世六ケ所

願濟ニテ建ツ段書上ニアリ
去冬河岸地ニテ常住同様ノ義差止ヲ命ゼラル
右床見世モ引拂申付ク
模様替シ地代上納願出ノ分ハ取調中
許可ナク床見世取建ノ分
先役北町奉行上申ノ趣旨

一本八町堀三町目河岸床見世壹ヶ所
一同所五町目河岸床見世三ヶ所
一本湊町河岸床見世三ヶ所
一大富町續河岸床見世三ヶ所
一南八町堀五町目河岸床見世四ヶ所
一南新堀壹町目河岸床見世貳ヶ所
一同所貳町目河岸床見世五ヶ所
右、起立願濟之上相建候段町〻名主共ゟ書上候內ニ有之、先達ゟ丈尺其外兩組懸之もの見分仕取調罷在候処、去冬河岸地ニゐ火焚所ニ紛敷床カ抔を張常住同樣之義難相成旨、御書取を以甲斐守江被仰渡候ニ付、右床見世之儀も不殘引拂申付候、尤、床カ取拂候上(本書二十三、町觸申渡之部第八〇號)物置等ニ模樣替いたし、以來相應之地代上納仕度段願出候分も有之、當時取調中ニ御座候、」
一往還其外江願濟ニ無之床見世取建候分、左衞門尉御內慮伺候節、右ㇳ願を經候內ニも不(第一〇號)正有之、又願無之共敢ゐ火災等之害ニ不相成分も可有之、右等ㇳ其日暮し之もの生活を失ひ候も可有之哉ニ付宥免致し、以來之儀取締付候ハヽ可然、一途ニ願濟之差別を以取

願濟ノ差別ヲ以テ取拂ノ有無ハ決メ難キ由上申ス

彼是差別セバ區々ニ心得ルカ

願ナク取建テ地代等受取ル者モアリ

取拂申付クカ

床見世渡世ノ者裏店等借受ケ土地ノ潤ニナルトノ風聞

場末ハ地代安ク表店借受ケ商ヒ床見世差出サズ

拂之有無を極候ハヽ、却ゟ事實を失ひ可申由申上候得共、彼是差別仕候ハヽ卑賤之もの共區〻相心得疑惑も可有之哉、一躰往還等ニ普請中板圍足代其外聊之品差置候も、悉願出候上ニ無之候ゟㅎ難相成儀、其段ㅎ兼ゟ町役人共相弁乍罷在、願も不致取建、右之內ニㅎ地代等受取候ものも有之哉ニ相聞、右等ㅎ以之外不相濟儀ニ付、御時節柄御取締向ニも拘り、其上道式を狹メ往還差障、出火之節ㅎ火傳ニも相成候ニ付、旁不殘取拂可申付哉ㅎ奉存候、

「場末之儀ㅎ裏店等借受候ものも少く候處、床見世ニゟ渡世仕候もの有之候得ㅎ、其爲メニ裏店等も借受候もの有之、却ゟ土地之潤ニ可相成哉之風聞も御座候趣をも左衞門尉申上候處、床見世之儀ㅎ通町本町通り其外往來群集いたし候地位宜場所重ニ有之、右ㅎ表店地代相懸候故床見世差出候義ニゟ、場末之儀ㅎ地代直安ニ付表店借受商致し候間、床見世差出候儀先つㅎ無御座候由、兩組懸之もの申聞候、」（朱書）

右之通奉伺候、以上、

卯（天保十四年）月

鳥居甲斐守（忠耀、南町奉行）

阿部遠江守

下ケ札一
今般新タニ定尺等取極ノ分ハ除ク
江戸橋通リ河岸際ノ畳床モ除ク
三橋助成地内モ除ク

下ケ札二
床番屋ハソノ儘差置クヤウ命ゼラル
床見世モ右ニ准ズ

下ケ札三

(朱書)
「壹ノ下ケ札」

本文床見世定尺取極、塗家作ニ致し柿葺建床之分ハ畳床ニ相直、其外取締之儀、先達ゟ取調申上候得共、外建物之分ㇾ其侭被差置候上ㇾ、寛政度一圓に御紀御座候儀ニ付、床見世ニ限嚴重ニ被仰付候も如何可有御座候哉ら奉存候間、今般新タニ定尺等取極候儀ㇾ相除申候、且、江戸橋通り河岸際ニ有之候畳床之儀取拂候積申上候處、右ㇾ願濟之上上納金も仕、全之河岸地ら申ニも無之、既三橋助成地内ハ何レも河岸際ニ御座候間、右に見合取拂ニ及間敷ら奉存候ニ付、是又相除申候、

(朱書)
「貳ノ下札」

本文柳原通床見世幷床番屋之儀、起立ニ見合切縮建直可被仰付積、先達ゟ申上候処、番屋之儀ハ先其侭差置候様被仰渡候儀ニ付、床見世も右ニ准シ悉切縮候儀ハ相除申候、

(朱書)
「三ノ下札」

本文床見世定尺取極、廣過候故相縮、其外殘地内惣躰取締之儀取調先達ゟ申上候得共、床見世ニ限取調被仰付候儀ニゐ、同所番屋・物置・物干場等定尺を過

床見世ノミ縮メルモ如何御伺書案取調ブ

下ケ札四起立ノ建形等モ分カラズ

床見世ノミ切縮ニモ及バズ御伺書案取調ブ

下ケ札五床見世棟高サ取極メハ除ク

下ケ札六冥加上納金ハ南御番所取扱フユヘ取拂モ同様ト相談濟

御伺書案等南町奉行ニ相談シタシ

候も相見候處、床見世而已却而定尺ゟ相縮候も如何可有御座哉ゟ奉存候間、元濟ニ見合、御伺書案取調候儀ニ御座候、

(朱書)
「四ノ下札」

本文床見世格別手廣ニ有之、起立之建形等も相知不申候間、火除土手殘地床見世ニ見合定尺御取極可被置哉之段、取調申上置候得共、三橋助成地內惣躰之取調ニも至り不申候上ハ、床見世ニ限切縮候ニも及申間敷哉に奉存候間、本文之通御伺書案取調申上候儀ニ御座候、

(朱書)
「五ノ下札」

床見世棟高サ之儀取調先達而申上候得共、惣躰先有形ニ而被差置候積ニ付、棟高サ取極被仰付候而ハ、家作取崩シ候樣成行、迷惑可仕候間相除申候、

(朱書)
「六ノ下札」

此床見世冥加上納金等之儀、南御番所御取扱ニ付、取拂御下知有之候得共、御同所ニ而取拂被仰付候積り、左衞門尉殿御勤役中御相談濟相成居候儀ニ付、本文御伺書案等甲斐守殿江別而御相談御座候樣仕度奉存候、(第一七號)

○コノ伺書案ニツキテハ、第一八號ヲ參看スベシ、

二三
町奉行所床見世取調掛上申書

明地等ヘ疊床差置ク願出アル節ノ扱

江戸橋廣小路家作地等ニテ一圓ニ建込ム河岸通藏屋敷町屋ノ起立

元藏地ニ當時講釋場等アリ

床見世取調掛

床見世取拂方之儀、被仰渡候趣を以目當を付、別紙（第二八號）之通申上候得共、此上可相殘分而已ニ限、新規ニ相願候儀ハ難相成与申思召ニも無御座候ハヽ、以來明地并往還・廣場等江手輕之疊床差置度旨願出候も御座候節ハ、見分之上、往還差障又ハ非常之害も不相見分ハ、御聞濟可有御座由をも兼而被仰上置候方与奉存候、

一江戸橋廣小路之儀、當時ハ家作地并水茶屋・床見世等ニ而一圓ニ建込有之、就中、火除專一之河岸通藏屋敷・町屋之儀起立ハ、更地ニ致し置候ゟハ、土手藏之方火除ニ可相成与之起意ニ而、町年寄共相願補理置、其後土藏ニ願替、又ハ藏地・火焚所等相願、追々模樣相替町屋敷ニ相成候儀ニ而、同所ゟ御肴納屋横手床見世まて道幅七八間ならてハ無之、并元藏地ニ而當時講釋場・楊弓場・水茶屋・水菓子渡世之もの出商いたし候柿葺之

常住ニナクトモ町家同様
活鯛納人拝借町屋敷ニ百坪
渡シ地代上納高減ル

一圓家作地ニセバ上納方増シ流弊モ止ムカ

火除土手殘地床見世

床見世等建込ミ土藏等僅カ

土流出シ土手上低クナル

更地ニサストモ火除ニナラザルカ

上納町屋敷トシ瓦葺ニナラバ非常ノ節宜シク藏入増ス

儀も、常住ニ無之ゟ申迄ニゐ町家同様ニ有之、且又、近年元藏地之内京間百坪活鯛納人拝借町屋敷ニ相渡、右ニ付廣小路地代上納高相減候故、於元四日市町持場之内百坪家作地ニ被仰付都合貳百坪火焚所ニ相成、右様軒數建込居候ニ付、此節之処ニゐㅎ、先火除之詮も薄、其上常住火焚所ニ不相成候得共、自火之憂無之而已ニゐ、又住居無之候得ㅎ、近火之節早速消防ニ差支可申哉、其儀ㅎ兎も角も、右躰建込有之町家同様之儀ニ付、此度一圓家作地ニ被　仰付候ハヽ、上納方相増向後流弊も生申間敷哉ゟ奉存候、

一火除土手殘地床見世之儀、御改革以前迄ㅎ常住ニ紛敷場所も相見候ニ付、取締向今般取調申上候得共、一躰同所南側ㅎ不殘町家ニゐ、北側も三番土手野嶋屋敷迄ㅎ家作地有之、其餘之地所も物置・納屋・床見世等建込居、土藏幷物干場之明地等ㅎ僨〔僅カ〕ニゐ、其上追〻ニ土流出致し土手上低相成、同所際南北二階家ハ勿論、其外ニも棟高土手を越候も相見候間、一向ニ更地ニ被　仰付候ハヽ、格別當時之姿ニゐㅎ強ゐ火除之爲ニも相成間敷哉、右之通殘地内家作地之方多分ニ付、殘らす上納町屋敷ニ被　仰付、惣躰ニ二階造相止（朱書）「下」「上」平家作瓦葺相成候ハヽ、非常之節宜、是又御藏入相増可申哉ニ奉存候、

右ㅎ心付候儀ニ付、書取奉入御覧候、以上、

卯（天保十四年）四月

二四　町年寄上申書

江戸橋四日市拝領地
元禄七年
土手藏二ヶ所ヲ願フ
江戸橋際一ヶ所加へ三ヶ所命ゼラル
享保十七年
江戸橋際一ヶ所ハ瓦葺住居藏ニ命ゼラル
安永四年
一ヶ所ハ住居藏命ゼラル

江戸橋四日市
拝領町屋敷古書物取調申上候書付
(町年寄)舘市右衛門

江戸橋四日市私拝領地古書物之趣左ニ申上候、
元禄七戌年七月廿四日、
能勢出雲守様懸御目、(頼相、南町奉行)
一兼ゟ奉願候土手藏之儀、願之通被仰付、拙者願ハ貳ヶ所之処、江戸橋際小土手共被仰
上被下御加増被成、三ヶ所共土手藏ニ可仕由被仰渡候、同年十一月矢來并番所揚場之
下ケ札
儀、同心衆被遣杭御打被下候、
右之内江戸橋際壹ヶ所ハ享保十七子年六月大岡越前守様(忠相、南町奉行)に奉願、左近将監様(松平乗邑、老中)に被仰上候
由、同十八日御内寄合ニゟ火焚所御免瓦葺住居藏ニ被仰付候、
一壹ヶ所ハ、安永四未年三月六日御内寄合ニゟ、願之通住居藏被仰付候旨、御老中方御名

前蟲喰有之候得共周防守様（松平康福、老中）ゟ相見ニ曲淵甲斐守（景漸、北町奉行）様被仰渡候、但、享保度壹ケ所火焚所御免之節御禮廻り不相見候間、此度も廻勤ニ不及候旨御用人中被申達候、

一ケ所ハ藏地ニテ二棟建ツ

「（朱書）一壹ケ所ハ、當時相殘り候藏地ニ而御座候、尤、此間數長四拾貳間之内ニ當時有形貳棟
相建申候、」

屋敷改衆ヘノ書上

右之通有之、毎々屋敷改衆ニ之書上左之通御座候、

舘市右衛門
拝領町屋敷

江戸橋住居藏

江戸橋住居藏
一百五拾八坪余
但表間口十九間
裏行八間余
外ニ貳拾八坪余河岸地面

四日市住居藏

四日市住居藏
一四百八拾七坪余
但表間口四拾五間
裏行十間余
右同斷

四日市藏地

四日市藏地
一三百四拾坪余
但東西四拾貳間余
南北八間余
右同斷

外ニ五百八拾坪余河岸幷通路・犬走り共、

右、依之申上候、以上、

卯（天保十四年）五月

舘市右衛門

「（朱書）南ヒレ付末ニ記、」

ヒレ付

書面両國橋左右五間内建物之儀ハ三橋同様相心得取調可申上旨被被（衍）仰渡可然哉ニ奉存候、

卯（天保十四年）五月廿九日　「（朱書）北」　市中取締懸

二五　町奉行所本所見廻与力伺書

鰭付　北町奉行所市中取締掛与力評議

本所方持場ノ内床見世取調掛取調ベシ箇條一覧ス

両國橋外三橋

助成地内床見世其外右掛り〻取調申上候書面之儀ニ付心得方奉伺候書付

本所見廻

右ハ先達ゐ右掛り〻懸合有之候ニ付、両國橋外三橋床見世其外起立・定尺等私共心得方荒床見世〔取脱カ〕調掛〻差出候書面（第二三號）御下ケ被成候ニ付、本所方持場之内取調申上候ケ條一覧仕候処、

橋々助成地内取締方ハ御下知次第掛へ打合セ取計フ

鰭付
南町奉行所市中取締掛与力評議

増之處及答置候通ニ御座候、且、三橋之儀ハ甲斐守殿（鳥居忠耀、南町奉行）御懸り之儀ニ付、五間内建物引去方之儀相伺候処、上納金ニ差響候共橋臺ニ掛り居候分ハ引去切縮方致し候様被仰渡、則其段右橋掛名主共に申渡、此節取調中ニ御座候、右ニ付兩國橋之儀ハ御月番持ニ候得共、兼而左衛門尉（遠山景元、北町奉行）に相伺置候廉も有之候ニ付、北方ニ而御持受引去方御下知御持受座候様仕度、尤、御下知次第繪圖面を以相伺候様可仕候、其外右橋々助成地内取締方之儀ハ、惣躰之御下知御座候節、右掛り之ものに打合取計候様可仕候ニ付、兼而其段被仰渡御座候様仕度奉存候、依之、右書面返上、此段奉伺候、以上、

卯（天保十四年）五月

下　村　弥　助（北町奉行所与力）
中村八郎左衛門（南町奉行所与力）

（朱書）（天保十四年）
「六月十七日差出、」
ヒレ付
書面兩國橋左右之儀ハ、北方類役共ゟ申上候通被仰渡可然哉ニ奉存候、

「（朱書）南」
市中取締掛

卯六月

別紙
元四日市町月行事等願書
町奉行所床見世取調掛宛
江戸橋橋臺左右商床十軒取拂ヒテモ上納ニ支障ナキカ尋ネラル
上納ニ支障ナシ
文化三年七軒ノ取拂ヲ命ゼラル
三軒替地アリ
四軒ハ替地ナク左右商床切縮メ渡世ヲ命ゼラル
取拂ハバ渡世ニ離レ難澁ス
是迄通リ差置クヤウ願フ

乍恐以書付奉申上候

一江戸橋御橋臺五間外ニ渡世致罷在候左右商床都合拾軒取拂候ゟも上納ニ差支候筋ㇵ無之哉之旨、御尋被仰聞候ニ付、左ニ奉申上候、

右御橋臺商床見世之儀ㇵ、廣小路御上納割合出銀等も仕、右場所ニ年來罷出渡世仕候者共ニゟ、當所引拂仕候ゟㇵ差當り場所も無之、且御上納割合出銀等も拾軒分相減ㇵ（マヽ）仕候得共、此儀申上候ゟㇵ奉恐入候ニ付、右出銀之儀ㇵ何れニも廣小路出商仕候もの共ゟ割合出銀仕候ゟ、決ゟ御上納ニ差支候儀ㇵ毛頭無御座、尤、三拾六ケ年以前文化三寅年三月中、御橋臺際左右ニゟ商床拾九軒有之候処、七軒ㇵ御橋臺朱引五間之内ニ相懸り居候ニ付、御取拂被仰渡候節ㇵ、早速七軒之商床引拂、内三軒替地場所有之候得共、四軒之儀ㇵ商内仕候場所無御座候間、其節　　御慈悲奉願上候処、翌卯年（文化四年）四月中、右四軒之商床、御橋臺五間之外ニ罷在候左右商床見世丈尺切縮四軒分割合渡世可致旨被仰聞、只今以永續仕候段難有仕合奉存候、然ル處、今般右床見世御取拂ニ被仰付候ゟㇵ、差當渡世ニ相離、親妻子養育等も致兼、必至与難澁仕候旨、一同相歎申候間、何卒以　　御慈悲是迄之通御差置被下置候樣偏ニ奉願上候、

御預り

天保十三寅年十一月

江戸橋廣小路
元四日市町
月行事　藤　七　印
五人組　勘　七　印
名　主　庄右衛門（竹口）　印
本材木町壹町目
貳町目
月行事　九　兵　衛　印
五人組　安右衛門　印
名主新助（多田内）幼年ニ付後見
新右衛門　印

床見世御懸
御役人衆中様

書面橋臺其外共、北方類役共申上候通取計候方可然与奉存候、
南　市中取締懸
卯六月
北
ヒレ付末ニ記、

（朱書）（天保十四年）
「卯六月　日來ル、同月十七日、ヒレ付いたし差出ス、」

鰭付
南町奉行所市中取締掛与力評議

二六　町奉行所河岸地取調掛与力上申書

橋臺へ掛ル建物土藏以外ハ取拂フ

番屋ハ切縮命ゼラル

町中髮結床番屋等モ建足シ多ク往來ニ差支フ

一様ニ禁ズルカ

床番屋等ハ木戸番等ノ爲取建テ置ク

町用ノ爲許可サルモ内實貸遣シ家賃受取ル由

町役人共相對ニテ地代申受クモアルカ

橋臺内建物取拂幷町〻床番屋等之儀ニ申上候書付

高橋鐵次郎（北町奉行所与力）
由比義三郎（南町奉行所与力）

江戸向御入用橋際人溜五間之内ニ懸居候建物之儀、見分之上、土藏之分ハ追ゐ修復等之節迄差置、其餘之分ハ不殘取拂相濟申候、且、番屋之儀ハ當時夜番〆切等嚴重被仰渡候砌ニ付、先つ其侭被差置、當四月日光　御參詣濟ニ相成、引直定尺通ニ切縮申付候方ゟ奉存候間、其段遠山左衛門尉殿（景元、北町奉行）御勤役中相伺候処、甲斐守殿（鳥居忠耀、南町奉行）ニ御相談濟之上伺之通被仰渡候ニ付、當月下旬頃ニも至候ハヽ、右伺濟之趣を以取計可申ゟ奉存候、然處、町中髮結床番屋・商番屋之儀も、願濟ニ振手廣建足致し候分餘多相見、道式を狹〆往來差障相成、非常之節ハ火傳ニも相成候儀ニ付、其侭被差置候ゐハ如何ニ付、一様ニ御沙汰有之候方ゟ奉存候、一躰床番屋・商番屋共、木戸番・火之廻之ため取建置候儀ニ付、御堀端幷明地・橋見守番屋等ハ格別、壹町ニ前後之木戸番屋有之候得ハ、自身番屋ニゐ町用相弁候ニ付差支ハ無御座候処、軒を並補理又ハ一棟ニ相建數ケ所ニ仕切置候も有之、右いつれも町用相達候趣を以願出御聞濟相成候得共、悉町入用を以普請修復致し候儀共不相聞、内實持主有之、普請致し自身罷出候ハ稀ニゐ、多分望之ものニ貸遣上家賃受取候由、町内ニ寄ゐハ、町役

床見世同様

番屋株讓渡ト唱ヘ抱番人金子取引シ證文取置クモアリ

株式ト心得代金ヲ以テ取引スルハ不埒

町家ニ紛ラハシク多クハ常住シ妻子モアリ當人計リ人別書出シ家族ハ無人別ニナル

町々自身番屋木戸番屋ノミ殘ス

木戸番屋モ一木戸ニ一ケ所トス

人共相對を以地代申受候も可有之哉、詰ル処床見世同様之振合ニ而、既榊原主計頭殿（忠之、北町奉行）御勤役中文政七申年六月、町〻番屋株讓渡之唱ニ而、抱番人共金子取引致し、家主共加判之證文取置候類も有之候処、町內ゟ暇差出別段番人を抱候故難儀之由ニ而願出候儀度〻有之、自身番屋ハ勿論、木戸番屋ニ候共、町內持ニ而番人所持之訳ニ無之、番人共身分も町役人共存寄次第之儀ニ候処、株式ゟ心得右之通代金を以取引致し候段不埒之至、加判之家主共も不相濟儀ニ付、及出入候共以後御裁許ハ不被仰付候趣を以御達觸被仰付候儀も有之、商床同様之心得故右躰不束之儀も出來致し、髪結床番屋抔ハ些差別も可有之候得共、番屋銘目を唱候上ハ、嚴重無之候而ハ難相成候処、持主之好ニ而種〻之印を障子等に相付町家ニ紛敷、多くハ常住火焚所ニ致し妻子も有之候処、人別ハ當人計り書出候儀ニ付、自然家族ハ無人別ハ當人計り書出候儀ニ付自然家族ハ無人別ニ相成、又ハ名簿而已之扣店借受候ものも有之、甚不取締ニ御座候、右之內ニハ、　御成之節等町役人共相詰候場所も可有之候得共、右ハ寂寄　通御ニ付渡世相休候故、町役人共相集候儀ニ而、御先御拂等之曲合見計幷町內見廻歩行候ニハ詰所無之候而も差支無之候儀ニ付、今般御改革被仰付、町〻自身番屋・木戸番屋而已相殘し、尤、木戸番屋之儀も一ト木戸ニ貳ケ所有之候所ハ壹ケ所ニ致し、元來木戸番屋無之冬春之內夜中箱番屋差出置候町內ハ仕來之通被差置、橋見守之儀

町入用モ減リ道式廣クナル

床見世取調河岸地見分ノ節心付ク

鰭付北町奉行所市中取締掛与力評議

鰭付北町奉行所市中取締掛与力評議

ハ前後ニ一ケ所つゝ、御堀端幷明地見守之儀ハ地所之廣狹路之折曲ニも寄見計程能可被差置候得共、先つ壹ケ所ゟ相定、其餘ハ不殘取拂被仰付、右相殘候分ハ、建繼等定尺之通切縮、自身番屋之外ハ何町何番屋ゟ中儀障子等に筆太ニ記置候ハゝ、取締宜敷、自然町入用も相減、其上道式廣相成、平生ハ勿論非常之砌往來混雜不仕、火傳之憂無之、旁可然奉存候、右ハ床見世取調河岸地見分之節、見置可然儀ゟ心付候間、此段申上候、以上、

(天保十四年)
卯四月

高橋鐵次郎

由比義三郎

ヒレ付

書面伺之趣を以、南北小口年番名主共に被仰渡、行届候程合見計、懸り之もの見廻候様被仰渡候ハゝ、可然哉奉存候、

卯六月

(朱書)「南」(北) 市中取締懸

此方鰭付末に記、

書面橋臺人溜五間之内に掛居候

番屋引直并切縮方之儀ハ、伺之通相心得、右五間ゟ外之髪結床・商番屋等之類ハ、別冊鰭付ニ申上候通被仰渡可然奉存候、

（天保十四年）
卯五月晦日　　市中取締掛

二七　町奉行所河岸地取調掛与力伺書

橋臺へ掛ル番屋等ノ扱ヲ取極置キタシ

自身番屋

橋臺ニ懸候番屋之類取拂方之儀ニ付奉伺候書付

河岸地取調掛

橋臺人溜五間之内ニ懸居候番屋之類引直并切縮方之儀、區々相成候而ハ如何ニ付、取計振兼而取極置度、左ニ申上候、

一自身番屋之儀、文政度相極候定尺通梁間九尺・桁行貳間半・軒高サ壹丈三尺・棟高サ軒ニ准切縮可申候処、大町又ハ祭禮場所等ハ差支も可有之、且、建直ニハ町入用も相掛り、既文政度被仰渡ニも、場所ニ寄定尺通ニ而差支候筋も有之候ハヽ、其訳可申立、其節糺之上可及沙汰候与有之、兼而ハ見分も請補理候儀ニ付、町用相弁候爲メ見張番所手廣之分ハ其侭差置、右迚も追而修復之節ハ相縮候積、尤、定尺通之内ニも表之方手狹ニ而、

勝手之方ニ定番致居候書役・抱番人共住居様ニ雑作〔造カ〕其外取繕有之候分ハ取拂、全見張「下ケ札」
番所并非常之節焚出致し候竈元而已用弁相成候程相殘置候様可申付候、
一木戸番屋・髪結床番屋等之儀、定尺通梁間六尺・桁行九尺・軒高サ壹丈・棟高サ軒ニ准し切縮可申付ゟ（朱書）「者」勿論之儀ニ御座候得共、右之内九尺四方又者間口壹間・奥行貳間位有之候分、本家而已ニ致し候得者、前書定尺ニ庇等取付候間敷同様ニ相成候儀ニ付、右之分者庇其外張出し取拂、追而修復之節迄者其侭差置候様可申付候、
一床番屋之類數ケ所軒並ニ相成引去場所無之分、五間之外ニ同番屋有之候ハヽ不殘取拂、五間外ニ番屋無之候ハヽ、見計用弁相成候様壹ケ所宛も相殘置、其余者取拂限ニ可申付候、尤、偏頗無之様橋臺ニ寄候方ゟ爲取拂可申候、且、橋見守・木戸番屋ゟ名目替候類ハ、所務も違候儀ニ付其侭差置可申候、
一河岸行有之候場所者、五間之外ニも床番屋等有之候処、橋臺際而已相改、見渡之場所其侭差置候而者不相當ニ付、都而橋臺ニ掛候河岸行ニ有之候分者、不殘相改候様可仕候、
一沽券地其外往還ニ建出有之候分、沽券繪圖道幅を以相當、土藏者追而修復之節迄差置、其餘見世先住居等ニ而も無用捨切縮可申候、然ル処、家並五間之外ニも同様張出候分可有之候間、右者其地面續一ト構曲り角迄相改候様仕、勿論家前往還ニ商品等聊たり共爲

木戸番屋髪結床番屋等

床番屋

河岸行ニアル分

沽券地等往還へ建出アル分

差出申間敷候、且、河岸家作地裏幅之儀ハ、格別非常之障ニも不相成候間、五間之内ハ相改、其余ハ川中ニ出張候見躰不宜分而已為取拂可申候、

橋臺左右

一橋臺左右五間之内往還之方ハ、出火之節人溜之ため明ケ置、河岸境・川端等ハ、万一水揚致し荷物差置火傳ニ相成候而ハ不宜候間、竹垣等仕付〆切置候様可申付候、

番屋庇

一番屋庇之儀、自身番屋ハ場所之模様ニ寄難取極候得共、床番屋之分ハ間口ニ計可成丈手軽ニ為取付可申候、

大下水石橋

一大下水石橋之類ハ、多分家込幷道式内之儀ニ付、非常之害も少候間、番屋之類ハ願済外之建足等取拂、追而修復之節迄其侭差置、且、沽券地其外往還ニ建出候分も、外家並ニ見合格別障ニ相成候分計取拂候様可申付候、

右之通奉伺候、以上、

卯五月（天保十四年）

高橋鐵次郎（北町奉行所与力）
由比義三郎（南町奉行所与力）

下ケ札

下ケ札

本文自身番屋・木戸番屋等之儀、可引直場所無之、幷其侭引去候分ニ而家作取崩候上引直候分ハ、定尺通為相縮候儀ニ御座候、

鰭付
南町奉行所市中取締掛与力評議

二八
町奉行所床見世取調掛上申書

〔市中取締類集　床見世等之部　四〕

○コノ伺書ニツキテハ、本書十三、河岸地調之部第二六一號ヲ參看スベシ、

鰭付
書面橋臺其外共、北方類役共申上候通取計候方可然ト奉存候、
卯六月　　市中取締懸

(朱書)
「此方ヒレ付末ニ印、」
ヒレ付末ニ認入、

町中床見世取拂有無取調候趣申上候書付

床見世取調掛

町中床見世取調ヲ命ゼラル

掛ノ者申付ケ取拂ノ目當ヲ付ケ伺フヤウ命ゼラル

名主共書上ヲ元ニ見分ス

疊床等ハ疊置ク丈尺ヲ認メ願濟ノ場所ノミ書上グ

御堀端河岸地等ニアル分ハ先達テ取拂フ

煩雜ヲ避ケ取拂ノ目當ヲ付ケ上申ス

本材木町一丁目等御預場所

江戸橋廣小路ノ内床見世

去〻丑年（天保十二年）十月遠山左衛門尉殿（景元、北町奉行）御勤役中、當時町中ニ有之候床見世不殘取調被仰上候樣、水野越前守殿（忠邦、老中）御書取（第一號）を以被仰渡候ニ付、御取調之上取計方等之儀御内慮御伺御座候處、去寅（天保十三年）八月右御伺之通、兩御組ニ而掛り之もの被　仰付、能〻相糺巨細ニ取調、取拂之有無目當を付御伺有之候樣、御書取（第一〇號）を以被仰渡候ニ付、同九月、私共掛被仰付取調可申上旨被仰聞、町〻名主共差上候町中床見世書上三拾壹册（第七號參看）御渡被成候ニ付、則見分仕候處、右書上之節、町役人共心得違いたし、疊床・掛床之類疊置候侭之丈尺を以相認、又ハ、當時之建形ニ不拘願濟之場所而已書上、其以來新規ニ補理或ハ朽損取拂候も有之、且、御堀端河岸地等ニ有之候分ハ、先達而取拂相成候ニ付、右之訳町〻名主共ゟ書上候繪圖面每ニ申上候而ハ、夥敷儀故猥雜仕紛敷相成候間、取拂之有無目當を付左ニ申上候、

本材木町壹丁目

同町貳町目

元四日市町

江戸橋廣小路之内

御預場所

百七軒

一床見世

但、床見世上納金之儀、町内持商藏・水茶屋・楊弓場・密〔蜜〕柑賣場等品〻并家作御免地

上納金年二百二十兩

寛文七年百七軒ニ定ム

寛政四年許可ナキ分ノ取拂命ゼラル
明和七年ヨリ年百兩宛上納
文政九年増上納ヲ願フ

等を込、惣躰ニゐ當時壹ケ年金貳百貳拾兩宛上納仕候、

町内割合内訳

金九拾壹兩　　床見世分

金百貳拾九兩　　町内持

〆金貳百貳拾兩

右割合を以相納候旨、右御預町名主共申立候、

右願濟之由ニハ候得共、年古儀ニゐ起立年月不相知、嶋田出雲守(守政、北町奉行)殿御勤役之節寛文七未年中御取調有之、百七軒ニ相定、大岡越前守(忠相、南町奉行)殿御勤役中享保五子年十一月、床見世之内五拾貳人之もの共、塗家作且床見世壹ケ所ニ付九尺四方之地所ニ間口八尺三寸・奥行八尺ニ仕度段願濟相成候旨、町役人共申之候、其後初鹿野河内守(信興、北町奉行)殿御勤役中寛政三亥年、所々火除地之内、不致願も家作・物置等建置候類有之、鳥居丹波守(忠意、老中)殿被仰渡候趣も御座候由ニゐ、池田筑後守(長恵、南町奉行)殿御相談之上、取拂被　仰付候處、御跡役小田切土佐守(直年、北町奉行)殿御引受ニ相成、同四子年八月江戸橋廣小路上納地も御取調之上、先々ゟ罷出候床見世其外出商人共ケ所御取極被置候軒數之内ニ有之、且、上納金之儀ハ、明和七寅年ゟ壹ケ年金百兩宛相納來候處、筒井紀伊守(政憲、南町奉行)殿御勤役中文政九戌年九月増上納之儀願出、水野出羽守(忠成、老中)殿ニ

大火類焼後建方猥ニナル

切縮ヲ命ジ瓦葺塗家作ニシテ差置クベシ

土藏作ハ消防ノ助ケニナルユヘ奥行ノミ直ス

一棟ニ圍込ヲ許サバ土藏作願出テ藏地出來火除ニナル

假建及ビ柿葺等ニ取建ツ分ハ疊床ニセバ取締トナラン

江戸橋橋臺左右疊床見世

取拂命ズルカ支障ナキ場所ニ差置クヲ願フ

御伺之上、壹ケ年金貳百貳拾兩宛相納候儀ニ有之候、然ル處、同十二丑年三月・天保五午年二月兩度之大火類焼以來建形猥ニ相成、少ゝ宛建廣、中ニを貳三軒を一棟ニ圍込、或を場所替・模様替等致し候分も有之、願濟ニを相振候得共、舊來罷在上納金も仕候儀ニ付、寛政度御取調有之候節差出候繪圖面幷享保度相極候定尺ニ見合、切縮被仰付候上瓦葺塗家作ニいたし其侭被差置可然奉存候、右之内全之土藏作之分有之、右を非常之害無之却ゐ消防之助ニも相成候儀ニ付、追ゐ修復等之節出張候奥行而已相直、尤、以來共土藏作ニ補理候分を、軒數圍込一棟ニ致し候共不苦旨御取極被置候ハヽ、間口有之候分商弁利宜敷候間、追ゝ土藏作願出候様成行、後し(マヽ)ゐを一連之藏地出來いたし火除ニ相成、且又、類焼跡假建ら唱柿葺等ニゐ建床ニ補理候分有之、右を火傳ニ相成不可然候間、假建之分を疊床ニ致し、夜中ハ疊置候様被　仰付、當時柿葺等ニ取建有之候分を取拂疊床ニ相直候様被仰渡候ハヽ、取締相付非常之害も無御座旁可然ら奉存候、

一右之内江戸橋橋臺通り左右ニ疊床見世拾ケ所有之、橋臺五間を引離し相建有之候得共、河岸際之儀ニ付、今度河岸地ニゐ床カ抔を張常住同様之分難相成旨被仰出、(本書二十三、町觸申渡之部第八〇號)町ゝ河岸ニ有之候床見世引拂申付候ニ付、上納出金を仕候得共、外ゝ取締ニも拘候間、取拂被仰付可然奉存候、尤、廣小路内ニゐ差障無之場所を見立差置度旨相願候、

（朱書）
「但、右疊床拾ケ所取拂切ニ相成候ハヽ、上納金ニ差響可申哉ら廣小路御預町元四日市町・本材木町壹町目・貳町目名主・月行事共ニ相尋候処、右疊床十軒相減候共、外出商人共一同割合是迄之通上納可仕旨申立候、」（第二五號別紙）

江戸橋廣小路内元四日市町持

一疊床見世　六ケ所

但、上納金之儀、前條ニ申上候床見世一同割合相納候旨、町役人共申立候、

右、起立願濟之有無不相知、先〻九ケ所有來候處、天保八酉年小路之内活鯛納人拜借地ニ相渡候節、三ケ所取潰當時六ケ所有之候、右ハ、寛政度江戸橋廣小路御取調之節御聞濟相成候場所ニ有之、上納金も仕候儀ニ付、其侭被差置可然、尤、建形不陸ニ付、外振合を以間口六尺・奥行四尺ニ致し、夜中ハ疊置候樣被　仰付候方ら奉存候、

江戸橋廣小路内辻番所助成

一床見世　三ケ所

但、上納金無之候、

右、明暦度江戸橋廣小路火除地ニ相成候節、辻番所壹ケ所御取建有之、番人給金・油代被下置候處、扶持米無之候ニ付、右床見世三ケ所ニ番人共之内非番之ものを差出商爲致

取拂ヒテモ外出商人共割合ヒ是迄通リ上納ノ旨申立ツ

江戸橋廣小路内元四日市町持疊床見世

前條床見世一同割合ヒ上納金納ム

寛政度願濟

ソノ儘差置クカ

江戸橋廣小路内辻番所助成床見世

上納金ナシ

辻番所取建テ番人給金油代下置カルモ扶持米ナシ

非番ノ者商ヒヲ助成ニ願ヒ許可サル

助成に仕度段願濟相成、寶永四亥年中、辻番所普請・番人給分・油代共都ゟ廣小路出商人共御忠節として引受、辻番所番人孫兵衛ゟ申者、右床見世三ケ所舊來所持罷在、寬政度取調之節、有形之侭ニゐ御聞濟相成候由、町役人共申立候間、取調候處、前条百七軒床見世之内ゟ混居候哉、其節之繪圖面ニ相見不申、併、廣小路出商人共一同ニゐ辻番所入用引請相建置候ハ相違無之儀ゟ相聞、且、右床見世有之候場所ㇵ、百七軒之床見世ゟ軒並ニゐ、往來差障も相見不申候ニ付、建形等諸事百七軒同樣ニ相心得候樣被仰渡、其侭被差置可然奉存候、

但、右之内壹ケ所ㇵ、江戸橋見守番屋に圍込ニ相成河岸際之儀ニ付、前条申上候百七軒之内河岸ニ有之候疊床同樣取拂被　仰付可然奉存候、

江戸橋廣小路内本材木町壹町目・貳町目持
一商藏地　　　　　　　　　　　　　　　貳ケ所

但、上納金之儀ㇵ、前条床見世但書ニ申上候、

「去ゝ丑年十月書上ニㇵ無之候得共、床見世同樣之儀ニ付、取調申上候儀ニ御座候、」（朱書）

右、大岡越前守殿御勤役中享保五子年、藏地願濟相成、松波筑後守殿（正春、南町奉行）勤役中元文四未年八月、模樣替致し、長拾貳間・横六間半之土藏四方に五尺之庇ヲ付貳棟相建申度段願出、

一ノ印

寶永四年番人給分等引受ク

寬政度繪圖面ニ見ヘズ

往來ニ支障ナシソノ儘差置クカ

一ケ所ハ河岸際ニツキ取拂フカ

江戸橋廣小路内本材木町一丁目等持商藏地上納金

床見世同樣ニツキ取調ブ

享保五年藏地願濟

元文四年土藏二棟ノ建設ヲ願ヒ許可サル

土藏燒失跡ヘ家作同様ニ建テ渡世スル者アリ土藏ノ建設ヲ申付ク

土藏建設迄疊床見世ニシ夜中ハ疊置クヤウ申付クカ

楊弓場等ハ床見世同様

寛政度取締向命ゼラル

寛政度ノ通リニ改メサスカ

柳原土手通ノ内武家方三ケ所屋敷地先

疊床見世

地代年七十兩餘

本多中務大輔(忠良、老中)殿ニ御伺之上、願之通被　仰付、其後數ケ所に割合商藏ニいたし候儀ニ有之、寛政度御取調之節、有形之侭被差置候処、近來願濟之趣に振、右土藏燒失跡に家作同様ニ相建渡世致し居候ものも有之、火除地之詮無之候間、早〻取拂土藏相建候様被仰付、尤、土藏之儀ハ、入用も相懸候故容易ニ取建難申、地所明置上り高相減、上納金ニも差響可申哉ニ付、土藏取建候迄之内ハ、前条床見世假建之通疊床見世ニいたし、夜中ハ疊置候様被被　仰付可然奉存候、

一右之外廣小路内ニ有之候楊弓場・水茶屋・講釈場・密〔蜜〕柑賣場・賣茶見世等ハ、床見世同様之品ニ付、勿論之儀番屋其外共寛政度江戸橋廣小路内一躰ニ御糺之上、取締向被仰渡候儀ニ有之候處、願濟ニ振建廣又ハ模様替致し候も相見候ニ付、今般床見世之儀、建直等被　仰付候儀ニ候ハヽ、番屋其外共都而古復不致候而ハ如何ニ付、廣小路内一圓ニ取締方被仰付、寛政度之元極ニ見合相改候様被仰渡可然奉存候、

二ノ印

柳原土手通之内神田冨松町名主源(吉村)太郎外壹人御預場所
馬喰町御用屋敷外武家方三ケ所屋敷地先

一疊床見世　　長延百貳拾九間

但、地代、諸入用引之壹ケ年凡金七拾兩餘宛年〻上納仕候、

寛延度商床許可サレ右助成ニテ神田川柵請負フ者アリ

寛政二年請負取放命ゼラレ名主共地代取立テ納ム

柳原土手通ノ内神田横大工町代地等地先

疊床見世

上納金ナシ

享保十一年柳原新シ橋番人疊床設置ヲ願フ

掃除等ノ助成トシテ商人差置クヲ許可サル

一棟ニ建續ク床見世モアリ修復ノ節間ヲ離スヤウ命ゼラル

右、元來大傳馬鹽町家持弥平次ゟ申もの寛延度願濟ニ而、右地所江奥行三尺之商床補理、右助成を以神田川柵請負致來候處、初鹿野河內守殿御勤役中寛政二戌年四月、請負取放被仰付、兩川常浚之儀ハ御勘定所持相成、商床之儀ハ神田冨松町名主源太郎・豊嶋町名主六右衛門（山本）江御預被　仰付候後、右兩人ニ而諸事取扱、床見世地代取立相納申候、

柳原土手通之內神田佐久間町四町目預地庄兵衛店紋三郎外壹人請負場所

神田横大工町代地・同所冨松町・豊嶋町等三ケ町地先

長延百九拾間餘

一疊床見世

但、上納金無之候、

右、大岡越前守殿御勤役中享保十一午年三月、柳原新シ橋番人紋三郎・与兵衛儀、右三ケ町向土手百九拾間餘之地所、永〻竹矢來仕猥ニ人上ケ間敷、上手上之松枯候ハヽ植替、九尺ニ壹間之番屋貳ケ所塗家ニ相建番人差置、尤、商物等ハ一切不差置、掃除等之儀ハ勿論、土手幷道造り・捨もの其外諸事引請世話可仕候間、爲助成奥行四尺通疊床ニ致し商人差置度旨願出、水野和泉守殿（忠之、老中）江御伺之上、願之通被　仰付、其後嶋長門守殿（祥正、南町奉行）・能勢肥後守殿（頼一、北町奉行）御勤役中延享二丑年十月、床見世二三間つゝ壹棟ニ建續候も有之、火除悪敷候間、重而修復之節ハ、壹間宛之床見世間を離し建候様、右紋三郎外壹人幷柳原岩井町・

柳原土手通ノ
內神田松下町
一丁目地先
疊床見世
上納金ナシ

土手通內ニ捨
物等アリ難儀
ス
商床建テ掃除
等勤メタキ段
願濟

柳原土手通ノ
內神田九軒町
代地續地先
疊床見世
上納金ナシ

明和六年疊床
建テ助成ニシ
タキ段願濟

柳原土手通ノ
內神田平永町
地先

神田平永町・同所小柳町・須田町右四ケ町町人共ニ被仰渡候、

柳原土手通之內神田松下町壹町目持同町地先

一疊床見世　　　　　　　　　　貳拾三ケ所

但、上納金無之候、

右、石河土佐守（政朝、北町奉行）殿御勤役中寛保元酉年九月、町內地先柳原土手通內ェ捨もの・倒之もの等有之、難儀仕候ニ付、長貳拾六間程之所ニ間口壹間・奥行四尺之商床貳拾三ケ所御免被成候ハヽ、隣町並之通土手矢來幷植込掃除等相勤可申旨願出、松平伊豆守（信祝、老中）殿ニ御伺之上願之通被仰付候、

〇原本改行ナシ、今他ニ合セテ改行ス、

柳原土手通之內神田九軒町代地續御染物屋伊左衛門拜借地（マヽ）持同所地先

一疊床見世　　　　　　　　　　貳ケ所

但、上納金無之候、

右、曲淵甲斐守（景漸、北町奉行）殿御勤役中明和六丑年七月、（地先脱カ）六間餘之處隣町並之通疊床相建、前条神田松下町壹町目同樣之助成ニ仕度段願濟相成候旨、町役人共申之候、

柳原土手通之內神田平永町持同町地先

畳床見世
上納金ナシ
元文二年畳床
建テ助成ニシ
タキ段願済

一畳床見世　　　　　　　　　　長延四拾貳間餘

但、上納金無之候、

右、元文二巳年三月大岡越前守殿寺社奉行之節、右地所ニ奥行四尺之畳床相建、前条同様之助成ニ仕度段願済相成候旨、町役人共申之候、

（朱書）
「但、神田平永町之儀ハ、東叡山領ニ而町方御支配場ニ不相成以前ニ付、寺社奉行衆ニ願出候儀ニ有之候、」

柳原土手通ノ
内柳原岩井町
地先
畳床見世
上納金ナシ
元文元年畳床
建テ助成ニシ
タキ旨願済
柳原土手通之内柳原岩井町持同町地先

一畳床見世　　　　　　　　　　長延七拾四間

但、上納金無之候、

右、松波筑後守殿御勤役中元文元辰年十一月、右地所ニ奥行四尺之畳床相建、前条同様之助成ニ仕度旨願出、松平伊豆守殿ニ御伺之上願之通被仰付候、

柳原土手通ノ
内神田小柳町
地先
畳床見世
上納金ナシ

一畳床見世　　　　　　　　　　長延拾四間

柳原土手通之内神田小柳町持同所地先

但、上納金無之候、

同断重右衛門請負場所畳床見世
上納金ナシ
寛保三年畳床建テ助成ニシタキ段願済

柳原土手通ノ内須田町二丁目地先畳床見世
上納金ナシ

畳床差置キ下水溜大桝入用賄ヒ松柳植替ヲ願済
柳原土手通畳床起立ノ建形等ハ分ラズ

同断同町家持重右衛門請負場所
一畳床見世　　長延拾五間
但、上納金無之候、
右、貳ケ所共寛保三亥年十二月本多紀伊守(正珍)殿寺社奉行之節、右地所ニ奥行四尺之畳床相建、前条同様之助成ニ仕度段願済相成候旨、町役人共申之候、
(朱書)「但、神田小柳町之儀ハ、東叡山領ニ而町方御支配場ニ不相成以前ニ付、寺社奉行衆ニ願出候儀ニ有之候、」
柳原土手通之内須田町貳丁目持同町地先筋違橋御門内廣小路
一畳床見世　　三拾八ケ所
但、上納金無之候、
右、稲生下野守殿御勤役中享保十九寅年六月、右廣小路東之方ニ引下ケ、壹間ニ四尺之畳床三拾八ケ所差置申度、尤、　御成之節ハ取拂、爲冥加廣小路土手際に有之候下水溜大桝新規・修復共町入用を以仕、幷筋違橋御門ゟ東ニ五拾八間余之所土手上松・柳植替可申旨願出、松平左近將監(乗邑、老中)殿ニ御伺之上願之通被　仰付候、前書柳原土手通畳床之儀、年古儀ニ而起立之建形等委細相分兼候得共、延享二丑年十月、柳原岩井町外三ケ所町人

共并請負人紋三郎外壹人ニ床見世貳三間つゝ壹棟ニ建續候も有之、火除之ため悪敷候間、重ゟ修復致候節ハ、壹間宛之床見世間々を離し候様被仰渡候儀も有之候處、當時一棟ニ無透間建續、庇并後口之方ニ張出建廣有之、願濟ニ振候間、取拂ニも可被仰付候得共、右ハ近頃之儀ニハ無之哉、既文化三寅年三月大火後、町々庇其外往還ニ出張取調之砌、柳原土手通り疊床庇并上ケ椽格別往還ニ出張候も有之候ニ付、以來上ケ椽出巾三尺・庇四尺ニ切縮可申旨、其節兩御組掛り之ものゟ申渡候請書も有之、年來之流弊ニゟ追々建廣候儀ゟ相聞、且、爲冥加土手上竹矢來・柳植替等も致來候儀ニ付、右建足之分取拂、都ゟ間口ハ壹間・奥行ハ願濟之通三四尺を限疊床ニ致し、間々を離し被差置、夜中ハ疊置可申旨被仰渡、并同所ニ有之候床番屋等之儀も、前書紋三郎外壹人起立願濟ニ見〔三ノ印〕合、瓦葺塗家ニ補理候様被　仰付候ハヽ、往還差障無之、火災之害ニも不相成可然奉存候、

一床見世　當時三拾五棟
神田火除土手北側殘地
但、床見世上納金之儀、藏地・物置・物干場等を込請負、三口ニゟ都合壹ケ年金百九拾六兩三分銀拾壹匁年々上納仕候、

延享二年間ヲ離シ建テルヤウ命ゼラル

文化三年大火後往還へ出張ル分ヲ切縮メサス

建足ノ分取拂ヒ間ヲ離シ差置クカ

床番屋モ瓦葺塗家トセバ支障ナカラン

神田火除土手北側殘地床見世

上納金年百九十六兩餘

請負割合内訳

文政十二年請負上納地ニ申渡ス

床見世瓦葺ニテ丈尺ヲ定ム

類焼後柿葺ニ建テ家作同様ノ分モアリ

建足分ヲ切縮メ差置クカ

請負割合内訳

金四拾貳兩壹分　　四番土手殘地請負人本銀町四軒屋敷家主善右衛門分

銀拾壹匁

金七拾壹兩三分　　五番ゟ七番迄土手殘地請負人神田紺屋町三丁目代地家主長兵衛・同所鍛冶町壹丁目家主善助分

銀拾匁

金八拾貳兩貳分　　八番ゟ拾番迄土手殘地請負人岩本町家主平七分

銀五匁

右之通御座候、

右、榊原主計頭殿(忠之、北町奉行)・筒井紀伊守殿御勤役中文政十二丑年十二月、火除土手北側之殘地藏地・物置・物干場・床見世等ニ致し、請負上納地ニ可被　仰付旨、水野出羽守殿ゟ御伺之上、本銀町四軒屋敷家主善右衛門外三人儀、土手見守兼上納地請負被仰渡、床見世丈尺之儀ハ、町年寄舘市右衛門ゟ主計頭殿ゟ伺之上、瓦葺棟高サ壹丈貳尺位を限り、奥行貳間、間口ハ借人次第ニて不同、掛ケ庇三尺取付候積相極候、然ル處、去ル午年(天保五年)類焼後追〻建足手廣ニ相成、燒失跡假建之由ニて、柿葺ニ相建又ハ家作ニ紛敷分も有之、右取極ニハ振候得共、上納地之儀殊殘地構内限ニて往還差障も無之候ニ付、建足候分相縮、

元明地內ニテ失却助成ノ為商番屋等建設ヲ願フ

當時貸長屋同様一棟ニナル

長サ五六間以上ハ建分ケサスカ見守番屋モ切縮メサスカ

材木薪置場等ニ貸置ク場所モアリ取拂ヒ差置カザルヤウ申付クカ

以來之処嚴重ニ取締被仰渡候ハヽ、其侭被差置候ゟも可然哉、一躰丈尺廣過候故弊を生
候候（衍）間、今般相改、間口貳間・奥行九尺・軒高サ八尺、棟高サ准之、庇出巾壹尺五寸を
限切縮、
（朱書）「本文土手殘地邊元八構（溝）明地与唱候內ニゐ、享保之度明地內捨もの等有之、失却相懸候
ニ付、爲助成貳間四方・高サ九尺宛之商番屋・床番屋、塗家作ニ相建度旨、大岡越前
守殿御勤役之節願出、水野和泉守殿に御伺之上、願之通被　仰付候儀ニ有之、右に見
合猶又相縮丈尺取極申上候儀ニ御座候、」
建形之儀、當時貸長屋同様一棟ニ相成居候得共、同所ニ有之候物置小屋等手廣ニ補理置
候も有之候間、床見世而已壹ケ所宛棟を分相建候ニも及間敷、併間數一棟ニ相建候ゐも、
非常之節不宜候間、長五六間迄も一棟ニ致し候共被御聞置、其餘も建分候樣被仰渡、且、
見守番屋之儀も六七坪を限候旨起立之節御伺濟ニ御座候處、建廣有之候ニ付、是又切「四ノ印
縮候樣被仰付可然奉存候、
一右上納地內材木幷薪置場等ニ貸置候場所も有之、右も床見世ニ拘候儀ニ無御座候得「五ノ印
共、非常之節不宜候間、右類之品も取拂、以來不差置候樣被　仰付可然哉ニ奉存候、
（朱書）「寛政四子年、元八構明地上納地之砌、願も不致建もの等いたし、取拂被仰付候跡に材

木・石・眞木・瀬戸物・車・瓦置場幷炭團・紺屋木綿・菓子屋種もの干場・葭簀張商人見世差置度旨、小田切土佐守殿御勤役中願出、池田筑後守殿江御相談之上、材木・車・眞木置場、紺屋木綿干場ハ火除之障ニ相成候ニ付難成、瓦・石置場・炭團干場其外、幷書之內計差出候葭簀張商人見世ハ御聞濟相成候儀ニ御座候、」

一右火除土手殘地、請負上納地之外ニ御用達町人其外之拜借地等有之、右ハ夫〻主職之六ノ印用弁致候由を以相願拜借仕候儀ニ而町屋敷ニハ無之候處、家作いたし又ハ物置場干場等ニ貸附有之、不取締ニ付、不用之分ハ返地被　仰付可然哉ニ奉存候、

但、右拜借地之分ハ、冥加上納金差出候由ニ御座候、右ハ火除土手殘地內取締向被　仰付候儀ニ候へゝ、見渡之場所ニ付同樣御沙汰有之候方ゟ奉存候間、取調申上候儀ニ御座候、

一疊床見世　四ケ所　七ノ印

深川御船藏前町沽券地內

但、上納金無之候、

右、町方御支配ニ不相成以前、本所奉行有之候砌、寶永年中御船藏火除ゟして、同所前町表通引下ケ家作仕候樣被　仰付候處、更地ニ致し置候而ハ、上り高無數町入用等相掛

瓦石置場等竝ビニ葭簀張商人見世ハ許可サル

御用達町人等ノ拜借地等モアリ物置場等ニ貸附モアリ不用ノ分ハ返地申付クカ冥加上納金差出ス

深川御船藏前町沽券地內疊床見世

上納金ナシ

御船藏火除トシテ同町表通引下ゲ家作ヲ命ゼラル

床見世等ヲ許可サレシ旨申立ツ

り難澁仕候ニ付、願濟之上、床見世并葭簀張水茶屋差出置候由ニ候得共、書物類燒失仕、委細之儀難相分、尤、文化十二亥年根岸肥前守（鎮衛、南町奉行）殿御勤役中御尋有之、其段申上御聞置相成候旨、町役人共申立、右ハ年古有來候ニハ無相違、沽券地内ニて御年貢并七分積金其外町入用小間割差出來、火除地ニ被召上候儀ゟハ不相聞、建形之儀間口九尺・奥行庇共八尺程宛有之、非常之害ニも相成間敷候間、往還に不出張樣被　仰付其侭被差置可然奉存候、

往還へ出張ラザルヤウ申付ケソノ儘差置クカ

葭簀張ニスルヤウ申付クカ

且、右葭簀張之内柿葺板羽目等取付建床ニ紛敷相見候も有之、右躰火除に家作引下ケ候上ハ、手輕之建物ニ無之候てハ難相成儀ニ付、取片付可相成程之葭簀張ニ致し差置候樣被　仰付候方ゟ奉存候、

兩國橋西廣小路橋番請負人拝借助成地内疊床見世

兩國橋西廣小路橋番請負人拝借助成地内

一疊床見世　　六ケ所

地代等取立テ橋付御用向等引請ク

但、助成地物〔惣〕躰地代・庭錢等請負人方に取立、橋付御用向ハ勿論、出火・出水防方右諸道具等迄一式請負致し、其外　御成等之節先前相勤來候御用筋共品々引請罷在、

新大橋番人給上納ス

且、新大橋番人給ゟ相唱候名目ニて年々金七兩宛上納仕候旨、本所見廻申聞候、

寛政九年願濟ノ見世往還へ張出ス

右、村上肥後守殿勤役中寛政九巳年五月願濟之上、間口九尺・奥行庇共六尺宛之奥庇〔疊床〕見世六軒差置候處、其後刎椽取付平生突上庇三尺通り吉川町往還に張出置、願濟ニハ振候

助成場内へ引下ゲ置クヤウ命ジ差置クカ
兩國橋東廣小路内本所道役御預地床見世地代
元御石置場番人請負助成髮結床
當時四坪ハ疊床ニテ髮結床六坪ハ楊弓場等ニ圍込ミ床見世ニアラズ模樣替ノ節見分願出サスカ
兩國橋東廣小路内本所道役助成地疊床見世
上納金ナシ
元來本所奉行支配場中兩國橋溜下水役持

得共、助成場之儀ニ付同所内ニ引下ケ置候樣被　仰付其侭被差置可然奉存候、

兩國橋東廣小路内本所道役御預り地

一床見世　　　　　　　　　　壹ケ所

　但、地代壹ケ月錢四貫五百文宛壹ケ年合錢五拾四貫文取立、年〻上納仕候處、當二月以來五分減相成候旨〻間、本所見廻申聞候、

右、床見世拾坪、元御石置場番人請負助成髮結床ニ有之候處、能勢肥後守殿御勤役中延享四卯年十一月右請負取放相成候以來、本所道役共進退いたし地代取立上納仕候儀之由、兩國橋掛名主共申立候、然處、當時四坪を疊床ニ而髮結床ニ致し、殘六坪を助成地内楊弓場幷見世物小屋之間口ニ圍込相成、床見世之姿無之候得共、上納地之儀ニ付其侭被差置、以後商床等ニ模樣替致し候儀も有之候ハヽ、其節見分願出候樣被　仰付可然奉存候、

兩國橋東廣小路内本所道役助成地

一疊床見世　　　　　　　　　壹ケ所

　但、上納金無之候、

右、本所奉行有之候砌、兩國橋溜下水役之ものニ間口七尺・奥行六尺之疊床五棟被差免候趣正徳之頃古書留ニ相見、享保度本所奉行相止候節、本所附諸請負幷溜下水役共被召

享保度本所奉行止ミ本所道役共助成地ニナル
道役共右助成ヲ以テ取續ク
先規ノ通リ直シ差置クカ
永代橋西助成地北側
建床見世
地代
享保十四年橋付助成願濟
同所同側
建床見世
地代
元文二年橋付助成願濟

上候砌ゟ本所道役共助成地ニ相成候儀之旨、本所見廻申聞候、然ル處、當時貳棟ニ建續
間口・奥行共相延、殊ニ間口之方貳間通り御材木石奉行支配御石置場番人住居江圍込ニ
相成、元形ゟも相替候得共、道役共儀も右等之助成を以取續罷在候儀ニ付、此上先規有
形之通相直差置候様被　仰付可然哉奉存候、

永代橋西助成地北側
一建床見世　　　　　　　　　　七ケ所
　但、地代之儀、東西助成地內髪結床其外建物一同ニ而、壹ケ年錢貳百貳拾三貫六百四
　拾八文上納仕候、
右、大岡越前守殿御勤役中享保十四酉年、橋付助成願濟ニ相成候由、當時間口五間・奥
行七間ゟ間口七尺・奥行三間半迄柿葺七ケ所有之候、

同所同側
一建床見世　　　　　　　　　　壹ケ所
　但、地代之儀、前条床見世同様ニ御座候、
右、松波筑後守殿御勤役中元文二巳年、橋付助成願濟ニ相成候由、當時間口貳間半・奥
行六間柿葺ニ有之候、

同所同側
建床見世
地代
延享元年橋付助成願濟
落橋ニテ受負人遠島トナル
文化六年十組問屋共引受ケ文政二年御免
起立書物ナク委細分カラズ
柿葺ニ建直スヤウ申付クカ
疊床ニ願ハバ往來ニ支障ナキ分ハ差置クカ

同所同側
一建床見世　　　　　　　　　　壹ケ所
　　但、地代之儀、前条床見世同様ニ御座候、
右、嶋長門守殿御勤役中延享元子年、橋付助成願濟ニ相成候由、當時間口三間・奥行六間柿葺ニ有之候、
右之通先年橋請負候もの願濟ニ而有來候由申傳候得共、文化四卯年八月橋落損候一件ニ付、受負人共遠嶋被　仰付、同六巳年中十組問屋共引請ニ相成、文政二卯年　御免被仰付候儀ニ而、床見世其外共都而起立之間數坪割等書留無之、再應取調候得共定尺難相分、尤、十組問屋共引請以來之有形を目當ニ仕、類焼之度ミ取建候儀之旨、橋懸名主共申立、本所見廻にも問合候処、起立書物無之由申聞、委細之儀相知不申候得共、起立之節ゟ右躰手廣ニ商床御聞濟相成候儀ニも有御座間敷、追ミニ建廣候儀ゟ相聞、縱令願濟ニ候共外ミ振合も有之候儀ニ付、神田火除土手殘地床見世之建形ニ見合間口貳間・奥行九尺を限ニいたし、同所ニも御船藏幷御船手番所程近之儀ニ付、成丈手輕之柿葺ニ建直候様被　仰付、且又、葭簀張ニも勿論、葭簀張ニ准シ候薄板日覆等致し取片付相成候疊床ニ模様替致度旨相願候ハヽ、助成地內之儀ニ付、往來差障ニ不相成分ハ其侭被差置可然奉存

候、

永代橋西助成地南側
一疊床見世　壹ケ所
但、地代之儀、前条床見世同様ニ御座候、
右、大岡越前守殿御勤役中享保十七子年、橋付助成願濟ニ相成候由申傳、此邊㝡初ハ板葺・葭簀張相交有之候處、近來一圓ニ疊床ニ相成、尤、　御成之節ハ取拂候旨橋懸名主共申立、前条ニ申上候通起立之丈尺相分兼候得共、當時間口七間半・奥行三間餘、間口六間半・奥行三間餘壹ケ所棟並ニ取建有之、右ハ團子茶屋ニて年久有來漸〻建廣候儀与相聞、文化之度一旦十組問屋共引請相成候節ハ、六間餘ニ貳間宛有之候趣ニ付、右丈尺ニ見合相直候ハヽ、取置相成葭簀張同様之儀ニ付、其侭被差置可然奉存候、

永代橋西助成地南側
一疊床見世　壹ケ所
但、地代之儀、前条床見世同様ニ御座候、
右、起立願濟之有無難相分、近來迄板葺・葭簀張入交有之候場所ニて、　御成之節其外共取拂候由、當時間口三間半・奥行三間餘之水茶屋ニ有之、元來葭簀張之地所与相聞、

永代橋西助成地南側
疊床見世
地代
享保十七年橋付助成願濟ノ由
最初ハ板葺葭簀張交ジリ近來疊床ニナル
當時棟竝ニ取建ツ
文化度ノ丈尺ニ直サバソノ儘差置クカ

永代橋西助成地南側
疊床見世
地代
當時水茶屋

其上橋臺際之儀ニ付、葭簀張ニいたし五間之外に差置候様被　仰付可然奉存候、

一疊床見世　　貳ヶ所
永代橋東之方南側
但、地代之儀、前条床見世同様ニ御座候得共、此分內譯貳ヶ所ニ而壹ヶ年殘六百文上納仕候、

右、享保十一午年中永代橋一旦町方持ニ相成候節、渡錢受取候場所ニ而、其後渡錢相止候ニ付取拂可申候處、其侭床見世ニいたし候儀ニ有之、且、橋臺人溜五間之內ニ付、此度取拂被　仰付可然奉存候、

一疊床見世　　壹ヶ所
新大橋西助成地內
但、地代壹ヶ年錢四貫八百文上納仕候、

一疊床見世　　壹ヶ所
同所東助成地內
但、地代壹ヶ年錢貳貫百文上納仕候、

右、能勢肥後守殿御勤役中延享元子年七月、新大橋一旦町方持ニ相成候節、東西廣小路

葭簀張ニシ橋臺五間ノ外へ差置クカ
永代橋東ノ方南側疊床見世
地代
町方持ノ節渡錢受取ル場所
取拂命ズルカ
新大橋西助成地內疊床見世
地代
同所東助成地內疊床見世
地代
新大橋町方持ノ節東西廣小路拜借シ商床等助成ニ願フ

拜借仕、有來候商床拾八ケ所・土弓場其外助成ニ仕度旨相願、松平左近將監殿に御伺之
上願之通被　仰付候儀ニ有之候得共、床見世之丈尺書面無之難相分、其以後有來當時ㇳ
前書貳ケ所而已相殘り、何れも九尺之內ニゅ手廣ニも無之候間、向後猥ニ建廣申間敷旨
被　仰付、其侭被差置可然奉存候、

大川橋西助成地南側河岸際
一床見世　　　　　　　　　　　　　　　壹ケ所
「去〻丑年十一月書上ニハ板屋根葺水茶屋ニ御座候、」（朱書）
但、地代之儀、西助成地內髮結床其外建物一同ニゅ壹ケ年金貳拾九兩錢七貫三百文上
納仕候、且、同所ㇳ淺草寺年貢地ニ有之候間、同寺にも年〻冥加金差出候旨、橋懸名
主共申立候、
右、起立貳間ニ六間之葭簀張水茶屋願濟之地所ニ有之、其後建物之模樣を替、當時三間
ニ六間之柿葺家作同樣之建床ニ相成、夛分ㇳ獸肉煮賣渡世之もの出居、此節も右類之食
物商いたし罷在候、

同所北側
一床見世　　　　　　　　　　　　　　　壹ケ所

ソノ儘差置クカ

大川橋西助成地南側河岸際床見世

地代

淺草寺年貢地ユヘ同寺ヘモ冥加金差出ス

葭簀張水茶屋願濟ノ地所

當時柿葺家作同樣ノ建床ニナリ獸肉煮賣渡世ノ者出ル

同所北側床見世

地代
葭簀張水茶屋願濟ノ地所當時柿葺家作同様ノ建床ニナリ鱣蒲燒渡世ノ者出ル
同所河岸ノ方
床見世
地代
葭簀張水茶屋願濟ノ地所當時柿葺建床ニナリ蒲燒屋等出ル
右三ケ所橋請負人ヨリ願濟ニテ葭簀張水茶屋差置ク
御成ノ節モ取拂ニ及バズ

(朱書)「去ヽ丑年十一月書上ニも、板屋根葺水茶屋ら御座候、」
但、地代之儀、前条床見世同様ニ御座候、
右、起立壹間ニ四間・壹間ニ壹間半之葭簀張水茶屋貳ケ所願濟之地所ニ有之、當時四間四方柿葺家作同様之建床壹軒ニ相成、鱣蒲燒渡世之者出居申候、

同所河岸之方

一床見世　壹棟
(朱書)「去ヽ丑年十一月書上ニも、板屋根葺水茶屋ら御座候、」
但、地代之儀、前条床見世同様ニ御座候、
右、起立貳間ニ七間半之葭簀張水茶屋願濟之地所ニ有之、當時六間ニ三間之柿葺建床壹棟に相成、三ケ所ニ仕切、蒲燒屋幷水茶屋等出商致し候、
前書三ケ所共、小田切土佐守殿御勤役中寛政五丑年十一月、橋請負人ゟ願濟之上、橋付助成葭簀張水茶屋差置候場所之內ニゐ、　御成其外出水等之節も取拂、夜中疊置候旨申立置候儀ニ有之候処、天保五午年五月　御成之節、御魚調所其外差懸御道具等差置候御用弁も宜、　御目障ニも不相成候間、取崩候ニ不及有形之通差置可申、尤、其節之時宜ニ寄差圖可有之旨、御場懸り御小納戸衆被申渡候段、御鳥見山田勇次郎ゟ申渡有之、同六未年

新吉原町類焼ノ遊女屋共假宅以來板屋根葺ニテ差置ク

穢物取扱フ渡世ノ者出居ルハ不相當葭簀張ニ直サスカ

大川橋西助成地南側床見世

地代

葭簀張水茶屋願濟ノ場所十組問屋共願濟ニテ商床差置ク

當時瓦葺建床ニ補理フ

元濟通リ商床トシ差置クカ

二月新吉原町類焼之遊女屋共近邊町〻に假宅いたし候ニ付、右假宅中板葺屋根手輕之板羽目等取附度、右之通　御成之節ㇵ取拂不及旨申渡候儀ニ付、御鳥見にも相屆聞濟有之、其以來引續板屋根葺ニ而差置、修復等之節、右有形を追當時之姿ニ取建候儀ニ有之候旨、橋懸名主共申立候、右ㇵ、文化年中一旦十組問屋共持ニ相成引請人替候故、建物之模樣も相替候儀ゟ相聞候得共、元來葭簀張水茶屋之地所に建床補理候段ㇵ、願濟ニ振外〻取締向ニも相拘、且又、　御成之節御道具等も可被差置場所ニ而、右躰穢物取扱候渡世之もの出居候儀事體不相當ニ付、元濟之通葭簀張ニ相直候樣被仰渡可然奉存候、

大川橋西助成地南側

一床見世　　壹ケ所

（朱書）「去〻丑年十一月書上ニㇵ取調落ニ相成申候、」

但、地代之儀、前条床見（世脱カ）同樣ニ御座候、

右、元來葭簀張水茶屋願濟之場所ニ有之候處、小田切土佐守殿御勤役中文化七午年十月、十組問屋共引請之節、願濟之上葭簀張取拂、右跡に壹間四方之商床五軒差置、　御成之節ㇵ取片付可申筈ニ有之候處、當時一ト間口ニ圍込、五間ニ五間半之瓦葺建床ニ補理有之願濟振、其上町家ニ紛敷相見不取締ニ付、元濟之通商床ニいたし差置候樣被仰渡可

大川橋西助成
地北側
床見世

地代

橋付助成髪結
床見世差置ク
地所ノ内

當時瓦葺家作
同様ノ建床取
建ツ

元濟ノ通リニ
直シ差置クカ

橋助成地髪結
床見世等ノ建
繼等モアリ
大川橋東助成
地内家作ニ鳶
人足住居サス

手透ノ節水茶
屋等許可サル
モ建繼シ料理
向等ノ商賣ス

元濟ノ通リニ
直サスカ

然奉存候、

大川橋西助成地北側

一床見世　　　　　　　　　　　　壹ケ所

(朱書)「去ゝ丑年十一月書上ニも取調落ニ相成申候、」

但、地代之儀、前条床見世同様ニ御座候、

右、小田切土佐守殿御勤役中寛政五丑年二月願濟之上、橋付助成壹間ニ四間之髪結床見世差置候地所内ニ有之候處、十組問屋共引請ニ相成候頃ゟ貳間間口裏幅之方に建廣ケ水茶屋ニ致、當時間口貳間半・奥行四間半・裏幅四間半之瓦葺家作同様之建床ニ取建有之、願濟ニ振候間、元濟之通ニ相直差置候様被仰渡可然奉存候、

一右之通兩國橋外三橋助成地床見世取締向被　仰付候儀ニ候へゝ、同所髪結床見世等願濟之外建繼候も有之、幷葭簀張之場所に建床ニ紛敷家根羽目板取附候類相見、且又、大八ノ印川橋東助成地内家作之儀も、小田切土佐守殿・根岸肥前守殿御勤役中文化七午年、十組問屋とも引請之節、橋手當之ため抱置候鳶人足共住居爲仕、手透之節も水茶屋又も小商等爲仕度旨願出、牧野備前守殿(忠精、老中)に御伺之上願之通被　仰付候処、是又建繼致し料理向等之商致し罷在候間、右之分も元濟ニ見合相直候様一齊ニ被仰付可然奉存候、

但、前書助成地内御改正被　仰付候ハヽ、地代上納高ニ差響可申哉ニ候得共、右ヲ聊之儀ニ有之、此上被捨置候ハヽ外取締向ニ相拘可申候間、嚴重ニ御沙汰御座候方与奉存候、

右四橋橋臺五間ノ内ヘ懸ル建物ハ本所見廻ヨリ伺フ由

一右四橋橋臺五間之内ニ懸り候建物も相見候得共、本所見廻り与取計方相伺候由申聞候ニ付、取調不申上候、

新吉原五十間道
掛床見世
上納金ナシ

新吉原五拾間道
一掛床見世　　　　五ケ所
　但、上納金無之候、

寛政七年願濟
上納錢差戻ノ申傳アリ
夜商ノ荷家臺止メ町年寄ヘ積錢預リ置ク
町年寄ヨリ鑑札渡シ積錢ハ元々ヘ割渡ス

右、間口貳間・奥行壹間之掛床四ケ所、間口九尺・奥行壹間同壹ケ所有之、寛政七卯年十一月願濟にて日々上納錢可致旨被仰渡、同十一未年六月鑑札被下置、是迄之上納錢御差戻相成、以來上納錢御免被仰付候由ニ候得共、申傳而已ニ而先年書物類燒失仕、委細之儀難相分旨、町役人共申之候、右ハ坂部能登守殿（廣高、南町奉行）御勤役中之節、夜商いたし候荷家臺相止、追而身分有附之ため、年限を極日々五錢宛町年寄樽与左衛門方ニ預り置候處、其後小田切土佐守殿・根岸肥前守殿御勤役之節、右主法ヲ被廢人數を定減切之積被仰渡、町年寄共与鑑札相渡、積錢ヲ元々ニ割渡相成候儀ニ有之、然ル上ヲ、右床見世之儀も元

元荷家臺ノ類ニテ寛政以後掛床ニス

ソノ儘差置クカ

沽券地拜領町屋敷等ノ床見世ハ出張切縮メ差置クカ

奥行ハ九尺ヲ限リ瓦葺塗家作ニ建テサスカ

塗家作ト定置カバ容易ニ建テ難ク取締宜シカラン

荷家臺之類ニ而、寛政以前ゟ有之、其後懸床ニ致し候儀ゟ相聞候得共、同所之儀ハ新吉原町而已之往還ニ而廓中同様ニ有之、且、人家建候場所ニ無之、往還差障も相見不申、外〻取締向ニ拘候筋有之間敷候ニ付、願濟之有無ニ不拘其侭被差置、勿論寂寄　御成之節　御目障不相成樣仕、此上建廣申間敷旨被仰渡可然奉存候、

一沽券〔地脱カ〕并拜領町屋敷等ニ有之候床見世之分ハ、地面構内之儀ニ付、往還其外差障相糺、出張之所切縮候ハヽ、願濟之有無ニ不拘其侭被差置候て可然、尤、地面内ニ候迚手廣ニ補理候ハヽ、家作地ゟ申所ゟ心弛いたし内實常住致し候もの出來可申哉も難計、左候而ハ人別紛敷相成不取締之基ニ付、以來地面内床見世之儀ハ、間口ハ勝手次第、奥行ハ九尺を限瓦葺塗家作ニ相建候樣被仰渡候方ゟ奉存候、

但、床見世之儀ハ、手輕出來いたし賣買便利も宜候故相殖候儀ニ而、柿葺床見世疊床等に追〻建足致し、終ニハ火焚所ニ用常住致し候樣成行、且、出火之節ハ火傳ニも相成弊不少儀ニ付、手重く塗家作ゟ被定置候ハヽ、容易難取建自然無數相成取締宜可有御座哉ニ奉存候、

右之分其侭被差置候上ハ、高サ之儀も建床ハ軒高八尺、疊床ハ同七尺棟准之相建、并霧除庇等願出候ハヽ、出巾壹尺五寸之板庇ニ致し取離相成候樣被　仰付、其外前書定

九ノ印

十ノ印

尺之外聊たり共不建廣、以後普請修復ハ勿論、建修復ゟ唱へ家根・壁・蔀之類而已取繕候節も、出來榮共兩度見分請候樣被　仰付、且、近來煮焚渡世之もの多、火之元不宜候間、湯茶渡世幷醴屋・大福餠・燒栗之類、聊之炭火相用候分ハ格別、煮賣・居酒・蒲燒・揚物・燒芋其外右類之煮燒致し候儀御差止有之、都ゐ晝之內計渡世いたし、夜分ハ取片付置候樣被仰渡可然奉存候、

一床見世　八ケ所
元四日市町火除明地內
但、上納金無之候、

右、起立願濟之有無不相分有來候処、文化三寅年三月燒失いたし、小田切土佐守殿御勤役中同五辰年五月有來之通相建度段願出、見分之上願之通被　仰付候由町役人共申上候得共、其後普請修復等之節、不願出勝手侭ニ建廣夜中も不取片付差置、且、同所ハ火除地之儀ニゐ往還差障相成候間、取拂被仰付可然奉存候、

一土藏前庇床見世　三ケ所
元四日市町火除明地內
但、上納金無之候、

普請修復等前後ニ見分受クヤウ申付クカ

煮賣等ハ差置カズ夜分ハ片付置クヤウ申渡スカ

元四日市町火除明地內床見世

上納金ナシ

起立願濟ノ有無分ラズ

火除地ニテ往還ニ支障アリ取拂申付クカ

元四日市町火除明地內土藏前庇床見世

上納金ナシ

土藏取建ノ經緯

鹽肴商賣以外ハ商賣サセザル趣ニテ願濟

塗垂庇補理ヒ勝手ニ床見世ニス

外渡世ノ者出商ハ違反

道巾狹メ支障ニナル

床ノミ取拂ヒ外渡世ノ者引拂申付クカ

「(朱書)去ゝ丑年十月書上ニも無之候得共、床見世同様之儀ニ付取調申上候、」
右、土藏之儀も、大岡越前守殿御勤役中享保七寅年八月、元四日市町家持共例年十二月鹽肴商賣小屋町屋前に取建候處、土藏造ニ仕度旨願出、東之方ニゐ拾間・西之方ニゐ四間半道巾相除土藏七棟相建、其邊ニゐ藏ニ入置候物を商賣仕、右之外不依何事人集メ等仕商賣爲致申間敷候趣を以願濟相成、其段證文差出候写町內舊記有之、其後願濟ニゐ七棟を拾棟ニ割合相建申候、然ル處、筒井紀伊守殿御勤役中文政四巳年十一月願濟之上、東之方ニ有之候土藏三ケ所に塗垂庇補理候處、勝手侭ニ床見世ニ致し、右軒並土藏四ケ所共外渡世之もの借請出商致居候段願濟ニ振、且、元來道巾拾間之處、右庇幷向側前条ニ申上候床見世ニて狹メ當時五間壹尺有之、平常往來人多差障相成、其上火除地之儀、右庇取拂ニも可(マヽ)仰付哉ニ候得共、塗垂ニ付强ゐ火災之害ニも相成間敷候間、床ヵ而已取拂追ゐ修復之節迄其侭被差置、鹽肴之外渡世致居候ものも引拂被　仰付可然奉存候、

拾ケ所

横山町三丁目火除地內床見世

上納金ナシ

一床見世
横山町三町目火除地內
但、上納金無之候、
右、中山出雲守殿(時春、北町奉行)御勤役中享保三戌年十二月、火除地內大下水石橋掛替幷榎(堰)板浚等町役(マヽ)

石橋掛替等町人共入用ヲ以テ賄フ由ニテ疊床見世願濟
願ナク建廣ゲ夜モ疊置カズ
近來石橋修復等ナク床賃上リ高ヲ家主共配分ス
取拂申付クカ
馬喰町四丁目火除地内床見世
上納金ナシ
願濟ノ疊床十ケ所ヲ一棟ニ建ツ
同所淺草御門石垣土手通床見世
上納金ナシ
願濟ニテ疊床一ケ所宛ニ差置ク由申立ツ

人共入用を以可致由ニゟ、間口六尺・奥行三尺五寸之疊床見世拾棟願濟ニ相成、小田切土佐守殿御勤役中寛政十一未年十一月、奥行壹尺相廣四尺五寸ニいたし、三尺之突上庇相付度旨願出候ニ付、聊ニゟも建廣候儀難相成旨被仰渡候處、其後願も不致、長拾五間程之建床一棟ニ相建間口八尺・奥行四尺ニ仕切、四尺之突上庇に壹尺五寸之孫庇取付、夜中も不疊置候段、願濟幷被仰渡之趣ニ振、殊火除地之儀其上近來石橋其外修復等無之候由ニゟ、床賃上り高を町内家主共配分致し候趣ニ付、旁取拂被仰付可然奉存候、

一床見世　　壹棟
馬喰町四町目火除地内
　但、上納金無之候、
右、大岡越前守殿御勤役中享保九辰年十月願濟ニゟ、間口六尺・奥行四尺宛之疊床拾ケ所ニ差置候由、町役人共申立候處、當時長拾五間程・幅九尺餘之建床一棟ニ相建有之候、

一床見世　　貳棟
同所淺草御門石垣土手通
　但、上納金無之候、
右、元祿七戌年十二月中願濟ニゟ、有形間口六尺・奥行四尺之疊床壹ケ所宛ニ差置候由、

町役人共申立候處、當時貳ケ所共棟續ニ相成、長延拾二間餘・幅貳間程之建床二棟ニ相建有之候、前書床見世三ケ所共願濟之由申立候得共、可見合書物類無之、且、普請修復之節不申立勝手侭ニ建廣、夜中も不疊置候段願濟ニ振、其上淺草御門程近ニ有之、素火除地之儀ニ付、旁取拂被仰付可然奉存候、

一疊床見世　三ケ所

馬喰町四町目火除地内

淺草御門後ロ土手際

但、上納金無之候、

右、根岸肥前守殿御勤役中文化六巳年十一月、元來表之方ニ奥行四尺之疊床、後ロ之方ニ同斷五間之葭簀張有之候を手入いたし楊弓場ニ仕度、夜分ゝ取片付可申趣を以願濟相成候処、其後修復之節等願も不致家作同樣ニ建廣、夜中も其侭差置候段願濟ニ振、殊火除地内之儀ニ付、旁取拂被　仰付可然奉存候、

淺草三好町地先火除明地當時御用植物地際

一床見世　貳ケ所

但、上納金無之候、

當時疊床ヲ勝手儘ニ棟續ニ建廣グ

夜モ疊置カズ取拂申付クカ

馬喰町四丁目火除地内淺草御門後ロ土手際疊床見世

上納金ナシ

疊床等ヲ手入シ楊弓場ヲ許可サル

家作同樣ニ建廣ゲ夜中モ差置ク

取拂申付クカ

淺草三好町地先火除明地當時御用植物地際床見世

上納金ナシ

願済ノ上辻商人共差置ク
願ナク建床ニ建廣ゲ夜モ差置ク
取拂申付クカ
淺草茶屋町往還御楊枝師伊勢屋長次郎所持
床見世
上納金ナシ
曾祖父御楊枝御用命ゼラレ床見世差出ス由申立ツ
商床許可サルトモ聞コエズ
往還ニ支障アル上當時ハ床賃請取リ望ム者ニ貸置ク
取拂申付クカ

右、小田切土佐守殿御勤役中文化五辰年九月、町年寄喜多村彦右衛門方に淺草三好町家主共願出伺濟之上、同町地先火除明地當時御用植物地所表通板塀前之方に取外シ之柱相立、幅三尺之突上ケ日覆戸取付有來之辻商人共差置、　御成之節幷出火其外群集之節ハ早速取拂、平日共夜分ハ取片付、往來差障ニ不相成樣可致旨申付、請證文差出有之候、然ル處、願も不致勝手侭ニ建廣建床ニ補理、且、　御成之節等取拂不申、夜分も其侭差置候段願濟ニ振、往還差障相成候間、取拂被　仰付可然奉存候、

一床見世　　壹ケ所
淺草茶屋町往還御細工所頭支配
御楊枝師伊勢屋長次郎所持
但、上納金無之候、
右、伊勢屋長次郎曾祖父庄兵衛儀、右場所ニゐ商いたし罷在、元祿六酉年八月御楊枝御用被　仰付候儀ニゐ、年來床見世差出有之、往古之御成之節も其侭差置候處、寳暦度ゟ取片付候由長次郎申聞候旨町役人共申立候、然ル處、右ハ御由緒有之商床　御免被　仰付候儀共不相聞、其上間口貳間・奥行壹間有之往還差障相成、且、當時ハ床賃請取望之ものに貸置候趣ニ付、旁取拂被　仰付可然奉存候、

淺草茶屋町往還家主久次郎所持
床見世
上納金ナシ
伊勢屋長次郎曾祖父ヨリ讓渡ノ申傳アリ
當時ハ鹽干肴類商ヒ往還ニ支障アリ取拂申付クカ
五郎兵衛町往還兩側
疊床見世
上納金ナシ
許可ナキ上近來建足シ往還ニ支障アリ取拂申付クカ
南新堀一丁目湊橋際廣場内

淺草茶屋町往還同町家主久次郎所持

一床見世　　　　　　　壹ケ所

但、上納金無之、

右、願濟有無不相分、元祿年中ゟ御細工所頭支配御楊枝師伊勢屋長次郎曾祖父庄兵衛所持致し、其後讓渡相成候由申傳候旨町役人共申上候得共、取留候儀ニ無之、當時ハ鹽干肴類商いたし居、往還差障相成候間、取拂被　仰付可然奉存候、

五郎兵衛町往還兩側

一疊床見世　　　　　　七ケ所

但、上納金無之候、

右、願濟之有無不相知有來候、文化四卯年四月中、去寅三月大火後町々庇其外出張等取調掛兩御組之ものニ其段書上置候後沙汰無之候ニ付、聞濟相成候儀ㇳ心得罷在候由町役人共申立候得共、其節之儀ハ右懸りゟ有來之分一通り承糺候迄ニ而、願濟之有無ニ寄取拂等申付候儀ニも無之、素願濟ニ無之儀ㇳ相聞、殊近來建足致し、夜中も其侭差置往還差障相成候間、取拂被　仰付可然奉存候、

南新堀壹町目湊橋際廣場内

床見世

上納金ナシ

文政八年商床番屋ノ由ニテ願濟

當時賣卜者等出商シ番屋ノ様子ナシ

取拂申付クカ

須田町一町目往還疊床見世

上納金ナシ

抱番人助成ニテ願濟ト申立ツ

蒲燒渡世ノ者出居リ火ノ元宜シカラズ取拂申付クカ

一床見世　貳ケ所

　但、上納金無之候、

右、起立願濟等書留ㇵ燒失いたし不相知候得共、元形商床四ケ所有之、寛文年中願濟相成有來候由申傳、寶暦十辰年・安永七戌年兩度類燒之節願出、見分之上普請致し候由之書留町内ニ有之候、然ル處、榊原主計頭殿御勤役中文政八酉年二月、商床番〔屋脱カ〕之由ニ而願濟之上、有形四ケ所を圍込貳ケ所ニいたし相建候後、更ニ番人等不差置、且、願も不致壹ケ所之方を二ケ所ニ仕切、當時賣卜者幷繪双紙・手拭類渡世もの共出商致し罷在、番屋之様子無之、今般床見世取調ニ付而ㇵ、商床之趣ニ書上候儀共一事兩様ニ相成甚紛敷御座候間、取拂被　仰付可然奉存候、

須田町壹町目往還

一疊床見世　壹ケ所

　但、上納金無之候、

右、起立願濟不相分、貞享年中ゟ有來抱番人助成ニ致し、文化三寅年九月願濟之上有形之通相建候由町役人共申立候得共、可見合書物無之、其後修復等之節も不願出、一躰往還混雜之場所ニ而、當時ㇵ床見世不相應蒲燒渡世之もの出居、火之元不宜候間、取拂被

筋違橋御門内廣場籾藏建添地園外
床見世
元來葭簀張願濟ニテ冥加金上納ス
家作同様ノ建方ニツキ糺ス
直サスユヘ宥免願フモ尚又家作同様ニ建ツ
上納金ニ及バズ葭簀張商差止申付ニツキ掛合アリ

仰付可然奉存候、

筋違橋御門内廣場籾藏建添地園外
神田小柳町外四ケ町持葭簀張地所

一床見世　　壹棟

但、右床見世之儀、元來葭簀張之願濟ニ而、爲冥加壹ケ年金十兩宛上納仕候、

右、根岸肥前守殿御勤役中文化六巳年十二月、神田小柳町・同町平永町（マヽ）・柳原岩井町・神田九軒町代地御染物屋伊左衛門拜借地・同所松下町壹町目代地右五ケ町之もの共、右場所に葭簀張出商之もの差置、爲冥加壹ケ年金拾兩宛上納いたし、籾藏外廻り下水浚并園内草取共可仕旨願出、牧野備前守殿に御伺之上願之通被　仰付候処、去ル子年（天保十一年）筒井紀伊守殿御勤役中、家作同様之建方致し候ニ付、右町ゝ名主共御糺御座候處、一同恐入早ゝ取拂候上兼而願濟之通（第一四號別紙三）爲相直、尤、出火等之節ハ早速取片付候様可仕候間、此度之儀ハ御宥免相願候旨申立候ニ付被御聞置候處、去ゝ丑年所ゝ掛床其外取拂被　仰付候ニ付而ハ、右場所之儀も御察斗請無間も尚又如以前家作同様之建方致し候趣ニ付、右家作ハ勿論御取拂可被　仰付、畢竟僅之冥加上納金も有之候ゟ心得違も生し候儀ニ付、以來上納金ニ不及、葭簀張商も難相成旨、甲斐守殿（鳥居忠耀、南町奉行）御役所ニ而御伺之上可被　仰付旨、左衛門

尉殿御勤役中御掛合有之候處、床見世之儀ハ當御役所御調中ニ付、右御懸合之趣を以外（第一七號）
床見世取調之上一同御一手ニ御伺可有之旨御懸合濟ニ相成申候、然ル處、同所ハ日光
御參詣御道近、火之元之ため不宜候間、不殘取拂候旨右五ケ町名主共申立候、併一旦
前書之通御掛合濟ニ相成居居（衍）候儀、願外之建物取拂候迚可被捨置筋ニハ有御座間敷候ニ
付、此上葭簀張商之儀も御差止被　仰付可然哉ニ奉存候、

「（朱書）一本町壹町目御堀端疊床貳棟
一本石町壹町目御堀端疊床貳棟
一三河町壹町目御堀端疊床拾七ケ所
一養安院屋敷御堀端疊床九ケ所
一本銀町壹町目御堀端疊床四ケ所
一呉服町御堀端疊床六ケ所
一五郎兵衛町御堀端疊床拾ケ所
一狩野探淵屋敷御堀端疊床貳ケ所
一丸屋町御堀端疊床三ケ所
一二葉町御堀端疊床拾ケ所

床見世取拂フ旨町名主共申立ツ

葭簀張商モ差止申付クカ

御堀端疊床

願濟ニテ建ツ段書上ニアリ
御堀端ノ土藏等取拂ヲ命ゼラレ右床見世モ取拂ハス
河岸床見世

右、起立願濟之上相建候段町〻名主共ゟ書上候内ニ有之、先達ゟ丈尺其外見分仕取調罷在候處、今度御堀端ニ有之候土藏・物置・納屋等新古共不殘取拂可申旨被仰出、甲斐守殿御掛りニゐ取拂之義被仰渡候ニ付、（本書二十三、町觸申渡之部第八〇號）不殘爲取拂申候、

一小網町壹町目河岸床見世壹ケ所
一同町貳町目河岸床見世壹棟
一箱崎町壹町目河岸床見世壹ケ所
一同町河岸掛床貳ケ所
一北新堀町河岸掛床壹ケ所
一同町河岸土藏前庇床見世拾八ケ所
一伊勢町河岸床見世壹棟
一与作屋敷河岸床見世壹棟
一新兩替町壹町目河岸床見世貳ケ所
一三拾間堀五町目河岸床見世拾貳ケ所
一丸屋町河岸疊床四ケ所
一木挽町四町目河岸床見世九ケ所

願濟ニテ建ツ段書上ニアリ

河岸地ニテ常住同様ノ義差止ヲ命ゼラル

右床見世モ引拂ハス模様替シ地代上納願出ル分ハ取調中

許可ナク床見世取建ノ分先役北町奉行上申ノ趣旨

一同所五町目河岸床見世六ケ所
一本八町堀三町目河岸床見世壹ケ所
一同所五町目河岸床見世三ケ所
一本湊町河岸床見世四ケ所
一大富町續河岸床見世三ケ所
一南八町堀五町目河岸床見世四ケ所
一南新堀壹町目河岸床見世貳ケ所
一同所貳町目河岸床見世五ケ所

右、起立願濟之上相建候段町〻名主共ゟ書上候内ニ有之、先達而丈尺其外見分仕取調罷在候處、今度河岸地ニ而火焚所ニ紛敷床カ抔を張常住同様之儀難相成旨被　仰出、甲斐守殿御懸ニ而右様之分取拂之義被仰渡候ニ付、(本書二十三、町觸申渡之部第八〇號)右床見世之儀も不殘爲引拂申候、尤、床カ取拂之上物置等ニ模様替いたし、以來相應之地代上納仕度段願出候分も有之、甲斐守殿ゟ私共江御渡ニ相成當時取調中ニ御座候、」

一往還其外江願濟ニ無之床見世取建候分、左衞門尉殿御内慮御伺之節、(第一〇號)願を經候内ニも不正有之、又願無之共敢而火災等之害ニ不相成分も可有之、右等ハ其日暮之もの生活を失

願濟ノ差別ヲ以テ取拂ノ有無ハ決メ難キ由上申ス

彼是差別セバ區々ニナルカ

願ナク取建テ地代等請取ル者モアリ取拂申付クカ

床見世渡世ノ者裏店等借受ケ土地ノ潤ニナルトノ風聞

場末ハ地代安ク表店借受ケ商ヒ床見世差出サズ

許可ナク番屋銘目自唱スル類アリ

床見世同様ニツキ取拂申付クカ

ひ候も可有之哉ニ付、以來之儀取締付候ハヽ可然、一途ニ願濟之差別を以取拂之有無を極候ハヽ、却而事實を失ひ可申旨被仰上候處、御尤之御儀ニ者御座候得共、當時市中一統之御改革ニ付、彼是差別仕候ハヽ區々相成、卑賤之者共疑惑も可有之哉、一躰往還等に板圍足代其外聊之品差置候も、悉願出候上ニ無之候而者難相成段者、兼而町役人共相弁乍罷在、願も不致取建、右之內ニ者地代等請取候ものも有之哉ニ相聞、右等者以之外不相濟儀ニ而、御時節柄御取締向ニも拘り、其上道式を狹メ往還差障相成候ニ付、不殘取拂被　仰付可然奉存候、

(朱書)「場末之儀者裏店等借請候ものも少く候處、床見世ニ而渡世候もの有之候得者、其爲メニ裏店等も借受候もの有之、却而土地之潤ニ可相成哉之風聞も御座候趣、左衛門尉被仰上候處、床見世之儀者通町・本町通り其外往來群集いたし候地位且場所重ニ有之、右者表店地代相掛候故床見世差出候義ニ而、場末之儀者地代直安ニ付表店借受商いたし候間、床見世差出候もの先ハ無御座候、」

十一ノ印

一願濟ニ無之髮結床幷商番屋与唱候類有之、右者全町內自唱ニ而番屋銘目相付候迄ニ有之、必町用相弁候儀ニも無之、夫々持主有之渡世之利德ニ取建置候儀ニ而、床見世同樣之品ニ付取拂被　仰付可然奉存候、

一願済ニ無之家前見世先往還等に柱を立、又ハ、腕木持ニ而庇を長く張出、板ニ而左右に
袖を付、或ハ葭簀其外を折廻しニ圍込商品差置候類有之、床見世ニ紛敷則店續に疊床 十二ノ印
仕付候ニ相當り、且、往還差障ニも相成候間、取拂候樣被　仰付可然哉ニ奉存候、
尤、下水外面位迄庇幷釼椽等取付置候ハ、世間一同之儀ニ候得共、格別張出商致し床見
世ニ紛敷分而已申上候儀ニ御座候、弥取拂被　仰付候儀ニも至候ハヽ、見世先貳尺位迄
を目當ニ仕其餘張出し候分爲取拂候積、私共內規矩ニ仕置申哉ニ奉存候、

一近來家臺見世之後ロを雨戸・葭簀等ニ而四方ニ圍疊床同樣ニいたし、途中幷家前に差 十三ノ印
置床見世ニ紛敷相見、且、往還差障相成候間、右躰之分ハ後ロ之圍取拂、全之家臺ニ
致し、表店ニ罷在候ものハ見世先ニ而商いたし候儀ニ付、家前に差出置候儀ハ相止、往
還出商致し候ものも間を隔差置候樣被仰渡可然奉存候、

一數寄屋橋御門外廣場・兩國吉川町・淺草雷神門前通町邊、其外往還混雜之場所途中ニ 十四
莚敷出商人共無透間相並商いたし居候故、往來横切候儀も不相成往還差障相成候ニ
付、右躰之分ハ間を隔出店致候樣被仰渡可然奉存候、
但、家臺見世・莚敷商人等ハ床見世類買之儀ニ付、一樣ニ御沙汰御座候方与奉存候間、
本文之通申上候儀ニ御座候、

許可ナク往還等へ張出シ商フ類アリ
取拂申付クカ
二尺以上張出ス分取拂ハスカ
家臺見世ヲ疊床同樣ニスルモノアリ
家前へ差置カズ往還出商モ間ヲ隔ツヤウ申渡スカ
往還混雜ノ場所途中ニ莚敷ク出商人アリ
間ヲ隔テ出店スルヤウ申渡スカ

附札

下ケ札
本所見廻与力
評議

獸肉渡世止メ
レバ建物是迄
通リトスルカ

附札

右取調候趣書面之通御座候、依之、御渡被成候書上帳三拾壹冊返上仕、此段申上候、以上、

卯（天保十四年）四月

高橋鐵次郎（北町奉行所与力）
由比義三郎（南町奉行所与力）
下役
田邊弥兵衞（北町奉行所同心）
神田權太夫（同右）
森本与五郎（南町奉行所同心）
永嶋金右衞門（同右）

下ケ札

右建物之儀ハ、一旦御小納戸衆被申渡候段、御鳥見山田勇次郎申渡、其節ゟ是迄相濟來候儀ニ付、　　御成之節御道具等差置候場所ニ相成候上ハ、獸肉渡世如何ニゐ穢之者不相當ニ候ハヽ、右之等之（マヽ）渡世ハ相止メ外商賣向ニ變候ハヽ、建物之姿是迄之通にて可然哉ニ奉存候、

本所見廻

鰭付
北町奉行所市中取締掛与力
再應評議

今般ハ掛床ノミ伺フカ

鰭付
南町奉行所市中取締掛与力
評議

ヒレ付

書面河岸地并床見世取調掛申上候趣、私共再應談判仕候処、掛ケ床之儀ハ總而伺之通ニ而可然奉存候、併、沽券地拜領地構内之掛床并自身番屋・商ひ番屋・髮結床或ハ屋臺見世・往還江莚敷ニ而商ひ致し候類、沽券地其外往還江建出し有之分等之儀をも取調申上候処、右ハ多端ニ涉り混雜致し、且、寂初之御書取ニも振候間、今般之儀ハ掛床之一圖而已被仰上、右相濟候上、掛り見込之趣其節ニ至相伺候樣被仰渡可然、且、江戸橋藏屋敷・神田火除土手添町家建物之儀ニ付、別段見込之趣ハ甲斐守殿江得与御打合御座候樣奉存候、

卯五月廿九日

市中取締掛

（朱書）
「卯六月十七日、ヒレ付ニ而出ス、」

書面向方市中取締懸ゟ申上候通、一時ニ而ハ彼是混雜可致候間、先懸床之方御下知有之、其余ハ追而別廉ニ伺候樣被仰渡方与奉存候、

卯六月

市中取締懸

一ノ印下札
此商藏地床見世同様之建物ニも御座候得共、商藏地之名目ニ而、地代割合も床見世ニも組合不申候ニ付相除可申哉、

二ノ印
此ケ条番屋其外廣小路内一圓ニ寛政度ニ古復いたし候義も勿論相除、且、揚弓場・水茶屋・講釋場・密柑賣場・賣藥見世等も、則床見世ニ御坐候得共、去ル丑年名主共書上ニ認無之、幷地代割合之儀も床見世ニも組合不申候ニ付、前ケ条商藏地ニ見合是又相除可申哉、

三ノ印
本文番屋古復之義も相除可申哉、

五ノ印
後
此ケ条相除可申哉、

四ノ印
前
本文番屋切縮之義も相除可申哉、

六ノ印
此ケ条相除可申哉、

下ケ札一
商藏地ノ地代割合ハ床見世トハ組合ハズ此箇条除クカ

下ケ札二
名主書上ニナク地代割合モ床見世ト組合ハズ此箇条除クカ

下ケ札三
番屋古復ニツキテハ除クカ

下ケ札五
此箇条除クカ

下ケ札四
番屋切縮ニツキテハ除クカ

下ケ札六
此箇条除クカ

七ノ印

此床見世構内之義ニ付、本文申上候処、有形之侭被差置候積相心得、葭簀張之内建床ニ補理直候分ハ、是又構内之義ニ而、去ミ丑年名主共書上ニも認無之候間相除可申哉、

八ノ印

此ケ条之内葭簀張之場所ニ薄板日覆等仕付畳床ニいたし候分ハ取置相成、葭簀張同様ニ付其侭被差置候積、家作同様之建床ニ補理候分ハ相改候積相心得、髪結床建継幷大川橋東之方家作建継其外之義ハ相除可申哉、

九ノ印

沽券地・拝領地構内床見世之義ハ其侭被差置積ニ付、定尺等取極候義ハ相除可申哉、

但、構外ニ出張切縮メ方之義ハ、別紙書取奉伺候、

十ノ印

本文棟高幷大火ニ而煮焼御差止之義、沽券地・拝領地構内床見世ハ其侭被差置候積ニ付、是迄之姿ニ而被差置候積相心得可申哉、

十一ノ印

下ケ札七
床見世構内ニツキテハ除クカ

下ケ札八
髪結床建継等ニツキテハ除クカ

下ケ札九
定尺等取極ニツキテハ除クカ

下ケ札十
棟高及ビ煮焼ハ是迄通リトスルカ

下ケ札十一

番屋銘目ニツキテハ除クカ

此ケ条、左之通左衛門尉殿ゟ申上置候上取調候儀ニも候得共、番屋銘目有之候儀ニ付相除可申哉、

（朱書）（天保十三年）
「寅十月十日、左衛門尉殿ゟ用人高林忠太夫（北町奉行用人）を以上ル、

髪結床幷商番屋之類願濟ニ無之分も、床見世同樣之義ニ付、取拂有無目當を付申上候樣可仕候事、」

下ケ札十二
此箇条除クカ

十二ノ印
此ケ条相除可申哉、

下ケ札十三
此箇条除クカ

十三ノ印
此ケ条相除可申哉、

下ケ札十四
此箇条除クカ

十四ノ印
此ケ条相除可申哉、

○コノ上申書ニツキテハ、第二一號ヲ參看スベシ、

二九　北町奉行所与力伺書

（朱書）（天保十四年）
「卯六月廿七日、向方ゟ來ル、」

町中床見世取調申上候趣御附札（第三一號）之通可相心得旨被仰渡奉承知候、依之、右御伺書案取調候ニ付、可相除ケ条之分下ケ札を以奉伺候、

一沽券地・拜領地構內之床見世、下水上又ハ往還江出張候分も有之、右之中ニハ去ル丑年（天保十二年）名主共ゟ書上置、則御進達相成幷今般私共丈尺其外取調仕候儀ニ而、其侭ニ被差置候ハヽ、御聞濟御座候樣ニも相心得可申哉ニ付、全之床見世ニ限、右之通出張候分ハ切縮可被仰付候哉、

「（朱書）但、左衞門尉殿（遠山景元、北町奉行）御勤役中去寅十二月（天保十三年）、牛込牡丹屋敷五人組持店德兵衞義、地面內ゟ下水外面迄江掛床差置度旨、別紙之通願出訴狀・繪圖（第五圖）面共御渡ニ付、右ハ普請中板圍土置場等願出候共訳違際限無之姿ニ而、下水上江懸り候義ニ付難被及御沙汰筋ゟハ奉存候得共、當時床見世御調中ニ付、右御下知濟之上外振合を以御沙汰有之可然段申上置候儀も御坐候、此上右樣地面內ゟ下水上幷往還江懸床見世差置度旨新規ニ出訴仕候節之御見居ニも可相成哉ゟ本文之通奉伺候儀ニ御座候、」

一床見世伺之義ハ御連名ニ御座候哉、又ハ御手限ニ御坐候哉、

伺書案取調べ除クベキ箇条ノ分伺フ

下水上等へ出張ル分ハ切縮メサスカ

地面內ヨリ下水外面へ掛床差置キタキ者アリ

床見世伺ヒハ連名カ手限カ

右之通心得方尚又奉伺候、以上、

卯六月（天保十四年）

高橋鐵次郎（北町奉行所与力）

別紙
牛込牡丹屋敷
徳兵衛等願書
町奉行所宛

質渡世見世ハ
新道ノ方

神樂坂通ノ方
ニ土藏アリ

町竝地ヨリ下
水ヘ懸床差出
シ古着古道具
類商ヒタシ

乍恐以書付御訴訟奉申上候

一牛込牡丹屋敷五人組持店徳兵衛申上候、私儀質渡世仕候処、私見世之儀ハ、新道之方ニ有之、本通りハ牛込神樂坂通りニ御坐候、然処、右神樂坂通之方ニ私所持土藏建有之、此土藏下水際ゟ町並地之内江東ニ而三尺六寸・西ニ而七寸引去り建有之ニ付、右町並地之内ゟ下水江懸、長三間五尺七寸・幅東ニ而三尺六寸西ニ而下水外面迄貳尺壹寸之場所江高サ六尺・間口三間五尺七寸を七尺九寸宛三つニ仕切候懸床差出、古着・古道具類商ひ仕度奉存候間、別帋繪圖面（第五圖）相添奉願上候、尤、東之方ニ而ハ町並地之内ゟ下水内面迄、西之方ニ而下水外面迄ニ而、往還江少も張出し不申、暮六時限たゝみ仕舞、火焚所等ニ

御慈悲願之通被　仰付被下置候様奉願上候、以上、

天保十三寅年十二月五日

牛込牡丹屋敷
五人組持店
願人　徳兵衛印

五人組　利兵衛印

同　幸吉印

名主仁之助若年ニ付（中村）
後見　次郎左衛門印

御番所様

〔第五圖〕○四二八頁

三〇
北町奉行相談書
宛南町奉行
伺書案連名ニテ差出スベシ

（鳥居忠耀、南町奉行）
甲斐守殿ゟ相談もの

書面之趣幷別紙附札（第三二號）之廉共、伺之通相心得、且、伺書案（第三二號）を連名ニて可差出候、

三一
北町奉行付札

附札

先ヅ懸床ノ方ノミ伺ハン

三二 淺草南馬道町名主願書町奉行所宛

酒屋渡世ノ家前ヘ商物積出置キ往還ノ支障ニナル

引拂ハスユヘ宥免ヲ願フ

書面床見世之義ハ、總而伺之通相心得、且、沽券地・拜領地構内之懸床并自身番屋・商番屋・髮結床或屋臺見世往還に莚敷ニ而商ひいたし候類、沽券地其外往還に建出有之分等之義をも取調被申聞候処、右ハ多端ニ涉り一時ニ而ハ彼是混雜可致候間、先懸床之方而已書面之見込を以、越前守殿（水野忠邦、老中）に伺書案（第二二號）取調、其餘ハ右御下知相濟候上追而別廉ニ相伺候樣可被相心得候、

○コノ付札ハ、第二八號ニ貼付サレシモノナラン、

乍恐以書付奉申上候

一淺草南馬道町名主喜左衞門（梅村）申上候、右町七兵衞地借次郎右衞門義、酒屋渡世仕居候処、家前に商物積出置往還差障ニ相成候ニ付、是迄出張物之義ニ付度〻御觸も有之候ニ付、其度〻申聞候得共、兎角往還に張出し候故、猶此節出張候ニ付組合取締懸り名主共ゟ心付も有之候間、早速當人に申聞不殘引拂、以來聊出張不申樣爲仕候間、何卒此度之義ハ御慈悲之沙汰偏奉願上候、以上、

天保十四卯年七月九日

淺草南馬道町
名主
喜左衞門印

御奉行所様

三三　浅草醫王院門前名主願書

町奉行所宛
青物乾物渡世ノ家前へ商物積出置キ往還ノ支障ニナル引拂ハスユヘ宥免ヲ願フ

乍恐以書付奉申上候

一浅草醫王院門前名主五郎(青柳)左衛門奉申上候、右町久八店重兵衛儀、青物・乾物渡世仕居候處、家前へ商物積出置往還差障ニ相成候ニ付、是迄出帳(朱書)「張」物之義ニ付度〻御觸も有之候ニ付、其度〻申聞候得共、兎角往還ニ張出し候故、猶此節出張候ニ付組合取締懸名主共ゟ心付も有之候間、早速當人ニ申聞不殘引拂、以來聊出張不申様爲仕候間、何卒此度之義ゟ御慈悲之御沙汰偏奉願上候、以上、

天保十四卯年七月九日

浅草醫王院門前
名主
五郎左衛門印

御奉行所様

第五件

弘化二巳年八月

向方相談廻し

三四　町奉行上申書案

赤坂御門外湯茶商床外四ケ所古復之儀ニ付調

「(遠山景元、南町奉行)左衛門尉殿に相談もの

拙者儀何之存寄無御座候、

巳八月　遠山左衛門尉

「(朱書)(弘化二年)巳八月六日、來、同八日、及挨拶、」

「伊勢守殿(阿部正弘、老中)(に脱カ)「八月十四日、(朱書)御直上ル、」

赤坂御門外

湯茶商床店外四ケ所古復之儀ニ付取調申上候書付

町奉行

「鍋嶋内匠頭(直孝、北町奉行)

赤坂御門外

湯茶商床店

同所榎坂通

右同断

小日向大日坂下

神田上水白堀通

渡橋幷箱下水見守

喜兵衛

小石川諏訪町角
神田上水白堀通見守
武兵衛
日比谷御門外御堀幷
外櫻田邊下水
溜枡定淩
人足雇頭
伊三郎

右之場所〻、去〻卯年(天保十四年)湯茶商床店取拂幷商差留候樣申渡候処、市中往來之もの共暑寒又ハ急雨等之節休息致し候場所も無之、及難儀候もの共も可有之哉ニ付、聢与取締方申付古復致し候(朱書)「ハ」而も如何可有之哉得与勘弁致し可申上旨、御書取(第三六號)を以被仰渡候、

此儀、去ル寅年(天保十三年)十月、御堀端ニ有之候土藏・物置・納屋等新古不殘取拂候樣水野越前守(忠邦、老中)殿被仰渡、(本書二十三、町觸申渡之部第八〇號參看)翌卯三月、赤坂溜池端其外所〻水茶屋(朱書)「道番屋」等願ニ而建候家居・水茶屋幷葭簀張之類、都而町人共差置候場所ニ而も、是迄ハ御普請奉行方ニ而差配致し候場所も有之候得共、以來ハ相改町奉行方ニ而進退致し候而も差支無之哉取調可申上旨、越前守殿御書取(本書二十八、上水番等之部第六號)を以被仰渡、鳥居甲斐守(忠耀、南町奉行)町奉行之節御普請奉行ニ懸合之上、阿部遠江守(正藏、北町奉行)連名ニ而相伺、御下知之趣を以、赤坂御門外・同所榎坂通水茶屋幷喜兵衛・武兵衛見守番屋ハ取拂、伊三郎ハ水茶屋渡世差留候儀ニ有之、然ル處、今般古復之儀御書取を以御尋ニ付取調候処、

湯茶商床店取拂等申渡スモ休息場所ナク難儀アルカ古復ニツキ取調ヲ命ゼラル

是迄普請奉行差配場所ノ町奉行進退ノ是非ニツキ伺フ

赤坂御門外等ノ水茶屋ト見守番屋ハ取拂フ

見守番屋ハ水茶屋ニアラズ
赤坂御門外小石川水道橋外等ハ近邊ニ茶店等モナシ
往來人休息ノ場所ニ差支フ
水茶屋取拂ノ譯
無給ニテ見守番人等勤メ助成ナクテハ難儀セン
古復スルトモ支障ナシ

其頃迄喜兵衛儀ハ見守番屋ニ而舂米渡世致し、武兵衛ハ小石川龍門寺門前由兵衛店ニ罷在、下番人直吉と申ものを差置小商爲致置候趣ニ而、兩人共水茶屋ニハ無之、伊三郎持定浚番屋ハ數寄屋橋御門外ニ而、右近邊ニハ外水茶屋も有之、往來之もの休息所ニ差支候儀ハ無之候得共、赤坂御門外・同所榎坂上幷今般御書取ニ相見不申候得共小石川水道橋外杯ハ近邊ニ茶店等も無之候間、右水茶屋取拂ニ相成候以後、往來之老人・足弱之類ハ勿論、荷物脊負商ひ致し候もの等休息之場所ニ差支、暑寒又ハ急雨之節等ハ別而難儀致し候趣ニ相聞、元來右水茶屋渡世之もの共不取締之儀致し成し候故を以取拂申渡候筋ニハ無之、御曲輪廻り商床店之類爲取拂候に付而ハ、見渡しニ拘り幷冥加類總而　御免被　仰付候砌、右之もの共ハ夫々冥加金又ハ冥加勤等も致し候もの故、自ラ株立候様可相當る之見込を以不殘取拂申付候趣ニ而、喜兵衛・武兵衛・伊三郎るても無給ニ而見守番人等相勤居候姿ニ有之、助成無之候而ハ難（朱書）「儀」成可仕筋ニ付、古復被　仰付候共取締ニ拘り候儀も無之、於町方差支之筋無御座候、併、前書之場所ハ何レも御普請方持ニ而、去ル卯年以前迄ハ見守番人等之進退同所ニ而取計來候儀ニ付、以來前々之姿ニ相復し候上ハ、茶店差出候もの撰方冥加勤等之見込も可有之、其外御普請方持ニ而水道橋外水茶屋を始、前書五ケ所同様之取計振ニ相成候場所も有之候処、範〔斑カ〕々ニ相成候而も如何ニ付、

普請方持ノ場所ハ普請奉行へ沙汰アルベシ

右様之類不洩様取調相伺可申旨、御普請奉行ニ御沙汰御座候方可然、尤、同所ニ而取調之上、私共江打合有之候ハヽ、取締方其外ハ得与談判之上取極相伺候様可仕与奉存候、

私共へ打合セアラバ取締方取極メ伺ハン

右取調候趣書面之通御座候、依之、被成御渡候御書取壹通返上仕、此段申上候、以上、

巳(弘化二年)月

遠山左衛門尉
鍋嶋内匠頭

三五 老中書取

湯茶商床店古復ハ往來人難儀ノ場所ノミ取調ブベシ

(朱書)(弘化二年)「巳十一月晦日、
(阿部正弘、老中)伊勢守殿、御直御渡、」

「町奉行」

覺

湯茶商床店古復之儀、寂前取拂ニ相成候分一般ニ古復致し候而も、自然御取締相弛ミ候様心得違候ものも出來可致哉ニ付、事實往來之者難儀可致場所ニ而已《ミ》得与取調仕申聞候事、

下りもの
伊勢守殿(阿部正弘、老中)御直渡
巳(弘化二年)七月廿五日

「(朱書)巳七月廿五日、
伊勢守殿、内匠頭(鍋島直孝、北町奉行)ニ御直御渡、」

「町奉行ニ

三六　老中書取

赤坂御門外湯茶商床店

元禄十年ヨリ出火ノ節駈付人足差出ス
明和九年ヨリ人足免ゼラレ冥加金上納ス

赤坂榎坂通湯茶商床店

赤坂御門外
湯茶商床店

右、元禄十丑年、道奉行小宮山庄九郎(政方)勤役之節差免候趣ニ而、晝之内計湯茶商仕來、四谷御門外玉川上水懸樋近邊出來(火)之節、駈付人足十五人宛差出シ來候處、御普請方懸り相成候後、明和九辰年ゟ駈付人足差免、冥加金五両宛上納申度〔渡カ〕、寛政六寅年冥加上納増方申渡、金貳拾六両貳分つゝ上納仕來候、

赤坂榎坂通
湯茶商床店

安永四年上水番人拜借シ冥加金上納ス
寛政六年町方十七人拜借シ冥加金上納ス
神田上水白堀通渡橋竝ニ箱下水見守
喜兵衛
服部屋太兵衛受負場見守ル
明和六年ヨリ喜兵衛引續見守リ冥加金納ム
神田上水白堀通見守
武兵衛
上水附除地ニ住居シ商ヒ見守勤メ來ル
天明五年ヨリ冥加金上納ス
下水溜枡定浚人足屋頭伊三郎

右、安永四未年、赤坂溜池榎坂上下崖之内ニ而湯茶商床店地所貳ケ所、同所上水番人藤助ゟ申ものに拜借申渡、冥加金拾五兩宛年〻上納致し候處、寛政六寅年、右茶見世差出し來候向寄町方十七人之ものに拜借申渡、其節ゟ壹ケ年金三拾八兩つゝ上納仕來候、

小日向大日坂下
神田上水白堀通
渡橋幷箱下水見守
喜兵衛

右、明和度上水方御普請方懸り相成候以前より、渡橋箱下水受負服部屋太兵衛上水附除地内商番屋添拜借地借地地代金差出受負場見守致し來候処、太兵衛受負相止候後、明和六丑年以來喜兵衛引續見守申渡、商番屋拜借冥加金壹ケ年金三兩宛上納仕來候、

小石川諏訪町角
神田上水白堀通見守
武兵衛

前同斷以前ゟ上水附除地ニ住居、商致し見守相勤來候ニ付、（朱書）「明」和七亥年白堀通見守改而申渡、天明五巳年以來冥加金壹兩貳分つゝ年〻上納仕來候、

日比谷御門外御堀幷
外櫻田邊下水溜枡
定浚
人足屋頭
伊三郎

人足雇頭申付ノ經緯

湯茶商床店取拂等申渡スモ休息ノ場所ナク難儀アルカ古復ニツキ取調ヲ命ズ

三七　北町奉行相談書　南町奉行宛

湯茶商床店古復ニツキ申上案取調ブ

右、日比谷御門外御堀幷外櫻田邊下水溜枡定浚御普請方地割棟梁引受之節、安永七戌年、數寄屋橋御門外ニ而常浚土置場幷番小屋壹ケ所取建、番人住居續ニ道具置場補理、棟梁共ニ相渡置、寛政元酉年棟梁受負相止、（朱書）「入」雇人足を以浚方致し候ニ付、人足雇出常浚世話等右伊三郎ニ申付、番屋幷道具置場地所共相渡、自分入用を以修復等致し湯茶商仕來候、右之場所ゝ、去ゝ卯年（天保十四年）湯茶商床店取拂幷商差留候様申渡候處、市中往來之者共暑寒又ハ急雨等之節休息致し候場所も無之、及難儀候もの共も可有之哉ニ付、聢与取締方申付古復致し候而ハ如何可有之哉、得与勘弁致し可被申聞候事、

左衛門尉殿（遠山景元、南町奉行）

鍋嶋内匠頭（直孝、北町奉行）

湯茶商床店古復之儀ニ付、伊勢守殿（阿部正弘、老中）御書取之趣を以、（第三六號）申上案取調外書類相添及御相談候、（第三八號）
尤、今日御同人ゟ御催促も有之候間、其段御含御挨拶有之候様いたし度存候、

（弘化二年）十二月十五日

下ケ札
「御書面別紙一覧致し、拙者儀何之存寄無之候、此段及御挨拶候、
（弘化二年）巳十二月　遠山左衛門尉

（押紙ニテ抹消ノ鰭付）
拙者何之存寄無之候
巳十二月　左衛門尉

下ケ札
南町奉行挨拶

三八
町奉行上申書

（朱書）（弘化二年）
「巳十二月十九日、
伊勢守殿御直上〔ニ脱カ〕ル、同月十〔廿〕四日、御同人、御直御書取御渡、
（阿部正弘、老中）
承付致、翌廿五日、（マヽ）を以返上、」

湯茶商床店古復之儀ニ付取調申上候書付

書面之趣相心得、御普請奉行申談取計
可申旨被仰渡、奉承知候、
巳十二月廿四日

町奉行
〔鍋嶋内匠頭（直孝、北町奉行）〕

赤坂御門外湯茶商床・同所榎坂通右同斷・小日向大日坂下神田上水白堀通渡橋幷箱下水見守番屋・小石川諏訪町角神田上水白堀通見守番屋・日比谷御門外御堀幷外櫻田邊下水溜枡定浚人足雇頭持番屋湯茶商ひ床店、去ゝ卯年（天保十四年）取拂幷商差留之儀申渡候処、往來之もの共暑

湯茶商床店古復ニツキ取調ヲ命ゼラル
普請方持ノ場所ノ扱ニツキ上申ス
一般ニ古復セバ取締弛ムトノ心得違ノ者モ出ルカ
往來人難儀ノ場所ノミ取調命ゼラレ探索サス
取拂ヒシ湯茶商床等ノ場所

塞又ハ急雨之節休息之場所ニ差支、及難儀候ものも可有之哉ニ付、取拂〔締〕方申付古復致し候而ハ如何可有之哉勘弁致し可申上旨被仰渡候処(第三六號)、右右(衍)五ケ所ハ何れも御普請方持ニ而、去ル卯年以前迄ハ、見守番人等之進退同所ニ而取計來候儀ニ付、(朱書)「以來」前〻之姿ニ相復候上ハ、右之外御普請方持ニ而、水道橋外水茶屋を始、右五ケ所同樣取拂ニ相成候場所も有之候間、不洩樣取調相伺可申旨御普請奉行ゟ御沙汰有之、同所ニ而取調私共ゟ打合有之候へゝ、取締方其外ハ得与談判之上取極相伺候樣可仕旨、當八月中申上候処(第三四號)、湯茶商ひ床店古復之儀、寂前取拂ニ相成候分一般ニ古復致し候而ハ、自然御取締相弛候樣心得違候ものも出來可致哉ニ付、事實往來之もの難儀可致場所而已得与取調可申上旨、御書取を以被仰渡候間(第三五號)、組廻同心共ゟ申渡差支有無事實探索爲仕候趣(第四〇號)、左之通御座候、

赤坂御門外表傳馬町 ── 溜池榎坂通床店 同
水道橋外物揚場通 葭簀張 水茶屋

此場場(朱書)「所」湯茶商床
同葭簀張共朝六時ゟ暮六時迄出商致し候処、去

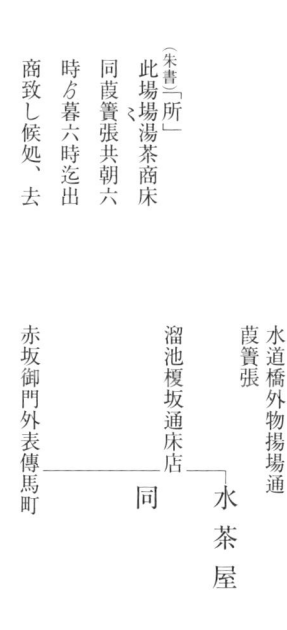

取拂ヒシ番屋ノ場所

壹町日向床店　　同

ゝ卯年中取拂相成申候、

四谷御門外葭簀張　　同

「(朱書)此四谷御門外葭簀張水茶屋ハ町方持ニ御座候、」

「(朱書)江戸橋廣小路東之方河岸地之内」　「(朱書)商床店」

「(朱書)小日向大日坂下白堀通渡橋幷箱ゝ水下町見守」　「(朱書)番屋」

「(朱書)小石川諏訪町角神田上水白堀通見守」　「(朱書)番屋」

「(朱書)此番屋ニゟ見守番人助成小商致し候処、右同様番屋取拂相成申候、」

「(朱書)日比谷御門外御堀幷櫻田邊下水溜枡定浚人足雇頭持數寄屋橋

御門外」

（朱書）「番屋」

（朱書）「溜池端上
上水見守」

（朱書）「番屋」

（朱書）「四谷大木戸上水見守」

（朱書）「番屋」

（朱書）「麴町壹町目明地
的場・馬場見守」

（朱書）「此見守番人共番屋ニゐ
助成之ため湯茶商又ゝ
火除地干場・植木溜等
ニ致し罷在候処、去ゝ
卯年番屋之儀ハ有來之
通被差置、身分之儀ゝ
寂寄町役人に進退申付、
干場・植溜等ゝ取拂、
湯茶商ゝ差留相成申候、」

（朱書）「番屋」

（朱書）「同所三町目・四町目
明地的場見守」

（朱書）「番屋」

（朱書）「田安御門外的場見守」

（朱書）「番屋」

（朱書）「芝赤羽橋ゟ将監橋迄
的場見守」

（朱書）「番屋」

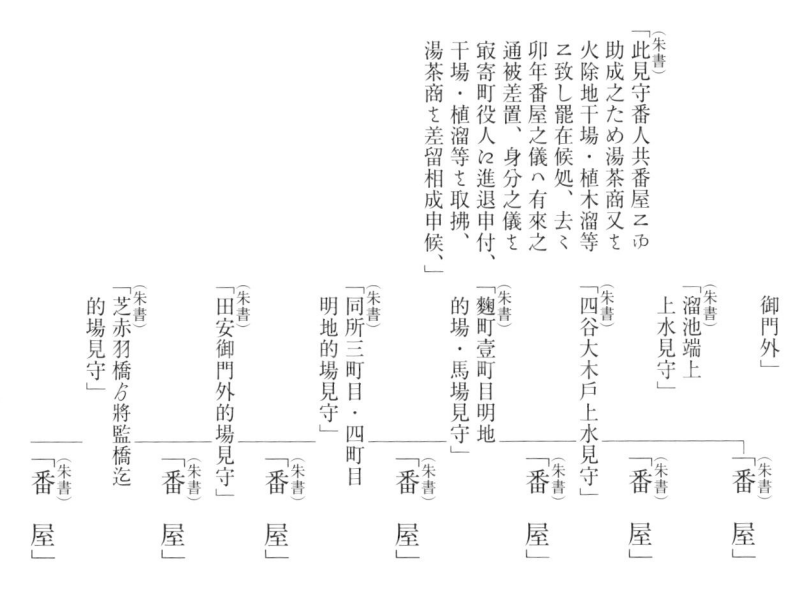

（朱書）「番　屋」――（朱書）「幸橋御門外的場見守」

（朱書）「番　屋」――（朱書）「水道橋外神田上水掛樋見守」

（朱書）「番　屋」――（朱書）「此水道橋外上水見守番屋古復之儀、去辰年（弘化元年）九月御普請奉行ゟ堀大和守殿（親審、老中）に相伺、跡部能登守（良弼、南町奉行）先役之節内匠頭連名を以取調申上、渡世之儀ㇵ勝手次第爲致、水番屋之儀ハ是迄之通御普請方ゟ差圖受相勤候様可申渡旨、同十一月村田阿波守（矩勝、普請奉行）・川路左衛門尉（聖謨、同上）に被仰渡候、」

（朱書）「番　屋」――（朱書）「元飯田町爼橋向見守」

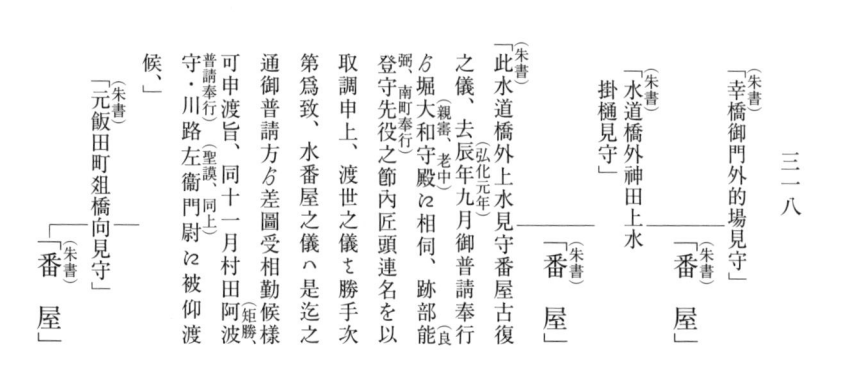

墨書四ヶ所

休息辨理ニナルユヘ古復申付クカ
朱書ノ分ハ是迄通リカ
四ケ所ノ内普請方持場ハ右奉行ヘ申達ス町方持ハ私共方ニテ取調ブ

前書墨書四ヶ所之内、水道橋外幷榎坂通ハ前後町家も遠く、往來人寒〔暑〕又ハ急雨之節ハ休息致し候場所ニ差支、別ゆ荷持商人抔ハ及難儀、赤坂御門外・四谷御門外之儀ハ、道中筋往來下〻之旅人幷荷物稼之者通行多、町家近キ場所ニゆも町並居宅ニゆ湯茶商ひ候ものゝ之方に相休候得ハ、茶代も相應ニ不差遣候ゆハ不相成、葭簀張床店ニ候得ハ價も少分ニゆ相濟候故休息致し能、前書四ヶ所之儀ハ、卯年以前之通ニ古復被仰渡候ハヽ、下〻之もの共一統通行之凌休息弁理にも相成可申趣ニ相聞候間、右四ヶ所之分古復被仰付、朱書之分ハ、強ゆ差支之儀も不相聞候間、是迄之通ニゆ被差置可然奉存候、

右申上候通被仰渡候ハヽ、前書四ヶ所之内水道橋外・溜池榎坂通・赤坂御門外之儀ハ、御普請方持場ニ付、右奉行に申達、同所ニゆ茶店差出候もの撰方等取調、取締方其外ハ得与打合談判之上於同所申渡、四谷御門外之儀ハ町方持ニ付、私共方ニゆ取調古復申渡候様可仕候、

右取調候趣書面之通御座候、依之、被成御渡候御書取幷外壹通返上仕、別紙繪圖面四枚相添此段申上候、以上、

（弘化二年）
巳十二月

遠山左衛門尉（景元、南町奉行）
鍋嶋内匠頭

三九　老中書取

普請奉行申談ジ取計フベシ

(朱書)(弘化二年)「巳十二月廿四日、
(阿部正弘、老中)伊勢守殿、御直御渡、」

覺

書面之通相心得、御普請奉行申談可被取計事、

四〇　町奉行所隱密廻同心風聞書

取拂ヒシ湯茶商床店等ノ內往來人難儀ノ場所ヲ取調ブ

湯茶商床店葭簀張等之儀ニ付承合候風聞之趣申上候書付

隱　密　廻

御普請方持幷町方持場之內、上水又ハ火除地等之見守番屋助成湯茶商床店、去ル卯(天保十四年)年中右助成商ひ御差留幷出商床取拂被仰渡候數ケ所之內、(朱書)「全」ヽ往往來人暑寒又ハ急雨之節抔休息可致

湯茶商床等ノ場所

場所無之事實往來人及難儀候場所、密〻風聞承糺可申上旨被仰渡候ニ付、夫〻取調候趣左ニ申上候、

此場所湯茶商床同葭簀張共朝六時ゟ暮六時迄出商いたし候処、去〻卯年中取拂被仰付候、

「(朱書)水道橋外物揚場所通葭簀張」　「(朱書)拾　軒」

「(朱書)溜池端榎坂通床店」　「(朱書)拾五軒」

「(朱書)赤坂御門外表傳馬町壹町目向同」　「(朱書)拾　軒」

「(朱書)四谷御門外葭簀張」　「(朱書)拾九軒」

江戸橋廣小路東之方河岸地之内商床店　「貳　軒」

△此四谷御門外葭簀張拾九軒ㇳ、町方持ニ御座候、

札△下

番屋ノ場所

小日向大日坂下白堀通渡橋幷箱下水見守　番屋

此番屋ニ而見守番人助成小商いたし候処、去ヽ卯年中番屋取拂被仰付候、

小石川諏訪町角　神田上水白堀通見守　番屋

日比谷御門外御堀幷櫻田邊下水溜枡定淩人足雇頭持數寄屋橋御門外　番屋

溜池端上上水見守　番屋

四谷大木戸上水見守　番屋

麹町壹町目明地　番屋

此見守番人共番屋ニ而助成湯茶商又ハ火除地干場・植木溜等ニいたし罷在候処、去ヽ卯年中番屋之儀ハ有來之通被差置、身分之儀ハ寂寄町役人に進退被仰付、干場・植溜等ハ取拂、湯茶商ハ差留候場所も有

之候、

番屋——的場・馬場見守

番屋——同所三町目・四町目明地的場見守

番屋——田安御門外的場見守

番屋——芝赤羽橋ゟ將監橋迄的場見守

番屋——幸橋御門外的場見守

番屋——水道橋外神田上水掛樋見守

番屋——元飯田町（朱書）「板」俎橋向見守

朱書四ヶ所

前書朱書四ヶ所之內、水道橋外・榎坂通ㇵ前後町家も遠く、往來人暑寒又ㇵ急雨之節休息いたし候場所ニ差支、別ㇶ荷持商人抔ㇵ及難儀、赤坂御門外・四谷御門外之儀ㇵ、道中筋往來下〻之旅人幷荷持稼之もの通行多く、町家近キ場所ニㇶも町並居宅湯茶商候も

古復セバ休息辨理ニナラン
ソノ外ハ休所ナクトモ支障ナシ

の之方ニ相休候得ハ、茶代價も相應ニ不差遣候而ハ不相成、葭簀張床店ニ候得ハ價も少分ニ而相濟候故休息いたし能、前書四ケ所之儀ハ、卯年以前之通ニ古復被仰付候ヘハ、下々之もの共一統通行之凌休息弁利ニも相成可申趣ニ相聞、右四ケ所之外ハ休所無之候而も差而差支候由も相聞不申候、

右ハ密々取調候趣書面之通御座候、依之、右四ケ所繪圖面相添、此段申上候、以上、

（弘化二年）
巳十二月

隱　密　廻

（朱書）
「右繪圖面ハ追而借受
写取候積ニ付略之、」

四一
北町奉行通達
書
宛
南町奉行

湯茶商床店古
復ニツキ上申
ノ通リ命ゼラ
ル

（朱書）（弘化三年）
「午正月廿七日、向方ゟ來ル、」

「（遠山景元、南町奉行）
左衛門尉殿
鍋嶋内匠頭（直孝、北町奉行）」

湯茶商床店古復之義ニ付、追々御相談濟之通、御連名を以伊勢守殿（阿部正弘、老中）ニ申上置候処、（第三八號）右申上

普請方持場ハ奉行ニ掛合フ
町方持場ハ町名主へ申渡ス
上水掛樋防方人足差免ニツキテモ申渡ス

四二　町奉行申渡書　小石川春日町家主等宛

候通相心得、御普請奉行申談取計可申旨被仰渡候処、(第三九號)右伺済ケ所之内、水道橋外・溜池榎坂通・赤坂御門外右三ケ所を御普請奉行持ニ付、夫〻古復申渡有之候様懸合およひ、四谷御門外を町方持ニ付、今日右町名主呼出、別紙之通申渡、(第四三號)且、小石川春日町家主嘉兵衛外四人にも、水道橋外水茶屋取拂之節上水掛樋防方人足之儀申付置候処、以來右勤方差免候旨是又申渡候、(第四二號)此段及御達候、

巳(弘化二年)十二月

申渡

小石川春日町
家主
嘉兵衛

本郷元町
繁三郎店
吉右衛門

同町
家主
伊左衛門

右同町
〻繁三郎店
市郎右衛門

同町
豆作店
定右衛門

上水掛樋防方人足勤方ヲ免ズ

其方共儀、去ル卯年（天保十四年）水道橋外水茶屋取拂節、上水掛樋防方人足之義其方共江申付置処、以來左〻勤方差免、

右申渡趣、證文申付ル、

右
町役人

右之通申渡間、其旨可存、
巳（弘化二年）十二月廿八日

四三
町奉行申渡書
四谷傳馬町名主宛

四谷御門外葭簀張水茶屋ノ古復ヲ命ズ
不取締ナキヤウ申付クベシ

申渡

四谷傳馬町
名主
茂（鹽崎）八郎

四谷御門外葭簀張水茶屋、去〻卯年（天保十四年）中取拂相成候処、往來之もの暑寒又ゝ急雨之節、休息之場所ニ差支及難義ものも有之哉ニ相聞候ニ付、今般卯年以前之通古復申付候間、右取拂ニ相成候節迄渡世致し候ものへ葭簀張見世爲差出、火之元其外諸事不取締之義無之

様、精〻可申付、

右申渡候趣、證文申付ル、

巳（弘化二年）十二月廿八日

○コノ件ニツキテハ、本書二十八、上水番等之部第一・二件ヲ參看スベシ、

〔市中取締類集　床見世等之部　五〕

第六件

弘化三午年十二月

相談廻

市谷八幡町地先御堀端幷大下水上江葭簀張茶見世差出度願

「（朱書）午（弘化三年）十二月廿五日、御相談廻申來ル、」

鍋嶋内匠頭（直孝、北町奉行）

［左衛門尉殿（遠山景元、南町奉行）

市谷八幡町月行事庄九郎外壹人町內地先御堀端幷大下水上江葭簀張茶見世差出度旨願出候（第四八號）義ニ付、組市中取締掛幷隱密廻・町年寄ゟ取調差出候（第四五〜四七號）書面之趣勘弁致し候処、市中取締掛ゟ申立候次第相當ニも相聞候間、右掛伺之通可申渡哉ニ存候、依之、書類相添此段及御相談候、

午（弘化三年）十二月

四四　北町奉行相談書　宛　南町奉行

葭簀張茶見世差出シタキ願ニツキ取調べサス

市中取締掛伺ノ通リ申渡スカ

南町奉行挨拶

御書面之趣致承知、別紙一覽致し候処、御見込之通御取計拙者儀何之存寄無之候、依之書類返却、此段及御挨拶候、

午十二月　　遠山左衛門尉

（朱書）（弘化三年）
「午十二月廿五日、向方ゟ相談ニ來ル、」

四五　北町奉行所市中取締掛与力上申書

八幡町地先大下水上等ニ葭簀張茶屋見世ヲ差出ス

市谷八幡町外壹ケ町月行事共町內地先江葭簀張干見世補理度旨願出候ニ付取調申上候書付

市中取締掛

市谷八幡町
月行事
庄九郎

同所田町壹町目
同
儀兵衛

右之者共願出候ハ、市谷八幡町地先往還ニ有之候大下水上巾九尺・長貳拾三間之処、少〻日除致し出商ひ致し度段、寛政四子年十二月中池田筑後守殿（長恵、南町奉行）御勤役中願出、翌丑年（寛政五年）三月中願之通被仰付、葭簀張茶屋見世差出來幷同町地先市谷御門外左右御堀端江安永之頃ゟ葭簀張茶屋見世差出、壹町目地先御堀端江も寛政初年ゟ同様差出渡世仕來候処、去ル

取拂命ゼラル
右見世ニテ渡世ノ者難澁ス
往來人モ不辨
四谷御門外等ノ葭簀張見世同樣古復ヲ願フ
御堀端ノ方願濟分カラズ
大下水上ハ寛政五年願濟
水茶屋ノ扱
葭簀張差出ストモ支障ナク辨利ノ旨町名主共申立ツ
町年寄ニモ取調ベサス

卯（天保十四年）年十一月中取拂被仰付取拂候処、是迄右葭簀張見世ニて渡世仕來候者共、何れも捌（捗カ）〻敷稼も出來兼候者共ニて、取拂被仰付候後渡世にも差支難澁罷在、且、暑寒又ハ急雨之節抔往來之者不弁利之義も有之候処、四谷御門外其外以前葭簀張見世差出取拂候場所先般古復被仰付候ニ付、（第五件參看）右之者共町內地先之義も以前之通葭簀張見世差出度旨、別紙繪圖面相添願出申候、

右之通願出候間取調候処、右兩町地先御堀端之方葭簀張ハ、安永・寛政之頃ゟ差出來候趣ニ有之候得共、願濟不相分、同町大下水上葭簀張之義ハ、前書之通寛政四子年十二月願出、町年寄方ニて糺之上翌丑年三月中願之通被仰付、右水茶屋共義、是迄冥加筋等差出候由ニも無之、平日夜分ハ疊置、　御成御見通等之節ハ取片付、往還場廣之義ニ付申合日〻掃除等爲致し、（マヽ）風烈之節ハ埃不立樣水を打、右大下水之義ハ、四谷上水餘水其外同所大木戸邊市谷谷町邊ゟ惡水落込、大雨之節ハ度〻出水致し往還に水溢レ御堀に落込候水吐横切下水に芥流掛ケ候ニ付、右水茶屋共に申付、町內之者倶銘〻當人共罷出芥取揚來候処、取拂後急雨之節幷暑中抔別ゟ往來之者休息之場所ニ差支候間、右葭簀張差出候ゟも近邊差障候義も無之、却ゟ弁利宜敷旨、右町名主共申立候ニ付、猶報（館）（町年寄）市右衞門にも相達爲取調候処、八幡町大下水上葭簀張之儀ハ、市右衞門先代取扱書物全備ハ不致候得共、願濟取締（朱書）「締」〻申付候

八幡町大下水上葭簀張ハ先年願濟ノ請證文アリ

追々床見世同様ニナル

願ノ通リ命ゼバ外町々モ願出ン御堀端ノ水茶屋ハ願濟ノ有無分カラズ一般ニ古復セバ取締弛ムト心得違ノ者モ出ルカ

證文帳本紙有之、寛政度右場所願濟之義を相違無之、同町地先御堀端五ケ所之儀を、更ニ書留無之、申傳仕來を以申立候義ニ付、右を難被及御沙汰筋ニ可有之、大下水上之方を、前書願濟も有之候間、全新規之義ニも無之候間、寛政度被仰渡候通手重之儀無之、右下水幅九尺・長貳拾三間之所聊日除致し立商人干見世晝之内計差出候様被仰付候ゟも可然哉之旨申立候ニ付、(第四六號)猶勘弁仕候処、八幡町大下水上葭簀張之儀を、先年願濟之請證文も有之、新規之義ニを無御座候得共、右受證文文言之内往來之妨ニ不相成様少ゝ之日除致し立商人干見世等差出度旨相願候処、右願之趣之被御聞置、床見世ニ紛敷義又を手重成義致間敷旨被仰聞、全湯茶商候者而已ニを無之、干見世等差出候ゟを手重ニ無之様被仰渡候共追ゝ床見世同様ニ可相成、尤、巳年(弘化二年)六月市中床見世同様ニて之儀、先是迄之姿ニゟ被差置、此上床見世又を掛ケ床等ゟ出火致し候欤、又を如何之筋相聞吟味等ニ相成候節を、願濟等之始末不分明之分を減切ニ申付候積内規矩ニ致し、書上爲致候処調中之姿を以可否之不及沙汰差置候方此上新規之場所相増不申猥なる義も無之可然哉之旨、伊勢守殿(阿部正弘、老中)江御伺濟も有之、今般願出候場所を新規ニを無御座候得共、一旦取拂候場所ニ付、願之通被仰付候へゝ外町ゝゟも追ゝ同様之義可願出、且、御堀端五ケ所水茶屋之義を願濟有無不相分、其上前書水道橋其外水茶屋共古復被仰付候節、寂前取拂ニ相成候分一般ニ古復致し候ゟを、自然御取

往來人難儀ノ場所ノミ取調命ゼラル

古復ノ場所ニツキ上申ス

願ハ認メズ支障アル分ノミ別ニ古復申付クヤウ伺フカ

締相弛候様心得違候者も出來可致哉ニ付、事實往來之者難儀可致場所而已得与取調可申上旨、御書取（第三五號）を以被仰渡、其節差支有無事實探索（第四〇號）之上、水道橋其外三ケ所ハ古復被仰付、其内江戸橋廣小路東之方河岸地之内商床店其外拾貳ケ所ハ、強而差支之義も不相聞候間、是迄之通り被差置可然旨被仰上候義（第三八號）も御座候間、是又願之通被仰付候ハヽ、前書同様追々願出候者も可有之、右御書取幷被仰上ニ基取調候得ハ、品ニ寄多之内ニハ願之通難被仰付場所も可有之、下情ニ而ハ右等之弁も無之班々〔斑〕ニ相成候而ハ、却而疑惑を可生哉ニ付、右二ケ条共不被及御沙汰旨被仰渡、實々差支候趣相違無之候ハヽ、下方之願ニ不拘別段之思召を以古復被仰付候様御伺有之候方可然哉ニ奉存候、右取調候趣書面之通御座候、依之、一件書類相添此段申上候、以上、

午（弘化三年）十二月

中嶋嘉右衞門（北町奉行所与力）
秋山久藏（同右）
磯貝七五郎（同右）
東條八太郎（同右）

八幡町大下水上等ニ葭簀張茶見世ヲ差出ス

取拂命ゼラル

葭簀張見世古復願ニツキ取調ヲ命ゼラル

市谷八幡町外壹ヶ町
葭簀張之儀取調申上候書付

舘(町年寄)市右衛門

市谷八幡町
月行事
願人 庄九郎
同所田町壹町目
同 儀兵衛
同 右五人組
名主

右相願候ハ、八幡町往還ニ有之大下水上巾九尺・長貳拾三間之所、少〻之日除仕出商仕度段、寛政四子年池田筑後守殿(長恵、南町奉行)御勤役中奉願、翌丑年(寛政五年)三月願之通被仰付葭簀張茶見世差出候、同町地先市谷御門外左右御堀端ニ安永年中より同様茶見世差出し、同所田町壹町目御堀端寛政初年同斷差出渡世仕來候處、去ル砌(朱書)「卯」年十月取拂被仰付不殘相止、乍恐右場所出稼致し候者共渡世相離レ必至与難儀仕、且、暑寒急雨等之砌往來人弁利等不宜候処、先達而四谷御門外葭簀張古復被仰付候(第五件參看)次第、何卒右兩町地先前〻之通葭簀張見世被仰付

市谷八幡町家前大下水上ノ分

寛政度願濟ニ相違ナシ

御堀端五ヶ所ノ分

願濟ノ沙汰ナシ

御堀端五ヶ所願ハ沙汰ニ及バズ

候ハヽ難有　御憐愍之御沙汰奉願候訴状（第四八號）・繪圖面等御渡被成、取調可申上旨被仰渡候、
一依之、相調候処、右之內市谷八幡町家前大下水上之儀ハ、寛政四子年池田筑後守殿御勤役中奉願、私先代取調同五丑年三月願濟之段願人・町役人共申之、私方書物相調候処、全備不仕候得とも願濟取締申付候趣意、
（朱書）「市谷八幡町家前之儀、同所八幡・荷〔稲〕兩社縁日等、往還大下水端ニ立商人罷出候場所之內幅九尺・長サ二十三間大下水蓋之上ニ少シ之日除致し、立商人（墨書）「干」其見世等平日差出し、右渡世仕候もの申合、以來下水蓋新規修復共仕度、願之通御聞被置、筑後守殿於〔御〕番所被仰渡候段堅相守、書之內計差出夜分急度可取片付儀等申渡、」
右證文帳本紙有之、寛政度場所願濟之儀者相違無御座候、
一同町地先御堀端別紙繪圖面朱引三ヶ所幷田町壹町目地先同斷貳ヶ所、安永年中・寛政初年之頃ゟ葭簀張差出來候旨願人共申立候得共、更ニ書留無之申傳仕來ヲ以申之、右朱引五ヶ所之儀者是迄願濟之沙汰無御坐候、
右取調候趣前書之通御座候、八幡町大下水上之儀ハ願濟有之、御堀端ニ差出來候分元濟無之、此度一様ニ歎願仕候迚起立差別有之、一旦取拂被仰付候御主意、御堀端五ヶ所願之儀者難被及御沙汰奉存候、八幡町大下水上之方ハ、寛政度願濟ヲ以御勘考可被成下哉、去巳（弘

八幡町大下水上ハ立商人干見世ヲ書ノミ許スカ

市中取締掛ヘ尋ネ普請奉行ヘモ掛合ハレタシ

大下水蓋ノ扱

化二年)年十二月四谷御門外葭簀張水茶屋之儀ハ、往來之もの難儀相聞、當御役所ゟ四谷傳馬町名主茂八郎(鹽崎)御呼出し古復被　仰付、(朱書)「土」(第四三號)寺地願人等有之訳ニハ無御坐、　上之御賢慮ニ而被　仰付候儀与相心得申候間、的例ニハ申上兼候得共、八幡町大下水上之儀ハ、御堀端迄廣道も有之、全新規之儀ニも無御坐候間、寛政度被仰渡候手重之儀無之、右下水上巾九尺・長廿三間之処聊日除致し立商人干見世畫之内計御免被成下候而も可然候哉、尤、御組市中取締懸面〻御尋被成下、且、往還大下水上之義ニ付、御普受(請)奉行衆ゟも御掛合被成下候様仕度奉存候、依之、御渡被成候訴狀・繪圖返上、寛政度差出し候受證文写相添此段申上候、以上、

但、右請證文之内場所ゟ罷出候者申合、以來大下水蓋新規修復共仕度与有之、近來取拂後如何取扱候哉之段相尋候處、寛政度以來出商人共出錢致し右下水上蓋新規修復共相賄候処、取拂被仰付候後ハ、町入用ヲ以下水際手摺取付、往來差支無之様致し置候段、且、今般右場所願之通被　仰付候節ハ、寛政度振合ニ立戻同所出商人共銘〻持分下水上蓋致し渡世仕候間、乍少分町入用補ひニ罷成候旨願人庄九郎・五人組・名主申之候、

午五月(弘化三年)

舘市右衞門

四七　町奉行所隠密廻同心風聞書

葭簀張茶見世古復願ニツキ風聞ヲ取調ブ

八幡町地先大下水上ノ分ハ願済

市谷御門外茶見世差出度趣願ニ付風聞承候儀申上候書付

隠密廻

市谷八幡町外壹ケ町月行事共、町内地先大下水上幷同所市谷御門外御堀端江葭簀張茶見世以前之通差出度趣今般願出候ニ付（第四八号）、御吟味之上猶又風聞取調候様被仰渡候ニ付、承糺候趣左ニ申上候、

市谷八幡町
月行事
庄九郎

同所田町壹町目
同
儀兵衛

右庄九郎願出候ハ、同場八幡町地先往還ニ有之候大下水巾九尺・長廿三間之処（朱書）「所」、出商人之儀ハ、寛政四子年十二月中池田筑後守殿（長恵、南町奉行）御勤役中願出、翌丑年（寛政五年）三月願之通被仰付、葭簀張水茶屋差出來候、幷庄九郎・儀兵衛同様願出候ヽ、市谷御門外左右御堀端ニ差出候

御堀端ノ分ハ願済ノ書留ナク自儘ニ差出ス様子

四谷御門外等茶見世ノ古復ニヨリ両町願出ル

大下水ニ蓋ナク怪我人アリ町内モ迷惑ス

大下水ノ方ハ古復申付クカ

御改革弛ムト風評モ生ゼン

一統ニ許可セズ支障アラバ別段呼出シ古復申渡スカ

葭簀張茶見世之儀、安永以前ゟ追〻差出願済ニ相成居候由申傳候得共、書留無御座由相聞申候、左候得ハ全く町内に逢對〔相〕ニ而自侭ニ差出候様子ゟ相聞申候、然ル處、去ル寅年（天保十三年）不殘取拂被仰付候処、近邊四谷御門外其外二、三ケ所茶屋世古覆〔復〕被仰付候ヲ承り、兩町共願出候義ゟ相聞申候、一躰大下水之方ㇳ、同所ニ蓋無之候間、町内持ニ而竹等ヲ以駒寄致し置候得共、盲人又ㇳ幼年もの或ㇳ酒狂人等過チ落入怪我致し候者有之、町内ニ而も迷惑致し候趣相聞候間、大下水之方計ハ願も相濟居旁古覆被仰付可然哉、且又、市谷御門外左右茶見世之方ㇳ、御差免不相成候とも强ニ而差支ㇳ無之趣相聞申候、勿論、今般大下水出商人之儀古覆被仰付候ハヽ、下賤之ものハ心得違致し、御改革弛〻候抔風評致し候ものも可有之、左候得ㇳ是迄御差止ニ相成候出商人之分種〻可願出儀ニ可有之哉、右ニ付今般願出候分ㇳ、一統御聞届無御座、追ニ而差支候節ハ別段御呼出古復被仰渡候方ニ可有御座哉之趣、風聞相聞申候、

右承糺候趣書面之通ニ御座候、依之、御渡之書付壹通（第四八號）・繪圖面一枚返上、此段申上候、以上、

午（弘化三年）十二月

隱密廻

四八　市谷八幡町月行事等願書　町奉行所宛

八幡町地先大下水上等ニ葭簀張茶見世ヲ差出ス

取拂命ゼラル

右見世ニテ渡世ノ者難澁ス

往來人モ不辨

四谷御門外等ノ葭簀張見世同様古復ヲ願フ

乍恐以書付奉願上候

一市谷八幡町月行事庄九郎・同所田町壹町目月行事儀兵衛奉申上候、八幡町地先往還ニ有之候大下水上巾九尺・長二十三間之所、少〻之日除仕出商ひ仕度段、寛政四子年十二月中　池田筑後守様(長恵、南町奉行)御勤役中奉願上、翌丑年(寛政五年)三月中願之通被　仰付、葭簀張茶見世差出し申候、幷同町地先市谷御門外左右御堀端ニ安永之頃ゟ葭簀張茶見世差出、壹町目地先御堀端ニも寛政初年ゟ同様差出渡世仕來候處、去ル卯年(天保十四年)十月中取拂被仰付不殘取拂申候、然ル処、是迄右葭簀張見世ニ而渡世仕來候ものとも、何レも捌〔捗〕〻敷稼も出來兼候もの共ニ而、取拂被仰付候後渡世ニも差支難澁罷在、且、暑寒又ハ急雨之節抔往來之もの不弁利之儀も御座候処、四谷御門外其外以前葭簀張見世差出取拂候場所、今般古復被仰付候ニ付、格別之以　御憐愍、私共町內地先之儀も以前之通葭簀張見世差出候様被仰付被下置候ハヽ、一同難有仕合奉存候、何卒　御慈悲之御沙汰被成下置候様別紙繪圖面相添奉願上候、以上、

弘化三午年
正月廿九日

市谷八幡町
月行事
願人　庄九郎印
外五人
名前略之、

御奉行所様

弘化四未年十一月

淺草御藏前土手通床見世補理度願調

第七件

四九

深川吉永町家持等願書

町奉行所宛

淺草御藏前通ニ先年床見世アリ

當時明地ニ干見世多分アリ

床見世補理ヒ番人差置キ上納シタシ

ヒレ付末ニ記、

乍恐書付を以御訴詔奉申上候

一深川吉永町家持源八奉申上候、淺草御藏前土手通茅町續大圓寺門前ゟ三好町迄之地所、先年床見世有之候処、當時明地ニ有之候場所に日〻諸商人干見世多分罷出候処、暑寒幷ニ風雨之節ニ難凌、且、遠近出稼之もの家業向難澁之ものも御座候哉ニ粗承知仕候ニ付、右場所大圓寺門前ゟ三好町迄之処續地に凡長延三百間程・出巾貳間通床見世補理仕度、間數ニ應し見張番屋相建番人差置、晝夜時〻見廻り火之元を勿論、諸勝負事其外疑ケ敷もの一切無之様精〻心付候間、前書之場所明地に御請負地ニ奉願上候、尤、御上納之義

明地へ請負地命ゼラレタシ

鰭付案町奉行所市中取締掛与力評議土手通ハ元來火除明地ニテ淺草森田町等へ御預ニナル

ゟハ壹（マヽ）ケ年金百五拾兩ニ被仰付、盆暮兩度ニ割合前納仕度奉存候、然ル上ゟ、御藏外廻火之元ゟ勿論、其外とも格別大切ニ可仕候間、何卒以御憐愍前書之明地ニ御受負地被仰付被下置候樣偏ニ奉願上候、以上、

弘化四未年十一月廿八日

深川吉永町
家持
願人　源　八印
五人組　又　藏印

御奉行所樣

〔第六圖〕○四三〇～四三五頁

（朱書）「奉　新五郎」（蜂屋、南町奉行所与力）

（朱書）「未十二月三日（弘化四年）、忠太夫（高林、南町奉行用人）を以上ル、ヒレ付之通可案取計旨被仰渡、翌四日、御下ケ、」

ヒレ付案

書面深川吉永町家持源八儀、淺草御藏前土手通ニ床見世補理度旨願出、右場所文政之度一旦床見世出來候得共、元來火除明地ニ而淺草森田町外三ケ町ニ御預ニ相

文政度新規床見世ハ高札文言ニ背ク今般願ハ不許可トスベキカ

別紙浅草森田町高札文言寫

火事ノ節諸道具ノ持出ヲ禁ズ

人ノ集マルコトヲ禁ズ

成、同所ニ被建置候高札御文言（別紙）之内、此明地之内ニ火事之節武士・町人ニよらす諸道具一切持出申間敷候、若左様之儀も有之候ハヽ、其支配之所ゟ追拂可申事、常〻明地之内ニ晝夜共ニ人集申間敷、若左様之義有之候ハヽ、是又其支配之所ゟ追拂可申ゟ有之候ニ付、文政之度新規床見世出來候儀可然ゟハ難申上、旁今般願之趣ハ不被及御沙汰旨被仰渡可然哉ニ奉存候、

未十二月

市中取締掛

（朱書）「淺草森田町高札文言写」

定

此明地の内に火事之節、武士・町人によらす諸道具一切持出申ましく候、若左様之儀も有之候ハヽ、其支配の所より追はらい可申候事、

一常〻明地之内に晝夜共に人あつまり申ましく候、若左様之儀も有之候ハヽ、是又其支配の所ゟ追拂可申事、

右之趣急度可相守候、若於相背ハ可爲曲事者也、

月　日

五〇 深川吉永町家持等請書

浅草御藏前土手通へ床見世補理ヒ上納金ヲ願フ沙汰ニ及バズ

（朱書）「吟味所おゐて市中取締掛申渡、」

深川吉永町
家持
源　八

此もの儀、浅草御藏前土手通に床見世補理上納金致し度旨願出候得共、右ㇳ故障之筋有之候間、願之趣不及沙汰、

右之通被仰渡奉畏候、爲後日仍如件、

（弘化四年）未十二月五日

深川吉永町
家持
源　八印

五人組
又　藏印

（朱書）「一右之趣、市中取締掛堀江町名主熊井理左衛門へ爲心得申聞置候事、」

第八件

（朱書）「突合濟」

弘化四未年十二月

内匠頭殿ゟ相談廻

五一
北町奉行相談
書南町奉行
宛

葭簀張取拂後
大下水上蓋モ
ナク落入リ怪
我人アル由
伺フベキカ

南町奉行挨拶

市谷八幡町地先大下水上葭簀張古復之儀ニ付調

（朱書）「未（弘化四年）十二月十日、來、同十四日、及挨拶、」

「左衛門尉殿（遠山景元、南町奉行）

鍋嶋内匠頭（直孝、北町奉行）

市谷八幡町地先大下水上葭簀張取拂後下水上蓋も無之候ニ付、過チ落入怪我致し候もの等有之由、風聞之趣組市中取締掛ゟ別紙（第五七號）之通申立候間、御存寄も無之候ハヽ、相伺可申哉与存候、依之、書類相添及御相談候、

未（弘化四年）十二月

御書面市谷八幡町大下水上葭簀張取拂後、度〻怪我致し候者等有之候由ニ而、御組市中取締掛ゟ別紙之通申立候ニ付、御伺可有之哉之旨御相談之趣致承知候、則

書類一覧之上勘弁致し候処、右ハ元済も慥ニ而、實ニ不慮之慳我人も有之候段相違も無之、殊ニ町方願出候共品違候ニ付、寛政度之振合ニ古復致し候様御伺有之候方御同意ニ而聊存寄無之候、依之、別紙返却、此段及御挨拶候、

未十二月　　遠山左衛門尉

寛政度ノ振合ニ古復スルヤウ伺ハン

五二　町奉行伺書

「（朱書）未十二月廿日（弘化四年）、立田録助（奥右筆）を以上ル、」

［山城守殿（戸田忠温、老中）］

市谷八幡町地先下水上葭簀張古復之儀ニ付奉伺候書付

町奉行

［鍋嶋内匠頭（直孝、北町奉行）］

書面伺之通可申渡旨
被仰渡、奉承知候、
申四月十五日（嘉永元年）

「（朱書）申四月十五日（嘉永元年）、原弥十郎（思孝、奥右筆）を以、左衛門尉殿（遠山景元、南町奉行）ゟ御渡、」

○コノ伺書ニツキテハ、第五四號ヲ參看スベシ、

五三
老中書取

覺

伺之通可被申渡候事、

五四
町奉行伺書案

「(朱書)(弘化四年)未十二月十八日、來、承付致し、翌日返却、」

「(遠山景元、南町奉行)左衞門尉殿に相談もの

「(戸田忠溫、老中)山城守殿

市谷八幡町地先下水上葭簀張古復之儀ニ付奉伺候書付

拙者儀、伺之存寄無之候、

未
十二月　左衞門尉

町奉行

「鍋嶋內匠頭(直孝、北町奉行)

八幡町地先大下水ニ落入リ怪我人アリ

寛政二年中上蓋仕付願ハ許可サル

寛政五年中下水上葭簀張茶見世願ヲ許可サル

天保十三年中下水上葭簀張モ取拂申付ク

弘化二年中水道橋外ノ葭簀張水茶屋ハ古復命ゼラル

弘化三年中市谷八幡町大下水上等葭簀張差出ヲ願出ル

市谷八幡町地先往還ニ有之候大下水幅九尺・長貳十三間之所、大雨出水之砌又ハ夜分等、子供或ハ盲人・小荷駄馬之類度〻落入怪我致し候ニ付、右下水上蓋仕付床見世商ひ致し度段、寛政二戌年正月池田筑後守（長恵、南町奉行）町奉行之節願出、同年四月中右床見世之儀ハ難成、上蓋之儀ハ願之通勝手次第可致旨申渡候後、同四子年十二月右場所少〻之日除致し出商ひ致度旨再應同人勤役中願出、翌丑年（寛政五年）三月床見世ニ紛敷儀無之様可致旨を以願之通申付、葭簀張茶見世差出來候儀之処、六年以前寅年（天保十三年）御堀端并河岸地建物不殘取拂候様、水野越前守殿（忠邦、老中）御書取を以、鳥居甲斐〔守脱カ〕（忠耀、南町奉行）町奉行之節被仰渡、（本書二十三、町觸申渡之部第八〇號參看）其砌同人取調之上、右下水上も御堀端ニ相接候場所ニ付、市谷御門外左右御堀端・同所壹町目地先御堀端とも同様取拂申付候、然ル処、去〻巳年（弘化二年）十二月水道橋其外葭簀張水茶屋共古復之儀、伊勢守殿（阿部正弘、老中）御沙汰御座候節、最前取拂ニ相成候分一般ニ古復致し候ゟハ、自然御取締相弛ミ候様心得違候ものも出來可申哉ニ付、事實往來之もの難儀可致場所而已得ゟ取調可申上旨、御書取（第三五號）を以被仰渡候間、差支有無事實探索（第四〇號）之上、水道橋外三ケ所ハ同年中古復被仰付（第三九號）、其内江戸橋廣小路其外十二ケ所ハ差支之儀も不相聞候間、是迄之通被差置可然旨申上候儀（第三八號）ニ御座候処、右之趣承傳、去午年（弘化三年）正月市谷八幡町外壹ケ町月行事共ゟ相願候ハ、右大下水上并御堀端葭簀張茶見世差出候もの共、取拂後稼も出來兼難儀罷在、且、暑寒又ハ急雨之節抔往來之もの不弁利之儀も有之候處、

茶見世取拂後下水上蓋モナク下水際へ手摺取付置ク過チ落入リ怪我人アル由

武家方等モアリ

人命ニ拘ル儀アルハ以ノ外

大下水ノ方ノミ古復申付クカ

右水道橋其外葭簀張見世取拂候場所先般古復被仰付候ニ付、右之者共町内地先之儀も同様如以前差出度旨願出、(第四八號)其砌取調候処、右兩町地先御堀端之方ハ、安永・寛政之頃ゟ差出來候由ニ候得共、願濟不相分、大下水上葭簀張之儀ハ、町年寄共方ニ願濟書留有之候上ハ、願之通可被申付哉之段可奉伺之處、前書水道橋其外古復被仰付候節、御書取之趣も有之候間、願ニよつて被仰付候ハヽ、外町〻ゟも追〻同様之儀可申立哉ニ付、不及沙汰方ニ私共談判之上(第四四號)其段申渡置候、然ル処、右大下水之儀、茶見世取拂後下水上蓋も無之候ニ付、町入用を以竹ニて下水際に手摺取付置候故、盲人・女子供或ハ酒狂人其外過チ落入怪我致し候もの有之由、組廻同心共承込、既寛政度願出候節も右之趣意中立候儀ニ付、猶得と風聞爲相糺候処、(第五八號)別紙之通不慮之怪我人有之候段相違無之哉ニ相聞、殊ニ武家方抔も相見、然ル上ハ、往來人暑寒休足之煩ひ而已(マヽ)ニハ無之、人命ニ拘候儀等有之候てハ以之外之儀ニて、元來寛政度願濟之儀ニも有之候間、旁以元濟之振合を追ひ床見世ニ紛敷手重なる儀致間敷旨急度申渡、尤、七年以前丑年(天保十二年)市中床見世取調仕候節、右葭簀張之內少〻疊床も相交り候趣相聞候間、若此上相背候もの有之候ハヽ、嚴重之御咎可被仰付旨をも能〻町役人共に申渡、右大下水之方計ハ古復可被仰付哉ニ奉存候、依之、風聞書二通(第五八・五九號)相添此段奉伺候、

(朱書)「本文水茶屋共儀、是迄冥加筋等差出候儀無之、平日夜分ハ疊置、　御成御見通ニ相

成候節ハ取片付、尤、往還場廣之儀ニ付日〻申合掃除等為致候趣ニ御座候、」

以上、

（弘化四年）未十二月　遠山左衛門尉

鍋嶋内匠頭

（南町奉行所与力）仁杉八右衛門様　（北町奉行所与力）中嶋嘉右衛門

（同右）吉田百助様　（同右）秋山久藏

（同右）原善左衛門様　（同右）磯貝七五郎

（同右）中村次郎八様　（同右）東條八太郎

（同右）蜂屋新五郎様

各様弥御安全被成御勤珍重奉存候、然ハ、先達ゟ及御相談候市ケ谷八幡町葭簀張古復之義、

昨十八日（第五六號）別紙之通申渡相濟候間、為御心得写差進申候、以上、

（嘉永元年）四月十九日

市谷八幡町

五五　北町奉行所与力書状　南町奉行所与力宛

市谷八幡町葭簀張古復ニツキ申渡濟ム

五六　町奉行申渡書　市谷八幡町月行事宛

大下水ニ上蓋仕付ケ葭簀張水茶屋出ス取拂後下水へ落入リ怪我人モアリ休息場所ニ支障アリ古復申付ク

五七
北町奉行所市中取締掛与力伺書

月行事
庄九郎

町内地先住還ニ有之大下水幅九尺・長貳拾三間之処、上蓋仕付葭簀張水茶屋差出し來処、去ル寅年（天保十三年）取拂相成後、大雨出水之砌或ハ夜分等、往來人下水內江落入不慮之怪我いたすものも有之、其上暑寒又ハ急雨之節等休息之場所ニ差支ル趣相聞ニ付、今般寅年以前之通古復申付間、右取拂相成節迄渡世いたし候ものともに葭簀張見世爲差出、尤、床見世ニ紛鋪手重なる儀不致、火之元其外不取締之義無之様、諸事寬政度願濟之通相心得、若此上相背疊床等ニ致もの於有之ハ、嚴重之咎可申付間、精〻入念等閑無之様可致、

右申渡ス趣、證文申付、

申（嘉永元年）四月十八日

市谷八幡町地先下水上葭簀張古復之儀ニ付御內慮奉伺候書付

市中取締掛

八幡町地先大下水ニ落入リ怪我人アリ

寛政二年中上蓋仕付願ハ許可サル

寛政五年中下水上葭簀張茶見世願ヲ許可サル

天保十三年中下水上葭簀張モ取拂申付ク

弘化二年中水道橋外ノ葭簀張水茶屋ハ古復命ゼラル

弘化三年中市谷八幡町大下水上等葭簀張差出ヲ願出ル

市谷八幡町地先往還ニ有之候大下水幅九尺・長貳拾三間之處、大雨出水之節又ハ夜分等、子供或ハ盲人・小荷駄馬之類度〻落入怪我致し候ニ付、右下水上蓋仕付床見世商致し度段、寛政二戌年正月中池田筑後守（長恵、南町奉行）殿御勤役中願出、同年四月中右床見世之儀ハ難被仰付、上蓋之儀ハ願之通勝手次第可致旨被仰渡候後、同四子年十二月中右場所少〻之日除いたし出商ひ仕度旨、再應御同人御勤役中願出、翌丑年（寛政五年）三月中床見世ニ紛敷儀無之様可致旨を以、願之通被仰付葭簀張茶見世差出來候儀之處、六年以前寅年中（天保十三年）、御堀端幷河岸地建物不殘取拂候様、越前守（水野忠邦、老中）殿御書取を以被仰渡候節、御向方御掛ニ而御取調之上、御堀端ニ相接候場所ニ付同様取拂被仰付、其砌右下水上之外、同町地先市谷御門外左右御堀端・同所壹町目地先御堀端等ニ前〻葭簀張茶見世差出來候分も、是又取拂被仰付候、然処、去〻巳年（弘化二年）十二月水道橋其外葭簀張水茶屋共古復之儀伊勢守（阿部正弘、老中）殿御沙汰御座候節、寅前爲取拂ニ相成候分一般ニ古復致し候而ハ、自然御取締相弛ミ候様心得違候者も出來可申哉ニ付、事實往來之もの難儀可致場所而已得与取調可申上旨、御書取（第三五號）を以被仰渡、其節差支有無事實探索之上（第四〇號）、水道橋外三ケ所ハ同年中古復被仰付（第三九號）、其内江戸橋廣小路其外拾貳ケ所ハ差支之儀も不相聞候間、是迄之通被差置可然旨被仰上候儀（第三八號）も有之候処、右之趣承傳、去午年（弘化三年）正月中市谷八幡町

茶見世取拂後下水上蓋モナク下水際ヘ手摺取付置ク
過チ落入リ怪我人アル由
再度隱密廻ニ糺サス
身分柄ノ者等モアリ

外壹ケ町月行事共ゟ相頼候ニ（朱書）「願」、右大下水上幷御堀端葭簀張茶見世差出候もの共、取拂後稼も出來兼難儀罷在、（朱書）「且」暑寒又ハ急雨之節抔往來之者不弁利之儀も有之候處、右水道橋其外葭簀張見世取拂候場所先般古復被仰付候ニ付、右之もの共町內地先之儀も同樣差出度旨願出、（第四八號）其砌取調候處、右兩町地先御堀端之方ハ、安永・寛政之頃ゟ差出し來候由ニ候得共、願濟不相分、大下水葭簀張之儀ハ、舘市右衛門（町年寄）方ゝ（朱書）「ニ」も願濟書留有之候上ハ格別之儀ニ付、右願之趣ハ被御聞置床見世ニ紛敷義又ハ手重成義致間敷旨、先年之振合を追ひ被仰渡可然哉之處、前書水道橋其外古復被仰付候節右貳ケ所共取拂之侭ニ而被差置候上ハ、願ニよつて被仰付候ハヽ、外町ゝゟも追ゝ同樣之義可申立哉に付、御沙汰不被及、追而實ゝ差支之趣も有之候ハヽ、願ニ不拘別段之思召を以古復被仰付可然哉之段、同年十二月中私共ゟ申上候処、（第四五號）當正月廿二日願之趣御沙汰不被及旨被　仰渡候、然ル處、右大下水之儀茶見世取締（朱書）「拂」後下水上蓋も無之候ニ付、町入用を以竹ニ而下水際に手摺取付置候故、盲人・婦幼或ハ酒狂人・小荷駄馬其外過チ落入怪我致し候もの有之由隱密廻承込、既ニ寛政度願出候節も右之趣意（朱書）「立」申上候儀ニ付、夫ゝ風聞相糺候処、相違無之哉ニ相聞候間、右大下水上葭簀張之義ハ、古復被仰付候方ニ可有之旨申上候書面御渡被成候間、再應談判仕候上猶又隱密廻に再糺申談候處、別紙（第五八號）之通右下水にて怪我人等も有之、殊ニ身分柄之もの抔も相見、然上ハ往來人暑塞・休足之煩ひ而已等ニも無之、人命ニ拘り候ものも有之趣ニ付、其侭御捨可被置筋無之、元來寬政度願濟之廉も正敷新規之儀ニも曾而無御座、殊ニ去年中私共取調之趣も此後實ゝ差支有之向ハ願ニ不拘被仰付可然旨申上置候儀ニも御座候間、旁以元濟之振合ニ而床見世に紛敷手重成儀無之様急度被仰渡、
（朱書）「七年以前丑（天保十二年）年市中床見世取調之儀、越前守殿被仰渡候節、右葭簀張之內央ハ疊床ニ相成居願濟ニ振レ候儀之處、所ゝ床見世之內願濟不愼分幷規矩ニ振レ候向も有之候得共、取拂而は小前之もの共難儀可致筋ニ而、右渡世之者共ハ何レも細キ元手之ものニ而生活之便りを失ひ、御仁惠之御所置ニも相當不仕、是迄不取締之儀も不相聞候間、先是迄之姿ニ而被差置、此上掛ケ床等ゟ出火致し候歟如何之筋相聞御吟味等ニ相成候節ハ、願濟等之始末不分明之分ハ其節減切ニ被仰付候積內規矩ニ被成置、書上之侭御調中之姿を以可否之不及（不被ゝ）御沙汰被差置候方、此上新規之場所相增不申、猥なる義も無之可然哉之旨、去ゝ巳年伊勢守殿に御伺濟ニ相成候故、本文之場所別段御沙沙〔汰〕ニも不被及、御堀端之廉ニ而取拂相成候儀ニ御座候、」
若此上相背候者ハ、嚴重之御咎可被仰付旨をも能ゝ名主共初町役人共に被仰渡、右大下水之方計ハ古復被仰付候積り御伺有之可然哉ニ奉存候、思召も無御座候ハヽ、御伺書案（第五四號）取調

床見世ニ紛ラハシキ儀ナキヤウ申渡スカ

天保度取調ベシ床見世ノ扱

大下水ノ方ハ古復ノ積リニテ伺フベキカ伺書案取調ベン

五八　町奉行所隠密廻同心風聞書

大下水上葭簀張見世取拂後下水へ落入ル者

入御覽候樣可仕候、依之、隱密廻り差出し候書付相添、（第五八・五九號）此段御內慮奉伺候、以上、

（弘化四年）未十二月

（北町奉行所与力）中嶋嘉右衛門

（同右）秋山久藏

（同右）磯貝七五郎

（同右）東條八太郎

隱密廻

市谷八幡町下水に落入候者承糺候趣申上候書付

去ル寅年（天保十三年）市谷八幡町大下水上葭簀張見世取拂候後、同所下水に落入候もの取調候処、左之通御座候、

上杉彈正大弼家來（齊憲、出羽米澤藩主）

池田丈八

右之方小鬢横三寸程

打庇壹ケ所

同方耳壹寸程同壹ケ所

同方襟ゟ肩ニ掛同壹ケ所

卯（天保十四年）四十二三歳

右池田弌八義、去ル卯（天保十四年）年四月七日、尾州御屋形（徳川齊莊、尾張名古屋藩主）ニ使者相勤歸候途中、右大下水際ニゐ落馬致し下水ニ落入、右之通怪我致し候ニ付、引揚醫師相掛手當致し遣候処、同家來罷越內分ニゐ引取度旨申聞、翌八日引取歸候処、其後弌八義相果候由之風聞ニ御座候、

田安（徳川慶頼、田安家當主）近習番之由
山本弥之助家來
高井善藏
辰（弘化元年）五十歳余

右高井善藏義、去ル辰（弘化元年）年十月廿四日夜九時頃、同所大下水ニ落入候付、直ニ引揚ケ手當致し遣候処、無間も相歸候由、

麹町七町目
豆腐屋召仕之由
名前不知

右之もの、去ル巳（弘化二年）年六月中夜五時頃、兩人ニゐ大豆壹俵差荷ひ參り、先肩擔居候もの過チ下水へ落入候処、直ニ上り同道致し相歸候由、

田安廣敷臺所人之由
梅田伊三郎

巳三十歳余（弘化二年）

右梅田伊三郎義、同年八月廿一日夜六時頃、下水ニ落入少ゝ怪我致し候ニ付、醫師手當致し遣候処、翌日同人悴之由参り引取歸候由、

尾州勘定組頭
西田圓藏下女
名前不知
巳十七八歳

右之者、同年八月中晝大雨之節、大下水上ニ水溢レ出往還相分兼候ニ付、過チ下水へ落入候処、早速引揚遣申候、尤、怪我ハ不致候由、

山下町
木村勾當第子
生悦
午十五六歳

右生悦儀、去午（弘化三年）六月廿三日晝九半時頃、同所下水へ落入候ニ付、引揚介抱いたし遣候由、

御使番
近藤杢之助中間
名前不知
午五十歳位

右之もの、同年七月下旬夜五時過、下水へ過チ落入候得共、直ニ上り相歸候由、

四谷邊
武家方
姓名不知
午三十歳位

右之もの、同年九月廿四日夜四時過、下水に落入候ニ付、引揚介抱致シ候処、名前不申聞直ニ相歸申候、

右之外町内幼年者等落入候儀度〻有之候由、尤、右下水際に竹之手摺取付置候得共、雨中又ハ闇夜之節兎角過チ落入候儀御座候趣相聞申候、依之申上候、以上、

（弘化四年）未四月

隠密廻

町内幼年者等度々落入ル下水際へ手摺取付置クモ雨中等ニ落入ル

五九　町奉行所隠密廻同心風聞書

市谷八幡（朱書）「町」大下水に落入怪我いたし候者有之候ニ付申上候書付

隠密廻

市谷八幡町家前往還大下水巾九尺・長貳拾三間之場所蓋板いたし日除取繕商ひ仕度旨、寛

寛政五年中許可サレ下水上葭簀張水茶屋差出ス
天保十三年取拂命ゼラル
弘化三年中古復ヲ願フモ許サレズ
大下水ニ蓋ナク落入リ怪我スル者アリ
先年モ同様トノ風聞
名主ヨリ願書差出ス
風説通リニツキ古復命ズルカ

政四子年中池田筑後守殿（長恵、南町奉行）御役所江願出、翌丑年（寛政五年）願之通被仰付、葭簀張水茶屋其外商ひ物年來差出し罷在候処、六年以前寅年（天保十三年）右大下水上并市谷御門外水茶屋其外所〻取拂被仰付候後、去〻巳年（弘化二年）中、近邊四谷御門外其外貮三ケ所古復被仰付候場所及承、去午（弘化三年）正月中大下水上并市谷御門外水茶屋等古復被仰付候様町内月行事共當御役所江願出候処、當正月廿六日右之者共被召出、右願ハ不被及御沙汰候旨被仰渡一同奉畏罷在候、然ル処、右之内大下水之方ハ蓋無之候ニ付、町入用を以竹等ニ而下水際江手摺取付置候処、六年以前寅年以來盲人・子供或ハ酒狂人等過チ落入怪我いたし候もの有之、尤、先年も同様怪我人有之候ニ付、寛政年中其段申立願出候義ニ而、無余義訳柄之趣風聞有之候ニ付、支配名主ニ承合候処相違無之由ニ而、別紙之通名主佐内（嶋田、市谷佐内坂町名主）より私共迄願書差出申候、右ニ付猶又近邊風聞承探候処、全く風説仕候通、不慮之怪我人有之候趣相聞候ニ付、御糺之上可（被脱カ）仰付候哉、則、名主共差出候願書并寛政年中願出候書付類写相添、此段申上候、以上

未（弘化四年）二月　　隠密廻

第九件

天保十三寅年六月

左衛門尉殿ゟ御相談廻

明地葭簀張茶屋取拂有無番屋丈尺等之儀調

○コノ件名、目次ニ見ヘズ、

（左ノ掛紙ニ貼付ノ掛紙上書）
「　　可入もの
末〻写有之、
外突合濟、　」

（掛紙上書）
（朱書）
「末之方書類不足、向方留ゟ突合写入候事、」
天保十三寅年六月五日　　突合濟、
（掛紙、上書アリ、）
明地内外葭簀張茶屋取拂、場所ニ寄其侭差置幷番屋丈尺等之儀取調申上、南北小口年
番名主申渡、

（掛紙ニテ抹消、上書アリ、）

（押紙）
（朱書）
「綴込之末ニ綴入候間切〻ニ相成、末一枚程書物不足、突合

可申事、」

（朱書）
「天保十三寅年六月五日、
越前守殿（水野忠邦、老中）ニ御直上ル、同月十九日、承付、返上、」

六〇　北町奉行伺書

所ゝ明地内外葭簀張同様ノ茶屋等ノ取調ヲ命ゼラル名主共へ書上ゲサス

> 所ゝ明地内外葭簀張其外取調申上候書付
>
> 書面取拂方等之儀、都ゟ伺之通相心得取計可申旨被仰渡、奉承知候、
>
> 寅六月十九日
>
> （押紙上書）
> 「遠山左衛門尉（景元、北町奉行）」
>
> （押紙ニテ抹消、上書アリ、）
> 「遠山左衛門尉
> 町奉行」

所ゝ明地内外葭簀張同様之茶屋又ハ拜借地・御預地等之内ニ有之候植木屋其外家作・番屋共私共懸之分不洩様箇所之起立之儀早ゝ取調可申上旨、當四月十四日被仰渡候ニ付、町ゝ名主共ニ申付書上させ候処、去丑年（天保十二年）十月中町中ニ有之候床見世不殘取調可申上旨被仰渡候（第一號）節之書上并此度甲斐守（鳥居忠耀、南町奉行）方ゟ取調申上候町ゝ河岸地建物等別段申上候書面ゟ混雑仕御見分悪敷候ニ付、今般御尋之廉ゝニ當り可申哉ト被存候分ニハ朱紙を張奉入御覧候、

葭簀張ニ日覆等致シ終ニハ床店ニ補理ヒ流弊ノ基ナリ
願濟ニナキ分ハ取拂ハスカ
支障ナキ分ハ差置クカ
兩國橋東西助成地新大橋向寄助成地
是迄通リ差置クカ
三河町三丁目外四ヶ所裏會所地
神田新銀町外二ヶ所裏會所地

一葭簀張之儀、全書之內計差出、夜分取片付往來差障等無之分ハ、強而害ニも相成間敷哉ニ候得共、いつれ願を不經取建候分ハ、先寂初葭簀張日覆等いたし、追〻柱建致し板等相用ひ、終ニハ床店ニ相補理候儀ニ而流弊之基ニ有之、其侭被差置候而ハ、御改革之御趣意際立不申候間、願濟ニ無之分ハ爲取拂候方可然哉、乍去、火除地等拜借いたし助成願濟之分、全書之內計差出、夜分取片付往來幷火〔災〕員等之障ニ不相成分ハ、其侭可被差置候哉、且、兩國橋東西助成地・新大橋向寄助成地葭簀張一圓ニ有之、いつれも柱建いたし晝夜其侭差置候儀ニ候得共、右助成を以橋番所修復・出火出水等之節防方人足道具手當等いたし來、兩國橋東西之儀ハ猶更廣場之儀ニ付、往來火員等之障ニハ不相成、右貳ケ所共　　御成之節ハ取拂候儀ニ而、延享四卯年二月所〻明地ニ有之候床見世其外見世物・賣物等圍店引拂被　仰出候節、兩國橋・新大橋向寄明地之儀ハ取拂候ニ不及、只今迄之通ニ而差置可申旨被　仰出候儀ニ有之候間、是迄之通可被差置候哉、

一三河町三町目外四ケ所裏會所地四百五拾九坪五合余、文化五辰年五月御仕立師小林六兵衞拜借仕、冥加金壹ケ年六兩銀三匁三厘六毛宛町年寄方に取立、所〻地代一同御金藏に相納申候、

一神田新銀町外貳ケ所裏會所地貳百貳拾八坪九合余、文化九申年三月御糸御用達瓶子屋庄

右二ケ所ハ火除地ユヘ家作建アラバ取拂ハスカ

室町三丁目裏會所地

家作地ユヘソノ儘差置クカ

淺草天王町等植物場

勘定所植物方ニテ進退シ見守人附置ク勘定奉行ヘモ掛合ヒ取拂有無ハ別ニ伺フ

商番屋見守番屋

三郎拜借仕、冥加金壹ケ年六兩宛町年寄方ニ而《に》取立、前同斷御金藏江相納申候、

右貳ケ所ハ火除地之儀ニ付、家作ハ難相成場所ニ付、當時小林鉄三郎拜借地之方ハ取崩居候旨町役人共申立候、御下知次第見分之もの差遣、家作建有之候ハヽ、爲取拂候樣可仕奉存候、

一室町三町目裏會所地之儀ハ、元兩國上下　御上り場幷堅川口常浚受負人助成地ニ有之候処、寛政五丑年中請負取放相成候ニ付、跡家作地ニ申付、右地代町年寄方江取立、御金藏江相納申候、

右ハ前書貳ケ所之火除地ゟハ訳違、家作地ニ御座候間、其侭可被差置候哉、

一淺草天王町植物場　壹ケ所

一同所三好町同斷　壹ケ所

右ハ御勘定所植物方ニ而進退いたし、家主共引請ニ而見守人附置御用地内外取締方幷植物手入等いたし、御勘定所江冥加永相納候場所ニ而、拾ケ年季ニ而預ケ置、御勘定奉行ゟ懸合之上繼年季之儀ハ私共方ニ而承屆置候場所ニ御座候間、御勘定奉行江も懸合之上取拂有無之儀ハ別段可奉伺候、

一書上之内商ひ番屋・見守番屋ゟ認候分數多有之候處、右ハ見守番屋抔ゟ申立候中ニハ紛

定尺ニ違反セバ止メサス

橋臺左右河岸人溜リノ建物ハ取調中

他支配ニテ同様建物アル場所ハ向々ヘ合ハセン

敷家作も可有御座哉、一躰自身番屋・商番屋之儀ハ、寛政三亥年町法改正之節手狭ニ捕理可申旨申渡、尙文政十二丑年中、自身番屋之儀ハ梁間九尺・桁行貳間半・軒高サ壹丈三尺、棟高サハ軒ニ准し可申、木戸番屋ハ梁間六尺・桁行九尺・軒高サ壹丈、棟高サ軒ニ准し候、定尺ゟ相增候儀一切停止申付、尤、場所ニ寄差支候筋も有之候ハヽ、其訳可申立旨申渡置候儀ニ有之候間、向後修復仕直し之節、是迄之通見分之もの差遣候砌嚴重ニ爲相糺、右定尺ニ振れ候分ハ、其節〻無用捨爲相止不埒之廉も相聞候分咎申付候様可仕与奉存候、

一橋臺左右河岸五間宛人溜りを明ケ番屋之外建もの一切致間敷旨、十四年以前丑年（文政十二年）・翌寅（同十三年）年中渡置候趣も有之候得共、（本書十三、河岸地調之部第二八二號參看）近來猥ニ建ものいたし候哉ニ相聞候間、右ハ別段相伺候積を以當時取調中ニ御座候、

右之通、御沙汰之趣を以私共懸之分計爲書上候得共、他支配相接同様建物有之候場所之儀ハ取拂被　仰付候節一様ニ無之候而ハ不都合ニ御座候間、右ハ其節ニ至向〻江相合取計候様可仕与奉存候、依之、被成御渡候御書取壹通返上仕、別紙名主共書上貳十貳冊相添、此段申上候、以上、

寅（天保十三年）六月

遠山左衞門尉

六一　町奉行申渡書
市中取締掛名主宛

所々明地内外葭簀張水茶屋等願濟ニナクバ取拂ヲ命ズ

申渡

市中取締掛
名主共

所ミ明地内外葭簀張水茶屋其外、願濟之分ㇳ格別、願も不致所之者相對ヲ以補理候分ハ、不殘取拂申付ル、

但、取拂候上其段可訴出、

右申渡趣、證文申付ル、

(天保十三年)
寅六月廿五日

第一〇件

天保十二丑年十月

猿屋町附懸床取拂申渡

六二　町奉行申渡書　淺草猿屋町會所附地所請負人等宛

猿屋町會所附掛床ハ文政三年上納金申付ケ許可ス

申渡

淺草猿屋町會所附地所
受負人
本所藤代町
惣七店
作次郎

淺草茅町壹町目
利右衛門店
半次郎

右地所取締懸
同所平右衛門町
名主
平右衛門（村田）

同所茅町壹町目
同
弥兵衛（濱）

同所貳町目
同
權之丞（朝田）

同所諏訪町
同
伊藏（內藤）

同所黒船町
同
庄左衛門（松本）

淺草猿屋町會所附懸床之儀、文政三辰年中願之上上納金申付差免置処、今度取拂申付、

今度取拂申付ケ上納ニ及バズ

尤、當月分之上納金之不及沙汰、

右申渡趣、證文申付ル、

（天保十二年）丑十月廿一日

右町役人
組合名主

右之通申渡間、其旨可存、

〔市中取締類集　芝居床見世之部　一〕

○原表紙缺、

芝居床見世之部

○一丁缺カ、芝居之部ト記セシモノナラン、
○以下、芝居之部トナルモ、續刊ノ芝居之部トシテ收載ノ予定ニツキ、省略ス、

〔市中取締類集　芝居床見世之部　二〕

○コノ間、芝居之部アリ、續刊ノ芝居之部トシテ收載ノ予定ニツキ、省略ス、

床見世等之部

弘化四未年十一月
一幸橋御門外御堀端ニ取置日覆床見世補理度旨願出候儀ニ付調
嘉永二酉年六月

第一一件

一鎌倉町地主惣代七右衛門外壹人同所河岸御用地外ニ商ひ床新規補理度旨願ニ付調

嘉永三戌年五月

一後藤縫殿允〔亮〕拝領町屋敷添地輪十郎地借常三郎幼年ニ付後見同人父文吉御藏前通ニ商床補理冥加金上納之儀ニ付調

嘉永三戌年八月

御納戸頭ゟ掛合
一御水引御用達高岡喜内拝借地ニ床見世補理度願調

〔市中取締類集　芝居床見世之部　三〕

（付箋）
「町年寄申上　不足」
御書取

弘化四未年十一月
幸橋御門外御堀端ニ取置日覆床見世補理度旨願出候儀ニ付調

上

乍恐以書付御訴詔奉申上候

二葉町月行事伊兵衛奉申上候、私共町内地先幸橋御門外御堀端ニ寳永六丑年中ゟ右御堀三尺通相除、東西ニ拾六間半之処奥行九尺、同所床番屋際間口四間・奥行九尺、北ニ折廻し拾間半之処奥行六尺之取置日覆床見世補理有之、町内裏家〻住居仕罷在候肴屋共、右場所ニ罷出前〻渡世仕罷在候処、前書日覆床見世之儀ニ付先年ゟ度〻御調有之、文化三寅年六月十八日　根岸肥前守様（鎮衛、南町奉行）御勤役中、町内月行事被　召出、右取置日覆床見世之儀、向後願済之趣ニ可相心得旨被仰渡、一同難有奉存、引續渡世仕罷在候、尤、其頃ゟ冥加上納金等不仕、町内往還ニ異變等御座候節ハ、右入用半金持主共ゟ差出候仕來ニ御座候、然ル処、去ル寅年（天保十三年）十月中、御堀端通都而建物取拂被仰渡候砌（本書二十三、町觸申渡之部第八〇號）、一同取拂申候得共、

六三
八番組市中取締掛名主上申書

二葉町月行事等願書案

寳永六年ヨリ町内地先御堀端ニ取置日覆床見世補理フ

町内裏家住居ノ肴屋共右へ出テ渡世ス

天保十三年中取拂命ゼラル

町内ニテ渡世ノ者引越シテハ武家方御用向モ差支フ

町内往還等ヲ借リ立商ヒ等シ取續ク

掛床取拂後御堀へ落入ル者多シ

以後六尺除キ床見世補理ハバ通行人等落入ラズ

肴屋共渡世モ續カン

御成ノ節ノ扱

舊來町內ニ而渡世仕居候者共之儀ニ付、他所江引越候而ハ銘〻之御出入御武家方等御用向も差支、其外萬端不都合之儀有之、左候迚裏屋ニ而ハ渡世も相成兼候ニ付、其砌ゟ町內往還又ハ表店之軒下等を借受、立商ひ等仕取續罷在候儀ニ御座候、且亦、御堀端通右掛床取拂候後、夜分土橋ゟ愛宕下通其外江通行仕候者共幷盲人等、御堀江落入候者多く有之、其度〻町內ニ而早速引揚介抱等仕遣シ、右之內深夜ニ落入候哉町內ニ而も存不申、翌朝ニ相成水死仕候を見出し、御檢使等奉願候者も度〻有之、歎ケ敷奉存候、右ニ付、以前ハ御堀端通三尺相除補理有之候得共、此度奉願上候ハ御堀端通六尺相除、別紙繪圖(第七圖)面之通取置日覆床見世補理申度、左候得ハ、御堀端通夜中通行之者等落入候儀等も無之、其上舊來町內裏屋住居仕候肴屋共儀、渡世相續相成、一同難有仕合奉存候、尤、御成御道筋之節ハ不殘取拂、虎御門通り御成之節ハ、　御見通場所ニハ御座候得共、凡五町程も相隔居、前〻右床見勢補理有之候節も其侭殘置候儀ニ付、見苦敷無之樣入念掃除仕其侭致置申度奉願候、何卒格別之以　御慈悲願之通被　仰付被下置候樣奉願上候、以上、

弘化四未年十一月

二葉町
月行事
願人　伊兵衛

五人組　九兵衛

（兼房）
名主平十郎幼年ニ付（井上、櫻田和泉町名主）

後見　勘助

御奉行所様

〔第七圖〕○四三六頁

右之通近ゝ御訴訟（第六四號）奉申上候ニ付、此段申上置候、

弘化四未年十一月廿三日

八番組
市中取締懸
櫻田久保町
名主　惣右衛門（伊藤）

右ノ通リ近々願書提出ノ見込

六四　二葉町月行事等願書　町奉行所宛

寳永六年ヨリ町内地先御堀端ニ取置日覆床見世補理フ

乍恐以書付御訴訟奉申上候

一二葉町月行事伊兵衛奉申上候、私共町内地先幸橋御門外御堀端ニ寳永六丑年中ゟ右御堀端三尺通相除、東西江拾六間半之處奥行九尺、同所床番屋際間口四間・奥行九尺、北江折廻し拾間半之處奥行六尺之取置日覆床見世補理有之、町内裏ゟ屋ニ住居仕罷在候肴屋

町内裏家住居ノ肴屋共右ヘ出テ渡世ス

天保十三年中御堀端建物取拂命ゼラル町内ニテ渡世ノ者引越シテハ武家方御用向ニ差支フ町内往還等ヲ借リ立商ヒシ取續ク

掛床取拂後御堀へ落入ル者多シ

以後六尺除ケ床見世補理ハバ通行人等落入ラズ

町内裏屋住居ノ者共渡世モ續カン

御成ノ節ノ扱

共、右場所ニ罷出前々渡世仕罷在候處、前書日覆床見世之義ニ付先年ゟ度々御調等有之、文化三寅年六月十八日根岸肥前守様(鎮衛、南町奉行)御勤役中、町内月行事被　召出、右取置日覆床見世之儀、向後願濟之趣ニ可相心得旨被仰渡、一同難有奉存引續渡世仕罷在候、尤、其頃ゟ冥加上納金等不仕、町内往還ニ異變等有之候節ハ、右入用半金持主共ゟ差出候仕來ニ御坐候、然ル處、去ル寅年中(天保十三年)、御堀端通都而建物取拂被仰渡候砌(本書二十三、町觸申渡之部第八〇號)、一同取拂申候得共、年來町内ニ而渡世仕居候もの共之義ニ付、他町ニ引越候而ハ銘々御出入御武家方御用向も差支、其外万端不都合之義有之、左候迚裏屋ニ而ハ渡世も相成兼候ニ付、其砌ゟ町内往還又ハ表店之軒下等を借請立商ひ等仕取續罷在候儀ニ御坐候、且又、右掛床取拂候後、夜中土橋ゟ愛宕下通其外ニ通行仕候者共幷盲人等御堀ニ落入候者多く有之、其度々町内ニ而早速引揚介抱仕遣し、右之内深夜ニ落入候哉町内ニ而も存不申、翌朝ニ相成水死仕候を見出し、御検使奉願候もの度々有之、歎ケ敷奉存候、右に付、以前ハ御堀端通三尺相除補理有之候得共、此度奉願上候ハ、御堀端通六尺相除別紙繪圖(第八圖)面之通取置日覆床見世補理申度、左候得ハ御堀端通夜中通行之もの等落入候義も無之、其上舊來町内裏屋住居仕候もの共渡世相續相成、一同難有仕合奉存候、尤、御成　御道筋之節ハ不殘取拂、虎御門通り　御成之節ハ　御見通場所ニハ御坐候得共、凡五町程も相隔居、前々床見世補理候節も差伋差置候義ニ付、見苦敷無之様入念掃除仕、其伋ニ差置申度奉存候、何卒以　御慈悲願之通被　仰付被下置候様奉願上候、以上、

弘化四巳年十一月廿六日

二葉町
月行事
願人　伊兵衞印
五人組　九兵衞印
名主平十郎（兼房）幼年ニ付
後見
櫻田和泉町
名主　勘（井上）助印
煩ニ付代　正藏印

御奉行所様

〔第八圖〕○四三七頁

六五
二葉町名主後見上申書　町奉行所宛

乍恐以書付奉申上候

一二葉町名主平十郎（兼房）幼年ニ付後見勘助（井上、櫻田和泉町名主）申上候、右町地先幸橋御門外御堀端通り日覆床見世

日覆床見世ノ起立

寶永六年ヨリ補理フ

寛政二年中一旦取拂ヲ命ゼラル

古來ヨリノ事柄申立テ以前ノ通リ差置キ商賣ヲ許サル

文化三年中町年寄方ニテ取調べ是迄通リ商賣命ゼラル

床見世取拂後ハ町内家前等ニテ渡世ス

水死人アル節町内持ニテ検使ヲ願フ

先規之通差置申度旨、右町月行事伊兵衛ゟ繪圖(第八圖)面相添奉願上候(第六四號)ニ付、右床見世寂初補理候年月・御願濟有無其外願書ニ申上候廉〻其外委細御調ニ御座候、此段、右取置日覆床見世起立之儀ハ願書ニ申上候通、寶永六丑年中ゟ補理有之候処、寛政二戌年十二月八日御普請奉行石野遠江守(廣道)様御勤役中、一旦取拂被仰付候処、古來ゟ之事柄申立右床見世是迄之通差置申度段、町内月行事共同月十五日右御役所に奉願候処、同廿二日被召出、以前之通差置商賣可致旨被仰渡、則、右之趣 御番所様に其砌御訴申上置候、其以來引續右場所ニ而渡世仕來、其後文化三寅年四月中、舘市右衛門(町年寄)方ニ而取調有之、同年六月十八日 根岸肥前守(鎭衛、南町奉行)様御勤役中、右町月行事被召出、是迄之通商賣仕候様被仰渡、引續右場所床見ニ而渡世仕候儀ニ御座候、尤、其節被召出候月行事名前幷被仰渡之御證文有無之儀ハ、名主平十郎宅類燒之砌燒失仕相知不申候得共、前書之趣手控書留有之候、勿論右床見世取拂被仰渡候ニ付、商人共渡世向取續兼候与申儀ハ無御座、夫〻町内家前等ニ而立商人同様ニ渡世仕居候得共、以前之通り床見世ニ而商賣相成候様仕度、夫而已不成、御堀内に往來之者落入水死致候儀ハ、右床見世取拂以後天保十四卯年八月廿七日・弘化二巳年正月七日・當未十月十四日、右夫〻町内持ニ而取計御検使奉願候、右之外弘化三午年正月六日水死人有之、幸橋御門御(朱書)「御」當番持ニ而町内に晒場被仰付候儀も御座候、其外

先規ノ通リ床見世補理ハバ落入ル者ナシ商人共渡世向モ宜シカラン

先規ヨリ三尺往來へ出張ルトモ往來ニ支障ナカラン

幸橋御門外火除明地ハ普請方ト兼房町持場入交ル

廣場内ノ商見世ハ許サレズ

葭簀張ヨリ御堀端迄ノ間數

御檢使ハ不奉願、早速引揚ケ遣し候分折〻有之候、右等旁先規之通床見世補理置候樣被仰付被下置候ハヽ、御堀ニ落入候ものも無之、且、商人共渡世向都合も宜敷儀与奉存候、尤、今般御堀端六尺通相除補理申度旨奉願候儀ヲ、一旦取拂被　仰付候御堀端之儀ニも御座候間、可成丈御堀端ニ近寄不申樣仕候心得ニ御座候、尤、先規ゟ三尺往來ニ出張候得とも町内地先道幅拾三間余・折廻し候方ヲ道幅拾間余有之候ニ付、往來之差障ニ相成候儀ヲ有之間敷哉ニ奉存候、右之外幸橋御門外御火除明地東西長六拾七間・南北幅貳拾六間之場所御普請方御持場幷兼房町持場共入交有之、右廣場之内ニ葭簀張商見世之儀ヲ御願濟ニヲ無御座、立商人同樣之儀ニ付、　御成之節ヲ勿論平日も夜分ヲ不殘取拂申候、扨又、右葭簀張ゟ御堀端迄之間數場所ニ寄不同有之、凡六間ゟ拾三間又ヲ三拾間程も相隔居申候、則別紙繪圖面（第九圖）相添、此段申上候、以上、

弘化四未年十二月九日

二葉町
名主平十郎幼年ニ付
後見
櫻田和泉町
名主　勘　助印

御番所樣

別紙一
町年寄日記留

御堀浚土置場ノ爲御堀端ノ肴商小屋取拂ヲ命ゼラル
御堀浚後元ノ如ク商賣シタキ願出アリ
願ノ通リ名主等へ申渡ス
屆書上ゲル
去冬御堀通上ノ肴商小屋取拂ヒ浚後ニ元通リ申付ク

「(朱書)樽藤左衛門方(忠溫、町年寄)
寳暦十二午年五月書上扣等無之日記留」

一午(寳暦十二年)五月廿五日、丸屋町・二葉町御堀端ニ有之肴商小屋、此度御堀浚土置場ニ相成候ニ付、右小屋取拂被仰付候処、此節御堀浚相濟候間、如元肴商小屋相懸ケ商賣仕度旨繪圖書付を以名主・月行事願出候、右ハ前〻ゟ有來候肴小屋ニ而有之、此度御堀端へ浚土置場ニ相成候ニ付其間取拂候事ニ候間、願之通如元小屋相懸ケ肴商賣可仕旨名主・月行事へ申渡候上、右之通願出候間、如元肴小屋相懸ケ商賣可仕旨申渡候段御屆書今日豊前守様(依田政次、北町奉行)へ上之、三郎右衛門殿(橋本、南町奉行所与力)へ相渡申談候ハ、此御堀浚相濟候ニ付肴小屋相懸ケ如元商賣仕度旨拙者方迄申出候、前〻ゟ有來候場所此度御堀浚土置場ニ罷成候内番屋幷床右肴賣場等爲取拂候事ニ候、此節浚相濟候間、如元肴小屋相懸ケ商賣可致旨申渡候間、右之段御屆申上候旨申之候処、委細致承知候、其通申付候而隨分宜存候、書面を以可申上旨三郎右衛門殿被申聞候事、

右ハ去巳冬(寳暦十一年)、右御堀通上ハ浚之節肴商小屋取拂有之、上ハ浚相濟候ニ付、如元肴小屋

此度モ願ノ通リ申渡ス段届申上グ

相懸ケ商致度段、奈良屋（市右衛門、町年寄）ゟ名主・月行事願出候節、願之趣不及伺ニ願之通市右衛門方（朱書）「殿」ニて被申付、願之通申付段書付を以豊前守様ゟ御届被申上候、其趣を以此度も願之通申渡候上、申渡候段書付を以豊前守様ゟ御届申上、前書之通三郎右衛門殿ゟ談候処、願之通被申付段尤存候旨被申之候事、

別紙二町年寄上申書

（朱書）（町年寄）「舘市右衛門留帳之内

寶暦十一巳年十一月十日、（依田政次、北町奉行）豊前守様ゟ上ル、」

御届

幸橋御門外土橋際御堀端ニ有來候肴小屋御堀浚有之候ニ付取拂先達ゟ被　仰付候処御堀浚出來仕候間前〻之通り小屋相懸肴商賣仕度段申出候間前〻之通可仕旨申渡候儀申上候書付

奈良屋市右衛門（町年寄）

御堀上浚ニツキ御堀端ノ肴賣小屋取拂ヲ命ゼラル

虎御門外ゟ幸橋御門・山下御門迄御堀上ハ浚ニ付、幸橋御門外土橋際二葉町・丸屋町御堀端折廻シ之場所ニ有之候肴賣小屋取拂（朱枠）仰付候間、則、取拂申（朱枠）堀浚出來小屋場等も此間取拂相濟申候、依之、右之場所ニゟ前〻之通肴商賣仕度段申出候ニ付、御堀浚

御堀浚後元通リ肴商賣シタキ願出アリ

元通リトスルヤウ申渡ス

別紙三
町年寄上申書

御堀端河岸通商床等ノ願済有無ニツキ取調ヲ命ゼラル
養安院屋敷河岸
疊床

も出來仕有來候儀ニ御座候間、前〻之通可仕旨申渡候、依之申上候、以上、

(寳暦十一年)
巳十一月　　奈良屋市右衛門

(朱書)
「文化三寅年四月廿二日
(鎮衛、南町奉行)
根岸肥前守殿に差上候写
但、此末之儀書留相見に不申候、」

神田橋御門外ゟ幸橋御門外迄御堀端町〻河岸通商床葭簀張物置等願済有無相調申上候書付

(町年寄)
奈良屋市右衛門

神田橋御門外ゟ幸橋御門外迄御堀端町〻河岸通之内商床・葭簀張・物置(朱枠)類願済有無相調可申上旨被仰渡候ニ付、右河岸通町〻名主・月行事に相尋相糺候処、左之通御座候、

一養安院屋敷河岸

疊床　　拾三ケ所

右ハ、享保十〔九〕（朱枠）寅年八月、新地改松平庄九郎殿江相願願之通相濟、其後天明二寅年十月
曲淵甲斐守殿（景漸、北町奉行）町方御勤役之節相願、願之通被　仰付候、
但、夜分ハたゝみ置、且　御成之節ハ取拂申（朱枠）

同河岸之内

葭簀張水茶屋

葭簀張水茶屋　壹ケ所
（朱書）「右ハ前々ゟ出シ來候得共、何方（墨枠）も願濟無御座候、」
但、右同斷、

三河町一丁目河岸
疊床

一三河町壹丁目河岸
疊床　　貳拾壹ケ所
右ハ前書養〔安〕（朱枠）院屋敷同斷願濟有之候、
但、右同斷、

龍閑町
葭簀張水茶屋

龍閑町橋（朱枠）
葭簀張水茶屋　貳ケ所
（朱書）「右ハ前々ゟ出シ來候得共、何方江も願濟無御座候、」
但、右同斷、

本銀町一丁目河岸
疊床
本石町一丁目河岸
疊床
本町一丁目河岸
疊床

一本銀町壹丁目河岸
幅三尺通
長貳拾三間之所
疊床
右ハ、享保十三申年十一月諏訪美濃守(賴篤、北町奉行)殿御勤役之節、竹馬床差置商ひ爲仕度旨奉願候處、御內寄合ニおゐて願之通被　仰付、其後自然与疊床差置候ニ付、天明三卯年十月曲淵甲(景漸、北町奉行)斐守殿御勤役之節、疊床ニ仕差置度旨相願、願之通被仰付候、
但、右同斷、
一本石町壹丁目河岸
幅三尺通
長三拾五間之所
疊床
一本町壹丁目河岸
幅三尺通
長拾貳間之所
疊床

疊床

本兩替町河岸
葭簀張水茶屋

一石橋南橋臺
際ヨリ西河岸
町河岸迄
葭簀張水茶屋

幅三尺通
長拾壹間之所
疊床

右兩町河岸之儀、前書本銀町河岸同斷竹馬床願濟、其後天明三卯年十月、疊床願濟も右同斷ニ而御座候、右願濟場所之內當時葭簀張見世水茶屋等差置候も御座候、

但、右同斷、

一本兩替町河岸

葭簀張水茶屋　四ケ所

（朱書）「右ハ前〻ゟ出シ來候得共、何方にも願濟無御座候、」

但、右同斷、

一一石橋南橋臺際ゟ

西河岸町河岸迄

葭簀張水茶屋　七ケ所

右葭簀張差出候商人共儀、右橋臺際ニ有之候御高札、出火・大水之節ハ持退、且、御成之節、橋石垣洗掃除仕川中草刈等を役ニ仕候得共、右葭簀張差出候儀、商ひ薄之時節

ヽ中絶仕候儀も有之、常床ニ罷出候与申儀も無御座候、右前〻ゟ差出來候得共、何方ニ
相願差出候哉、明和九辰年二月出火之節書留帳面燒失仕相知不申候(朱枠)右町月行事・名主
共申之候、
但、右同斷、
一吳服町河岸
日覆商見世　六(朱枠)
右差出申度旨天明三卯年九月牧野大隅守(成賢、南町奉行)殿御勤役之節、地先之家主共奉願候処、願之通
被　仰付候、
但、右同斷、
同所河岸
戸板ニ而取置之日覆仕候、
石置場　壹ケ所
葭簀張水茶屋　壹ケ所
(朱書)「右ハ前〻ゟ出來候得共、何方ニも(墨枠)(願濟)無御座候、」
一檜物町
但、右同斷、

吳服町河岸
日覆商見世
石置場
葭簀張水茶屋
檜物町等河岸

同會所屋敷
三嶋屋敷
道壽屋敷
上槙町
北槙町
同所枡屋善太郎　拜（朱枠）〔借地〕
右町〻河岸ヱ
薪并土瓦其外置場
（朱書）「右前ゟ差置來候得共、何方ニも願濟無御座候、」
一南槙町河岸
貳拾間ニ五間之所
竹圍物置小屋
同所西會所河岸
六間半ニ五間之所
竹圍物置小屋
九間半ニ五間之所
同斷物置小屋

薪土瓦等置場
南槙町河岸
竹圍物置小屋
同所西會所河岸
竹圍物置小屋

桶町一丁目河岸
竹圍物置場
南大工町河岸
竹圍物置場
南鍛冶町一丁目河岸
日覆商床

（朱書）「右前〻ゟ差出來候得共、（墨枠）〔何方〕にも（墨枠）〔願〕濟無御座（墨枠）〔候〕」

但、物置之儀ニ付夜分（朱枠）

御成御見通（朱枠）

一桶町壹丁目河岸

拾九間ニ四間之所

竹圍物置場

貳拾間ニ四間之所

同斷物置場

南大工町河岸

拾三間〔ニ脱カ〕四間之所

竹圍物置場

（朱書）「右先年道奉行衆に相願候由申（墨枠）ニゟ、書留燒失仕相分不申候、」

但、右同斷、

一南鍛冶町壹丁目河岸（朱枠）

日覆商床（朱枠）拾壹（朱枠）

同町河岸
紺屋干場竹モガリ
商物置場
薪置場
同所狩野探信屋敷
日覆商床
竹圍土置場

右差置申度旨、天明三〔卯〕(朱枠)年十〔月〕(朱枠)曲淵甲斐守殿御勤役之節奉願候処、願之通被　〔仰付〕(朱枠)候、

但、夜分ㇳ疊置、且、　御成御見通之節ㇳ取拂申候、

同町河岸

三間半ㇵ高サ九尺
紺屋干場竹もかり(虎落)　三ケ所

商物置場　壹ケ所

薪置場　壹ケ所

右ㇳ、明和三戌(朱枠)膳殿に〔願〕(朱枠)相濟申候、

但、　御成御見通(朱枠)

同所狩野探信屋〔敷〕(朱枠)

日覆商床(朱枠)

右ㇳ、〔天〕(朱枠)明三卯年九月牧野大隅守殿御勤役之節相願、願之通被　仰付候、

但、夜分ㇳ疊置、且、　御成御見通之節ㇳ取拂申候、

同所續ㇵ

竹圍土置場　壹ケ所

園ナキ土置場

五郎兵衛町河岸

日覆商床

園ナキ土置場

北紺屋町河岸

薪置場

園無之土置場　壹ケ所

「(朱書)右ハ當座差置候儀(墨枠)付、何方(墨枠)〔に〕も願濟無御座候、」

但、御成(朱枠)

五郎兵衛町河岸(朱枠)

日覆商(朱枠)

右ハ天明三卯年(朱枠)勤役之節相願、願之(朱枠)

但、夜分ハ疊置、且、御成御見通之節ハ取拂申候、

同所續キ

園無之土置場　壹ケ所

「(朱書)右ハ當座差置候儀ニ付、何方にも願濟無御座候、」

但、御成御見通之節ハ其侭差置申候、

一北紺屋町河岸

薪置場　壹ケ所

「(朱書)右ハ前々ゟ差置(墨枠)」

但、右同斷、

南紺屋町河岸
商物置場
染物干場
西紺屋町河岸
商物置場

一南紺屋町河岸（朱枠）
〔長〕（朱枠）貳拾三間之所（朱枠）
商物（朱枠）〔置場〕
染物干場
右ㇵ、寛延二巳年道奉行嶋弥左衛門殿ニ相願、其後道奉行衆替り之度〻引續相願來候処、松岡弥太郎殿道奉行之節、以來御役替り之度〻願出ニ不及届計致し候様被申渡候、然ル処、明和五子年九月、道方之儀以來御普請方御役所掛りニ相成、其節も右御役所ニ御届申上置候由申傳ニ承及候得（朱枠）、書留燒失仕候ニ付巨細之儀（朱枠）
但、右同斷、
一西紺屋町河岸（朱枠）
〔長〕（朱枠）百六拾間之（朱枠）〔所〕
商物置（朱枠）〔場〕
右ㇵ、寛延二巳年道奉行嶋（朱枠）〔彌左〕衛門殿ニ相願、（朱枠）〔其〕後道奉行衆替り之度〻引續相居來、明和五子年九月、道方之儀御普請方御役所掛りニ相成、其節も右御役所ニ御届申上、御聞濟之上竹矢來等いたし商物差置候、

勘左衛門屋敷河岸
薪置場

丸屋町ヨリ二葉町へ渡ル土橋際
肴賣假小屋

二葉町河岸

但、右同斷、

一勘左衛門屋敷河岸

　　薪置場

右ハ、寛延二巳年(朱枠)町・西紺屋町同(朱枠)書留燒失仕(朱枠)

但、右同斷、

一丸屋町ゟ二葉町ニ渡候土橋際

　　肴賣假小屋　　三ケ所

右、先年ゟ年久敷有來候儀ニ而、㝡初相願候訳相知不申候処、四拾五年以前寳暦十二午年虎御門ゟ山下御門迄御堀浚之節、右肴賣假小屋取拂被　仰付候處、御堀浚相濟候ニ付、前〻之通假小屋差出商賣爲仕度段、同年五月廿五日樽与左衛門(町年寄)方ニ相願、同廿九日(朱枠)(願)之通爲差出可申旨申渡有之候、尤、右三ケ所之內間口貳間壹尺・奥行(朱枠)當時外貳ケ所ハ(朱枠)間口八尺・奥行(朱枠)相成(朱枠)候、

但、　御成之(朱枠)

一二葉町河岸

　　折廻長三拾間程之處

肴賣假小屋

六六
町奉行所定廻同心風聞書

願濟ナキ分モアリ

肴賣假小屋

右、先年ゟ有來り候、古來ニ葉町之儀ハ〔　〕(朱枠)ニて、所〻ゟ肴商賣之者ハ御堀端三尺相除持出シ商賣仕罷在候処、寳永六丑年、御女中衆拜領屋敷罷成、其砌右肴商賣人共地面借り受町並肴商賣店ニて相成〔　〕(朱枠)堀端之儀も裏店住居之者共前書之通(朱書)「持出シ」商賣仕來候儀〔　〕(朱枠)之〔　〕(朱枠)相知不申候、〔　〕(朱枠)堀浚〔　〕(朱枠)右肴賣〔　〕(朱枠)爲仕度段、同年五月樽与〔左衛門〕〔　〕(朱枠)先〻之通爲差出可申旨申渡有之候〔　〕(朱枠)肴賣小屋之内五軒ハ、其後商賣替仕商〔床〕(朱枠)ニて相成申候、

但、右同斷、

右相調候處、前〻願之上商床・物置・葭簀張之類差出シ來候分も有之、又ハ前〻ゟ右躰商〔物〕〔差〕(朱枠)(同上)出來候得共、願濟無之分も有之、書面之通御座候、依之申上候、以上、

寅(文化三年)四月

奈良屋市右衛門

風聞書

二葉町地先御堀端ニ取置日覆床見世補理フ

町内裏家住居ノ肴屋共右ヘ出テ渡世ス

天保十三年中取拂命ゼラル

町内往還等ニテ立商ヒシ取續ク

掛床取拂後御堀ヘ落入ル者アリ

御堀端通リ六尺除キ床見世差出ス願アリ風聞取調ヲ命ゼラル

當時家前軒下等借受ケ又ハ最合シテ表店借受ケ商フ者

定廻

二葉町月行事伊兵衛願出候同町地先幸橋御門外御堀端ニ、寳永六丑年ゟ同所三尺通り相除、東西江拾六間半・奥行九尺、同所床番や際ニ間口四間・奥行九尺、北江折廻し拾間半・奥行六尺之取置日覆床見世補理、町内裏屋ニ住居いたし候もの肴屋共、右場所江罷出渡世いたし來、尤、前〻ゟ冥加上金等不仕、町内往還異變等之節ハ、町入用之内半金床見世持主ゟ差出來候由、文化三寅年六月中根岸肥前守（鎮衛、南町奉行）殿御勤役中御調有之、右床見世以來願濟之趣ニ可相心得旨被仰渡候儀も有之候由、然ル處、六年以前寅年（天保十三年）中取拂被仰付、（本書二十三、町觸申渡之部第八〇號）右場所江罷出候商人共難澁仕、他町江引移候而ハ武家方等江相納候用向も差支候ニ付、其砌ゟ町内往還又ハ表店之軒下等ニ而立商いたし取續罷在、且又、右掛床取拂候後、夜中土橋ゟ愛宕下通り往來之もの、盲人等御堀江落入引揚介抱いたし、又ハ水死人見出檢使願出候義も有之歎敷、且、前〻ハ御堀端通り三尺相除補理候得共、此度ハ六尺相除日覆床見世差出申度旨願（第六四號）出候間、風聞承候樣被仰渡候ニ付、承合候趣左ニ申上候、

一前書伊兵衛願出候地所、寳永六丑年ゟ床見世差出シ、無冥加ニ而諸役相勤候儀も無御座、引續渡世いたし候趣、願面之通相違無御座候由、右場所江罷出肴商ひ致し候もの共、取拂被仰付候後、當時立商人同樣右町最寄家前軒下等借受、又ハ、最合候而表店借受仕切

商ひいたし取續罷在候もの、左之通御座候由、

二葉町九兵衛店
善兵衛
同町又兵衛店
与藏
同町伊兵衛店
長之助
同店
長右衛門
同町又兵衛店
五郎兵衛
同町佐兵衛店
平次郎
同町又七店
源助
同店
弥三郎

看商ノ三四人他町へ引移ル
古道具小切類等商フ七人程他町へ引移ル

右之もの共之外三四人も肴商内いたし候もの有之候處、當時夫〻他町ニ引移候趣ニ而御座候、且、右地所之内北ニ折廻し拾間半・奥行六間〔尺〕之床見世ニて、是迄古道具幷小切類等商ひ致し候もの共七人程有之候處、何れも外町内ニ引移候趣ニ御座候、

御堀端曲リ角ニテ落入ル者引揚ゲ介抱ス水死人ハ検使ヲ願フ

水死人

一右場所ハ俗ニ土橋与唱候御堀端曲り角ニ而、盲人又ハ暗夜之節等過チ落入候もの共も時ゝ有之、引揚介抱いたし遣、或ハ水死致し候を見出検使相願候儀も有之、旁前ゝ之通床見世御免相成候様申立候ニ付、承合候處、

一天保十四卯年八月廿七日

中間躰貳拾七八歳位

一弘化二巳年正月七日

浪人

原田權兵衛

死骸引取人
櫻田伏見町
竹次郎店

要　藏

一當十月十日

中間躰貳拾五六位

右水死之もの共、二葉町ゟ訴出南御番所ゟ検使被遣候由、

一弘化三午年正月六日

中間躰五拾五六位

右水死人、幸橋御門當番青木駿河守（重龍、攝津麻田藩主）ゟ申上、御小人目付見分、二葉町江晒場被申付候由、

二葉町ニテ介抱シ送リ又ハ引渡ス者

御堀内ニ落候もの乙ゟ、二葉町乙ゟ致介抱、送遣又ハ引渡遣候者左之通、

一天保十四卯年十二月廿七日夜　檜物町　盲人貳人

一弘化元辰年十二月三日　松嶋町日雇入口　周次郎

一同三午年七月十一日　湯嶋天神下組屋敷　木戸番人

一同二巳年十月　下澁谷村　庄次郎店借　馬士〔土〕　弥八
是ハ小荷駄馬共落入申候由、

一同年十一月　神田蠟燭町　家主　利兵衛母

一當十一月四日　三田同朋町　源次郎

介抱セシ名住所不明ノ者
天保十四年

弘化元年

右同斷、自分ゟ上り又ゝ引揚介抱致し遣、名住所相分り兼候由之もの左之通、

天保十四卯年

二月三日　本所邊　男貳人

三月朔日　淺草田町　男壹人

十月五日　津輕越中守家來之由（順承、陸奥弘前藩主）　壹人

十一月廿日　麹町邊　男壹人

十二月廿八日　木挽町　女壹人

同月廿九日　深川永代寺門前　男壹人

弘化元辰年

十月五日　麻布永坂町　男壹人

同月十三日　三田四町目　女壹人

十一月八日　赤坂新町　男壹人

同月十三日　丸之内之由　侍壹人

同月廿一日　兩國邊　男壹人

弘化二年

同月廿五日　芝金杉邊　盲人貳人

同二巳年

九月晦日　麻布谷町　男壹人

十月二日　淺草元鳥越町　男壹人

同月廿日　深川六間堀町　男壹人

同月廿三日　小網町貳町目　男壹人

同月廿六日　芝松本町　男壹人

弘化三年

同三午年

八月廿九日　赤坂傳馬町　男壹人

十月五日　三田四丁目　男壹人

同月十九日　龜嶋町　男壹人

同月廿五日　深川相川町　男壹人

同月廿七日　本所三ツ目邊　男壹人

弘化四年

當未年（弘化四年）

正月中　淺草八軒町　男壹人

床見世等取拂後元通リ許可サレ差出ス分

往來人休息等ニ辨利

幸橋御門外御堀端床見世古復ハ隣町等ニ支障ナシ

二月九日　芝二本榎邊　女壹人
同月廿一日　麻布市兵衛町　男壹人
十月五日　四谷壚町　男壹人
同月七日　田所町　男壹人
同月十九日　深川冨(朱書)「吉」坂町〻　男壹人

右之通風聞仕候、且又去ル卯年(天保十四年)中所〻床見世・葭簀張等取拂被仰付、其後如前之御聞濟有之差出候分左之通、

一赤坂御門外御堀端
一四谷御門外同斷
一水道橋外同斷
一赤坂溜池端榎坂

右四ケ所之儀、地所拜借人前〻之通冥加金相納又ハ役人足相勤幷無冥加之分共古復いたし、床見世・水茶屋共御差免有之、往來人暑寒相凌、別ゟ重荷等運送致し候もの共休息等ニ弁利宜趣ニ相聞、前書二葉町伊兵衛願出候幸橋御門外御堀端床見世之儀も、寶永年中ゟ差出來候儀ニゟ、如先前被仰渡候ゟも隣町其外之差障相聞不申、併、一旦御取拂ニ

床見世出來レバ落入ル者ナク人助ニナラン

相成候場所古復いたし候ハヽ、却ゟ御改革相弛候抔風說可致哉、其儀ㇾ難計奉存候得共、右場所ㇾ御堀端曲り角ト故、床見世出來候ハヽ、過チ落入候ものも無數諸人助ニ可相成趣ニ御座候、

定　廻

右風聞承合候趣書面之通御座候、此段申上候、以上、

（弘化四年）未十二月

拙者儀無之存寄無之候、〔何〕

四月廿六日　（鍋島直孝、北町奉行）内匠頭

六七　町奉行伺書

幸橋御門外御堀端ニ床見世補理フ二葉町裏家住居ノ者右ニテ魚類商フ

「（朱書）（嘉永元年）申五月朔日、（阿部正弘、老中）伊勢守殿江御直上、」

幸橋御門外御堀端日覆床見世之儀ニ付奉伺候書付

町　奉　行

［（景元、南町奉行）遠山左衞門尉

幸橋御門外御堀端床見世之儀ㇾ、寳永六丑年中ゟ右御堀際三尺通相除、西北江折廻し間口長延三拾壹間・奥行壹間ゟ九尺迄之取置床補理、二葉町裏家住居之もの共魚類商ひ致し來

天保十三年中床見世取拂命ゼラル

町内往還等ヲ借受ケ立商ヒシ取續ク床見世取拂後御堀ヘ落入ル者アリ

御堀端ヲ六尺通除キ床見世差出ス願アリ

御堀端往還ハ折曲ル道筋ニテ通行人落入易キ場所

先年往來人難儀ノ場所取調ベ水道橋外等古復命ゼラル

候処、去ル寅年(天保十三年)御堀端建物取拂被仰付候砌、(本書二十三、町觸申渡之部第八〇號)右床見世も取拂相成候処、右之もの共ハいつれも身薄之ものニて裏家ニてハ商ひ相成兼候得共、年來同所ニて渡世致し來候儀故、他町ゟ引移候てハ出入武家方等之商向不都合之儀も有之候間、其節ゟ町内往還又ハ表店之軒下を借受立商ひ致し取續罷在候、然ル所右床見世取拂候後、夜中御堀端通行之盲人其外御堀内ゟ落入候もの共有之、其時〻町内ニて引揚介抱致し遣候得共、中ニハ溺死およひ檢使願出候分も度〻有之、歎敷儀ニ付、先前之通床見世補理候ハヽ怪我人等も有之間敷候間、此度ハ御堀端を六尺通相除キ以前之通床見世取建度段願出、無余儀次第ニ相聞候得共、右ハ新古之無差別一般ニ取拂被仰付候場所之儀ニも御座候間、事實之処組廻りのものゟ申付探索仕得与取調候処、(第六六號)右申上候通去ル寅年以來商人共難澁之次第ハ無相違相聞、一躰前書御堀端往還ハ折曲り候道筋ニて、闇夜等通行之もの落入やすき場所ニ有之、殊往來人も繁く候間、此上ニも時〻怪我人可有之哉、其節ニ至何程人命ニ拘り候次第ニ候共難取上与ハ申渡兼候儀ニ有之、且、去ル巳年(弘化二年)十二月中水道橋外其外葭簀張水茶屋ハ古復之儀御沙汰御座候節、寂前取拂ニ相成候分一般ニ古復致し候てハ、自然御取締相弛候様心得違候ものも出來可致哉ニ付、事實往來之もの難儀可致場所而已得与取調可申上旨、(第三五號)御書取を以被仰渡、差支有無探索仕(第四〇號)申上之上(第三八號)、水道橋外其外三ケ所同年中古復被仰付候儀も有之、(第三九號)右ニ見合候

幸橋御門外モ同様

御堀端六尺通除カバ却テ往還ヲ狭メン

外御堀端町々ヨリ同様ニ願出アラン今般ノ願書ハ下ゲ遣シ別段ニ古復申付クベキカ

市谷八幡町地先下水上葭簀張ハ伺ノ通リ古復命ゼラル

得と、事實往來人難儀および候段ヽ同樣之筋ニ有之、左候迚右町內ニ限駒寄等補理候樣ニも難申付候間、前ゝ之通日覆床爲差出候ハヽ、町內之もの共渡世之弁利ヽ勿論往來人悭我等いたし候憂も無之御仁惠之筋ニ有之、尤、右床見世之儀ヽ、元ゟ手薄之建物ニ付、御堀端六尺通相除候迚、却ゆ往還を狭メ候而已ニゆ、敢ゆ非常之爲メニヽ相成間敷候間、全以前之通ニ古復可被仰付候哉、勿論此上外御堀端町ゝゟ同樣無余儀筋申立古復之儀願出候類有之間敷とも難申候間、願ニよつて被仰付候ヽ相當仕間敷哉ニ付、今般之願書ヽ下ケ遣候上、無余儀筋を以別段ニ古復申付候樣可仕哉ニ奉存候、依之、組廻り之もの差出候風聞書（第六六號）幷繪圖面相添、此段奉伺候、

（朱書）「本文日覆床見世先前冥加上納金等不仕、尤、町內往還異變有之節ヽ、右入用半金持主ゟ差出來、且、　御成御道筋之節ヽ取拂、　御見通等之節ハ其侭ニ差置候仕來ニ御座候、

一去未十二月（弘化四年）中取調相伺候（第五二・五四號）市谷八幡町地先下水上葭簀張古復之儀も、本文同樣之趣意ニゆ

去ル（ゝ月）十五日伺之通被仰渡候（第五三號）」

以上、

申四月（嘉永元年）（朱書）「五」

遠山左衞門尉

鍋嶋內匠頭

第一二件

六八 鎌倉町地主惣町代等願書 町奉行所宛

町内近來別テ不繁昌ニナル

〔第一〇圖〕〇四三九頁

嘉永二酉年六月

鎌倉町地主惣代七右衛門外壹人同所河岸御用地外ニ商ひ床新規補理度旨願ニ付調

「ヒレ付末記、」

（朱書）（嘉永二年）（高林、南町奉行用人）
「酉六月五日、忠太夫を以御渡、」

乍恐以書付奉願上候

一鎌倉町地主惣代家主〔持〕七右衛門煩ニ付代甚兵衛・家主惣代月行事又兵衛右兩人奉申上候、私共町内之儀ハ、神田橋御門外三河町壹町目續川岸附片側町ニて小間九拾四間六分七厘有之、往來道巾廣ク見込宜敷相見ニ候得共、店前人通り薄ク渡世柄六ケ敷場所ニ御座候処、近來別て不繁昌ニ相成、住馴候者共も追〻離散致シ、當時居附地主三人、竈數僅三拾五軒ニ相成明地明店多ク、地主共ハ勿論町役人共一同心配仕候得共、地代・店賃上り

地主共難儀ニツキ町入用切詰ル

七分積金

小間不相應多分ニ出金ス

手取金ナク町入用持出ニナル地主モアリ

七分積金減方ハ願上ゲ難シ

高減自然沽券ニ相響地主共及難儀候ニ付、町入用切詰減方仕、去ル辰年(弘化元年)ゟ去申年(嘉永元年)迄五ケ年平均仕候處、壹ケ年入用高金百七拾兩ト銀拾三匁八分四毛、但壹ケ月小間ニ付銀八匁九分九厘、外ニ七分積金百拾貳兩壹分銀壹分貳厘、但壹ケ月小間ニ付六匁壹分七厘、二口合金貳百八拾貳兩壹分銀拾三匁九分貳厘四毛全相掛り候儀ニ御座候、尤、七分積金之儀ハ、寛政三亥年中御仕法被仰出、町入用被減右之内七分積金ニ致シ町〻永續之備ニ圍籾被成置度、莫大之以思召從　御公儀樣御金御下ケ被下置、町〻積金差加籾藏御取建、往〻非常之備ニ圍、凶年之節町家かろきもの共困窮飢ニも至り可申節御割渡、且、地主共實〻難立行節ハ、時宜ニ應シ御貸附亦ハ被下切ニも可相成、誠厚御趣意ニ而冥加至極難有仕合奉存罷在候、然ル處、私共町内先年ハ繁昌之土地故、小間ニ不應多分之出金ニ御座候得共、右樣不繁昌ニ相成、地主共之内手取金無之町入用持出シニ相成候場所も有之、町内日增ニ衰微仕候得ハ、往〻地主共永續相成兼可申儀与歎ケ敷奉存候ニ付、町入用猶又減方仕度情〻取調候得共、前書金高之内寂早減少可仕廉も無御座候間、七分積金御減奉願上度奉存候得共、厚御趣意を以市中永續之備ニ被御立置候儀ニ御座候得ハ、自己之勝手を以奉願上候儀恐入、且ハ、外町響ニも可相成儀旁恐入候ニ付、外助成筋を以永續仕度一同打寄相談仕候處、前書申上候通、町内廣場ニ而商內向六ケ敷追〻不繁昌ニ

川岸御用地外往還境へ商内床建テタシ

積金ノ助成ニモナリ町内永續ノ基ニナラン

相成候儀故、川岸御用地外往還境ニ商内床相建、町内難澁之者共出張亦ハ貸床ニ仕候ハヽ、自然餘分之人も入込町内繁昌可相成儀与奉奉(行)存候間、乍恐奉歎願候、尤、右床之儀ハ、川岸御用地相除、往還道巾之儀も諸家様方御通行之御差支ニ不相成候様致シ、間數九拾間余之処、自身番・木戸番屋其外五ケ所之井戸相除、川岸着船荷物持運車力等通用道明置、朱引五拾八間之内ニ間口壹間・奥行壹間之商内床五拾軒取置ニ補理申度、左候得ハ、往ヽ積金之助成ニも相成、且ハ、町内永續之基ニ可相成儀与奉存候間、何卒格別之以御憐愍右願之通被　仰付被成下置候ハヽ、廣大之　御慈悲与一同難有仕合奉存候、依之、別紙朱引繪圖面相添、此段奉願上候、以上、

嘉永二酉年六月五日

鎌倉町
地主惣代
家持七右衛門煩ニ付代
願人　甚兵衛印
家主惣代
月行事
同　又兵衛印
五人組　平　六印

御奉行所様

「(朱書)一繪圖面之儀ハ、名主差出候同様ニ付略之、」(第一一圖)

（朱書）
「ヒレ付」
書面願之趣ニゐゝ、追ゝ町内衰微致し候趣ニ御座候得共、一躰右町之儀ゝ場所柄ニ有之、其上先年ゟ有來候御堀端懸床ゝ先頃不殘取拂も被仰付候儀ニゐ、外場所響ニも可相成哉ニ奉存候間、旁今般願之趣ゝ不被及御沙汰、訴狀御差戻相成候方可然哉ニ奉存候、

酉六月

市中取締懸

鰭付
市中取締掛与
力評議

訴狀差戻スベキカ

（朱書）（嘉永二年）
「酉五月廿九日、差出ス爲上ケ置、
一同一覽濟浮置もの、」

上

壹番組
市中取締掛
名　主　共

六九
一番組市中取締掛名主上申書

鎌倉町家主共
近々願書提出
ノ見込

私共組合鎌倉町家主共、左之通商床目論見願近ゝ御訴訟仕度旨申聞候、右ゝ一町限り之願

ニ付、市中ニ可相拘儀ニも無御座候間、私共ゟ差留不申、密〻此段奉申上候、以上、

酉（嘉永二年）五月

壹番組　市中取締掛　新革屋町　名主　定次郎（木村）
大傳馬町　同　勘解由（馬込）
小網町　同　伊十郎（普勝）

市中ニ拘ラザルユヘ差留メズ

鎌倉町地主惣代等願書案

近來別テ商内向不繁昌ニナル

地主共難儀ニツキ町入用切詰ル

乍恐以書付奉願上候

一鎌倉町地主惣代家持七右衛門後見甚兵衛・月行事卯兵衛右両人奉申上候、私共町内之儀ハ、神田橋御門外三河町壹丁目續川岸付片側町ニ而小間九拾四間余有之、往來道巾廣見込宜敷相見候得共、店前人通薄渡世柄六ケ鋪場所ニ御座候處、近來別而商内向不繁昌ニ相成、住馴候者共も追〻離散致、當時居付地主三人、竈數僅三拾五軒ニ相成明地・明店多く、地主共ハ勿論町役人共一同心配仕候得共、地代・上り高減自然沽券ニ相響地主共難儀およひ候ニ付、町入用切詰減方仕、去ル辰年（弘化元年）ゟ去未年（同四年）迄四ケ年平均仕候處、壹ケ年入用高金百六拾壹両銀拾匁三分壹厘、外ニ七分積金百拾貳両壹分銀壹分二厘、二口合金

七分積金

小間不相應多分ニ出金ス

手取金ナク町入用持出ニナル地主モアリ

七分積金減方ハ願上ゲ難シ

川岸御用地外往還境へ商內床建テタシ

貳百七拾三両余全相掛候儀ニ御座候、尤、七分積金之儀ハ、寛政三亥年中御仕法被仰出、町入用ヲ減右之内七分積金ニ致町〻永續之備ニ圍籾被成置度、莫太之思召ヲ以従　御公儀様御金御下ケ被下置、町〻積金差加籾藏御取建、往〻非常之備ニ圍、凶年之節町家輕き者共困窮飢ニも至り可申節御割渡、且、地主共實〻難行立節ハ、時宜ニ應御貸付又ハ被下切ニも可相成、誠ニ厚御趣意ニゆ冥加至極難有仕合奉存罷在候、然ル處、私共町内先年ハ繁昌之土地故、小間不相應多分之出金ニ御座候得共、右様不繁昌ニ相成、地主共之内手取金無之町入用持出ニ相成候場所も有之、町内日増ニ衰微仕候得ハ、往〻地主共永續相成兼可申儀与歎ケ敷奉存候ニ付、町入用猶減方仕度精〻取調候得共、前書金高之内最早減少可仕廉も無御座候間、七分積金御減奉願上度奉存候得共、厚御趣意以市中永續之備ニ被御立置候儀ニ御座候得ハ、自己之勝手ヲ以奉願上候儀恐入、且ハ、外町響ニも可相成義旁恐入候ニ付、外助成ヲ以永續仕度一同打寄相談仕候處、前書申上候通、追〻不繁昌ニ相成候儀故、川岸御用地外往還境に商內床相立、町內難澁之者共出張又ハ貸床ニ仕候ハヽ、自然餘分之人も入込町內繁昌可相成義与奉存候間、乍恐奉歎願候、尤、右床之儀ハ、川岸御用地相除、往還道巾之義も諸家様方御通行之御差支ニ不相成様致、間數九拾間余之處、自身番・木戸番屋其外五ケ所井戸相除、川岸着船荷物持運車力等通

積金ノ助成ニモナリ町內永續ノ基ニナラン

七〇　町奉行申渡書　鎌倉町地主惣代等宛

用道明置、朱引五拾八間之内に間口壹間・奥行壹間之商內床五拾軒取置ニ補理申度、左候得ハ、往〻積金之助成ニも相成、且ハ、町內永續之基ニ可相成儀与奉存候間、何卒格別之以　御憐愍右願之通被仰付被成下置候ハヽ、廣大之　御慈悲与一同難有仕合奉存候間、則別紙朱引繪圖面（第一二圖）相添、此段奉願上候、以上、

嘉永二酉年

鎌倉町地主惣代
家持七右衛門後見
願人　甚兵衛
同　月行事　卯兵衛
五人組　（マ　）

御奉行所樣

〔第一一圖〕○四四〇頁

（嘉永二年）
酉六月九日
申渡

鎌倉町地主惣代
家持　七右衛門

同町家主惣代
月行事
又兵衛

右
町役人

願ハ認メズ

其方共儀、近年町内衰微ニ付、町入用等爲助成地先御堀端に壹間四方之貸取置商ひ床五拾軒補理差出度旨願出ルニ付、相糺候処、御堀端掛床ゟ先達ゐ取拂も申付候間、願之趣不及沙汰、

右之通申渡間、其旨可存、

〔市中取締類集　芝居床見世之部　四〕

第一三件

嘉永三戌年五月

七一　後藤縫殿亮拝領町屋敷添地地借後見等願書　町奉行所宛　淺草御藏前土手通へ商床補理へ冥加金納メタシ

後藤縫殿允〔亮〕拝領町屋敷添地輪十郎地借常三郎幼年ニ付後見同人父文吉御藏前通ニ商床補理冥加金上納之儀ニ付調

乍恐以書付奉願上候

一後藤縫殿允〔亮〕（呉服師）拝領町屋敷添地輪十郎地借常三郎幼年ニ付後見同人父文吉奉申上候、御藏前通　附　御藏之方土手際片側在來り候自身番屋幷番屋・床番屋共相除、御厩河岸通横町ニ折廻シ長延凡貳百八拾間余明地ニ別紙繪圖面（第一二圖）之通奉拜借、爲御冥加壹ケ年金百貳拾五兩上納仕、右御場所ニ高サ九尺・奥行貳間商內床補理、往來出商之もの共差置遣度、尤、火焚所ニも不仕候間、何卒以　御慈悲願之通被仰付被下置度奉願上候、以上、

嘉永三戌年四月廿九日

後藤縫殿允〔亮〕拝領
町屋敷添地
輪十郎地借
常三郎幼年ニ付
後見
同人父
願人　文　吉印
家主　輪十郎印

御奉行所様

(朱書)
「戌五月朔日、右願之趣、深川吉永町家持源八儀、淺草御藏前土手通ニ床見世補理上納金致度願出候節之先例、(高林、南町奉行用人)
忠太夫を以御覽入取計方相伺候処、右例之通取計可申旨被仰渡候付、別段ヒレ付ニゅ不申上其通取計之事、」

〔第一二圖〕○四四一～四四七頁

(朱書)
「吟味所おゐて、市中取締懸
(北町奉行所与力)
東條八太夫申渡、」

(呉服師)
後藤縫殿亮拜領町屋敷
添地輪十郎地借
常三郎幼年ニ付
後見同人父
文　吉

一
此もの儀、淺草御藏前土手通ニ床見世補理上納金致度旨願出候得共、右ハ故障之筋有之候間、願之趣不及沙汰、
右之通被仰渡奉畏候、爲後日仍如件、
(嘉永三年)
戌十一月三日
文　吉
家主　輪十郎

先例ノ通リ取計フヤウ命ゼラル

七二　後藤縫殿亮拜領町屋敷添地地借後見等請書

願ハ認メズ

七三
御納戸頭掛合書
宛南町奉行

第一四件

五人組　竹三郎

嘉永三戌年八月

御納戸頭ゟ掛合

御水引御用達高岡喜内拝借地江床見世補理度願調

(朱書)(嘉永三年)「戌八月二日、來ル、(同四年)亥三月三日、挨拶遣、」

遠山左衛門尉(景元、南町奉行)

「御納戸頭中

御納戸頭

「遠山左衛門尉殿

御水引製造場
拝借地神田紺屋町

御納戸

御水引屋
高岡喜内

三丁目三百七拾坪五合

右喜内拜借地神田紺屋町三丁め三百七拾坪五合之場所、表通往來堺長三拾九間之處、是迄竹矢來補理入口三ケ所明ケ有之候処、夜中其外時〻不淨物等打捨、又ハ矢來内にも投込、右取片付方ニ手數相懸り難澁ニ付、表通長三拾九間之内東堺ゟ三拾間之場所繪圖面朱引之(第一三圖)通地續上納地並之通床見世補理申度旨、別紙之通喜内願出候、右ハ其御方御差支之儀も無(第七四號)之候ハヽ、御支配方に相伺可申与存候、依之、喜内差出候願書幷繪圖面相添、此段及御懸合候、以上、

戌(嘉永三年)八月
御納戸頭

下ケ札
御書面高岡喜内拜借地内に床見世補理申度旨申立候儀ニ付、御懸合之趣を以町年寄共に申渡、一應町内其外差障有無爲相糺候処、先つ差支之筋ハ相聞不申候得共、(第七五號)元來市中床見世之儀ニ付ゆハ、去寅年中御沙汰之趣を以其後取調之上申上置候次(天保十三年)第も有之候間、新規ニ出來候儀、拙者限可然与ハ難及御答、尙御勘弁有之候方ゟ存候、依之、喜内差出候書付・繪圖面共返却、此段及御挨拶候、(第七四號)(第一三圖)

御水引屋高岡喜内拜借地

拜借地ニ入口三ケ所明ケル不淨物等打捨テラレ難澁ス

拜借地へ地續上納地竝ノ通リ床見世補理ヒタク願出ル支障ナクバ支配方へ伺ハン

下ケ札
南町奉行挨拶

町年寄ニ支障ノ有無ヲ糺サス

拙者限リニテハ答へ難シ

七四　御水引屋願書

御水引御用願ノ通リ舊復申付ケラレ製造場拜借ス
拜借地ニ入口三ケ所明ケル不浄物等打捨テラレ當惑ス
拜借地へ地續上納地竝ノ通リ床見世補理ヒタシ
冥加金ハ増上納セン

（嘉永四年）
亥三月　　　　　　遠山左衛門尉

拜借地內床見世補理申度奉願上候書付

高岡喜內（御水引屋）

乍恐以書付奉願上候

一御水引御用願之通舊復被　仰付候ニ付、右御品爲製造場神田紺屋町於三丁目向父閑八時之通三百七拾坪五合之場所拜借被　仰付、右於場所御品製造仕候処、日請万端都合宜冥加至極難有仕合奉存候、右拜借地表通往來境長三拾九間之場所、是迄竹矢來補理入口三ケ所明ケ有之候処、夜中其外時ミ不浄物等打捨又ハ矢來內にも投込、右取片付ニ手數相懸當惑仕候、右ニ付奉願上候も重ミ奉恐入候得共、表通長三拾九間之內東境より三拾間之場所別紙繪圖面（第一三圖）朱引之通地續上納地並之通床見世補理申度、尤、奥行之儀ハ九尺ニ仕番人其外差置申度奉願上候、尤、冥加金之義ハ、是迄差出候外ニ御下知次第增上納可仕

候間、何卒格別之御仁恵を以願之通被　仰付被下置候様奉願上候、以上、

戌（嘉永三年）七月　高岡喜内

〔第一三圖〕○四四八頁

御水引屋高岡喜内拜借地内床見世補理願之儀取調申上候書付

（町年寄）舘市右衛門

御水引製造場
拜借地神田紺屋町
三町目三百七拾坪五合

御納戸
御水引屋　高岡喜内

右喜内拜借地表通長三拾九間竹矢來補理入口三ケ所明ケ有之候処、夜中其外時〻不浄物等打捨又ハ矢來内江投込、取片付方手數相懸難澁ニ付、右三拾九間之内東境ゟ三拾間地續上

七五　町年寄上申書
御水引屋高岡喜内拜借地

拜借地へ床見世補理ヒタキ願ニツキ取調ヲ命ゼラル

支障ナキ旨同所土手取締掛名主共申ス

右上納地床見世ノ起立

床見世補理ヒ上納金納ム

喜內拜借地ハ一旦御用勤メシ御晒布屋等ノ返地

納地並之通床見世補理申度旨願出候、御差支之儀も無之候ハヽ、御支配方に可相伺旨、喜
內差出候願書(第七四號)幷繪圖(第一三圖)相添御納戸頭衆ゟ御懸合(第七三號)ニ付、取調可申上旨被仰渡候、
但、喜內願面別紙繪圖面、朱引之通奥行之儀を九尺ニ仕、番人其外差置、冥加金之儀是
迄差出候外御下知次第增上納可仕段申立候、
右、依之、同所續上納地受負人幷地先神田紺屋町貳町目・三町目町役人共取調候處、前書
高岡喜內奉願候同人拜借地內床見世補理之儀、却而同側並合宜敷幷自然夜中往來取締共可
然、右願之通被仰付町內幷受負人共差障候儀無御座候旨、同所土手取締懸名主共申之候、
一右上納地床見世起立之儀を、文政十二丑年、龍閑町ゟ岩井町迄火除土手壹番ゟ拾番迄御
築立之上、北側殘地之分榊原主計頭殿(忠之、北町奉行)御掛出羽守殿(水野忠成、老中)に御伺濟、藏地・物置・干場・床見
世等ニ被仰付、內床見世建形之儀を、棟高サ壹丈貳尺位・奥行貳間瓦葺ニ補理、年〻上
納金幷土手見守相勤受負被仰付、私取扱年〻上納金取立御金藏納仕候、土手破損・植 下ケ札(朱書)「○」
物等之儀を町會所懸平生見廻方共會所懸差配ニ有之、本文高岡喜內拜借地之儀を、
六番土手北側殘地上納地續ニ而御座候、
一右喜內拜借地三百七拾坪余之儀を、一日御水引御用相勤候御晒布屋清須美源四郎外壹人
拜借之処、去ル申年(嘉永元年)喜內右御用被(朱書)「仰付、源四郎外壹人御差免地所返地喜內に拜借被」
仰付候節、是迄之通相心得右三百七拾坪余之內三

冥加金納ム

番人道具置場ハ土藏造トシ小商等禁ゼラル

請證文ニ引當ツレバ困難ナレド所ノ支障ハナシ

拜借地冥加金ト地續上納地上金ニ大差アリ上納地竝ニ納メレバ多分ノ増金ニナラン

下ケ札

拾四坪ハ御用物取扱場建物仕、三百三拾六坪余ハ御用物干場明地ニ仕置、一ケ年冥加金四兩三分永百拾八文三歩三厘三毛宛相納、番人幷道具置場壹ケ所土藏造ニ仕、火焚所等ニも致間敷、且、番人置場ニ而小商等不爲致積、從　町御奉行所被仰渡候趣相達、喜内受證文（別紙二）取之申候、

其節之當御役所御調書（別紙一）幷受證文写奉（入脱カ）御覽候、

右取調候処、書面之通御座候、喜内拜借地受證文ニ引當候得ハ、容易ニ難出來儀、乍去、右拜借地内外取締之ため今般願出、且、於所差支候儀も無御座候ニ付、御評議次第之御儀ニも候得共、去ル申年御調之節、證文等先例被仰上、且又、同所土手之儀ハ町會所御相懸り衆も有之、今般御一手ニ而取極候御挨拶にも難被及哉、其上增上納之儀御下知次第与有之候而も治定不仕、右ハ是迄御用場拜借之冥加金与地續上納地上金与ハ過分之甲乙有之、願人爲心得下ケ札以申上候、床見世願丈ケ之坪敷ニ候共上納地並相納候節ハ、多分之增金ニ可相成、右等之見込をも御糺尙御勘弁可有之方ニ被仰遣被下度儀ニ奉存候、依之、御渡被成候書類（第七四號）・繪圖（第一三圖）面返上仕、別紙書拔貳通相添、此段申上候、以上、

下ケ札（朱書）「△」

亥（嘉永四年）二月　　舘市右衛門

下ケ札

地續上納地上金

下ケ札
喜内拜借地冥加金

坪當リ銀七分八厘餘

地續上納地請負高
坪當リ銀八匁八分三厘餘

（朱書）
「〇」
本文上納地之儀、南側ニゆ家作地一ヶ所共相込、當時都合壹ヶ年金貳百貳拾貳兩銀拾壹匁つゝ取立、春秋兩度ニ御金藏に相納申候、

同

（朱書）
「△」
高岡喜内是迄拜借地三百七拾坪余、一ヶ年冥加金四兩三分永百拾八文三歩三厘三毛

此分
壹坪ニ割
凡銀七分八厘余ニ　相當り

地續上納地請負高、藏地・物置・物干場・床見世等平均壹ヶ年
壹坪ニ付
凡銀八匁八分三厘余ニ　相當り

（押紙）
（朱書）（嘉永元年）
「去ル申年十月、私方留帳書拔差上申候、四ヶ年以前之儀ニ付、御役所御書留をも御突合被成下候樣奉願候、
（町年寄）
館市右衞門」

申十月十八日、
（奥右筆）
早川庄次郎を以上ル、
（大岡忠固、若年寄）
「主膳正殿に

別紙一
南町奉行上申書

高岡閑八御咎アリ御水引御用ノ儀御晒布屋等へ申渡ス

此度高岡喜内御用命ゼラル

御水引干場トシテ返地拝借申渡ニツキ取調ヲ命ゼラル

神田紺屋町三丁目向

清須美源太郎

磯田七郎兵衛

元御水引屋高岡閑八拝借シ冥加金納ム御咎アリ地所上ケ地ニナル

書面取調申上候通取計可
申旨被仰聞、承知仕候、
申十月十日

遠山左衛門尉（景元、南町奉行）

元御水引屋高岡閑八、天保八酉年三月中御咎被　仰付、御水引御用之儀御晒布屋清須美源四郎・御紙屋磯田七郎兵衛に割合勤申渡、御水引製造場神田紺屋町三丁目向三百七拾坪弐合五勺之場所、是又両人に拝借申渡置候処、此度高岡喜内御水引御用被　仰付、源四郎・七郎兵衛義御用御差免ニ付、右地所同人共ゟ返納仕度旨申立候ニ付、為御水引干場右喜内に拝借可申渡趣、御納戸頭伺書御下ケ被成、取調可申上旨被仰聞候、

神田紺屋町三丁目向

一　表田舎間三拾九間
　　裏行　西之方拾間
　　　　　東之方九間
　　此坪三百七拾坪余

両人拝借地

御納戸
御晒布
御水引屋　清須美源太郎

同
御紙
御水引屋　磯田七郎兵衛

此儀、元御水引屋高岡閑八拝借内三拾四坪御用物取扱場建物仕、冥加金年々上納仕御金藏に相納候処、天保八酉年三月御咎被　仰付、右地所上ケ地相成、一旦町内に相預、同

一旦町内へ預カル

兩人願ノ通リ拜借命ゼラレ冥加金納ム

此度高岡喜内御用命ゼラル

兩人ヨリノ返地喜内へ拜借サストモ支障ナシ

即日喜内へ地渡申付クカ

地渡當月分ヨリ冥加金喜内ニ納メサス

下ケ札伺書ニハ源四郎トアルモ地渡證文ニハ源太郎トアリ

十亥年先役筒井紀伊守（政憲、南町奉行）勤役中、閑八跡御用相勤候右兩人拜借願相模守（小笠原長貴、若年寄）殿御下ケ取調候処、町方差障無御座、尤、建坪等仕來之通候ハヽ、拜借願濟之上ハ冥加金上納之積申上候處、大草安房守（高好、北町奉行）勤役中同年十月、願之通源太郎・七郎兵衛ぇ拜借被仰付候旨越前守（水野忠邦、老中）殿御書付被成御渡候間、地渡相濟、冥加金之儀壹ケ年金四兩三分永百拾八文三歩三厘三毛宛町年寄共方ぇ爲取立御金藏ぇ上納仕候、

右取調候処書面之通御座候、此度高岡喜内御水引御用被　仰付、清須美源四郎・磯田七郎兵衛儀御差免ニ付、右地所同人共ゟ返地仕、右喜内ぇ拜借被　仰付候ゆも於町内差障無御座候、勿論是迄之通相心得、以來冥加金喜内ゟ可相納旨被仰渡可然哉奉存候、尤、右地所天保十亥年町方ゟ相渡候ニ付、此度も同様返地之儀兩人ゟ受取、即日右喜内ぇ地渡被仰付可然哉、且、當年分冥加金之義、拾貳月ニ割地渡前月迄之分是迄之拜借人ゟ相納、地渡當月分ゟ喜内ゟ上納可仕、右證文等之儀ハ、先例之通町年寄共方ぇ爲取置候様可仕哉ニ奉存候、依之、御下ケ被成候書面返上、此段申上候、以上、

申十月（嘉永元年）

遠山左衛門尉

本文伺書ニハ御晒布屋清須美源四郎ゟ有之候処、天保十亥年地渡證文本文之通清須美源太郎ゟ有之候、

別紙二
御水引屋請書

清須美源四郎等御水引御用勤メ製造場拝借ス

此度高岡喜内御用命ゼラレ源四郎等ノ返地ヲ拝借ス

冥加金納ム

番人道具置場ハ土藏造トシ小商等禁ゼラル

冥加金納方

(朱書)
「當御役所ニ伺之上、

嘉永元申年十月十六日、

(御水引屋)
高岡喜内受證文写、」

神田紺屋町三丁目向三百七拾坪余、是迄御水引御用相勤候御晒布屋清須美源四郎・御紙屋七郎兵衛拝借仕候處、此度拙者右御水引御用被　仰付源四郎・七郎兵衛儀御差免ニ付、右地所同人共ゟ返地仕拙者ニ拝借被　仰付、去ル十二日地所受取申候、勿論是迄之通相心得、右三百七拾坪余之内三拾四坪ヲ御用取扱場建物仕、三百三拾六坪余ヲ御用物干場明地ニ仕置候様被仰渡、且、冥加金之儀壹ケ年金四両三分永百拾八文三歩三厘三毛宛年々當御役所ニ無相違相納可申候、都而仕來之通相守、番人并道具等差置候所壹ケ所土藏造ニ仕、決而火焚所等ニヲ致間鋪、且、番人置場ニ而小商等不爲致積

従　町御奉行所被仰渡候段被仰聞、委細奉畏候、爲後證御帳ニ印形仕置候、仍如件、

但、冥加金納方之儀、七月・十二月兩度ニ相納可申候、尤、當申年分之儀、拾貳ケ月ニ割先月迄九ケ月分ヲ源四郎・七郎兵衛ゟ相納、當十月分ゟ拙者可相納旨被仰聞承知仕候、

御納戸
御水引屋

嘉永元申年十月十六日　　　　高岡喜内印

上

七六　市中取締掛名主上申書

掛床取拂命ゼラレ以來新規出來場所ナシ古復願濟箇所

赤坂御門外表傳馬町一丁目水茶屋床店場所

溜池榎坂上水茶屋床店場所

九ケ年以前卯年中(天保十四年)、市中廣場其外掛床取拂被仰付、其後新規又ハ元場所ニ古復願御聞濟之例御尋之御座候処、卯年以來新規出來候場所ハ無御座、古復御願濟ケ所左之奉申上候、

赤坂御門外表傳馬町壹丁目
一水茶屋床店場所

右ハ、天保十四卯年取拂被仰付候処、弘化二巳年中古復被仰付候、

溜池榎坂上
一水茶屋床店場所

右ハ、天保十四卯年取拂被仰付候処、弘化二巳年中古復被仰付候、

右之通之御座候間、別紙調書相添(第七七・七八號)此段申上候、以上、

亥(嘉永四年)二月廿五日　　　　市中取締掛
名主共

上

七七　麻布谷町名主上申書

町方御持場明地等ニ去ル寅年（天保十三年）御取拂ニ相成候懸床之類、其後願濟古復致候箇所年月幷六七ケ年以前ゟ新規ニ明地・火除地等ニ掛床之類新規願濟年月等御調ニ付、左之場所ヽ的例ニヽ無御座候得共申上候、

一溜池榎坂上床見世之儀ハ、御普請方御持場ニ而、安永度ゟ願濟ニ而五ケ年目毎ニ拜借人共ゟ年季切替奉願上候処、九ケ年以前卯年（天保十四年）八月右床店取拂被仰付候、然ル処、七ケ年以前弘化二巳年三月中、右床店地所拜借人惣代麻布谷町家主辰右衞門・芝青龍寺門前町代地家主重右衞門ゟ床店以前之通取建申度旨、御普請方御役所ニ歎願仕候処、其後同年十二月中拜借人一同右御役所ニ被召出、以前之通五ケ年季ニ而地所拜借被仰渡候ニ付、床店取建申候、

右ヽ町方御持場ニハ無御座候得共、類例ニも當り可申哉ゟ奉存候間、此段申上候、已上、

亥（嘉永四年）二月

麻布谷町
名主
太（米良）一郎

掛床例御調書上

町方持場ニテ古復及ビ新規願濟ノ掛床類ニツキ上申ス

溜池榎坂上床見世ハ普請方持場

天保十四年取拂命ゼラルモ弘化二年古復ヲ願フ

地所拜借命ゼラレ床店建ツ

町方持場ノ類例ニモ當ルカ

七八
十五番組世話掛名主上申書

町方持場ニテ古復及ビ新規願濟ノ掛床類ニツキ上申ス
普請方持場ノ類例
赤坂御門外表傳馬町一丁目水茶屋床店場所
天保十四年中取拂命ゼラル
弘化二年床店持主共元通リ地所拜借シ渡世ヲ願フ
古復命ゼラル

拾五番組

町方持場明地等之寅年(天保十三年)御取拂相成候掛床之類、其後願濟古復致候ヶ所幷六七ヶ年以前ゟ新規之明地其外火除地等之掛ヶ床之類願濟ヶ所、右例御調之付組合內取調候処、無御座候、尤、右廉之も相違致御普請方御持場之御座候得とも、類例左之申上候、

赤坂御門外表傳馬町壹丁目向道內
一水茶屋床店場所
　長貳拾間巾六尺
　　但、間口貳間、奥行六尺之ゟ軒數拾軒、
　　當時水茶屋商見世之御座候、

右も、元祿年中ゟ有來拜借御地代上納仕來候処、天保十四卯年中右場所御取拂上納御免被仰渡候、然ル處、七ヶ年以前巳年中(弘化二年)、前書床店持主共ゟ先前之通り拜借地被仰付渡世仕度段御普請方御役所ニ奉願候処、不及御沙汰、其後同年十二月中、右持主共寂寄名主同御役所ニ被召出、左之通請書差上古復被仰付候、依之、請書写(別紙)・場所麁繪圖(第一四圖)相添奉申上候、以上、

拾五番組

亥二月（嘉永四年）　世話掛　名主共

差上申御請書之事

一私共儀、元祿年中ゟ赤坂御門外町屋向道内ニ而、長貮拾間・幅壹間床店地所拜借御地代上納仕來、天保十四卯年中右場所御取拂上納御免被仰渡候処、今般格別之御慈悲ヲ以、先前之通當巳年（弘化二年）ゟ來戌年（嘉永三年）迄中年五ケ年季拜借被仰付、壹ケ年爲御地代金五兩つゝ年〻七月・十二月兩度ニ前上納可仕旨被仰渡難有仕合奉存候、尤、年〻駒場野其外　御成之節掃除等入念仕、晝之內計湯茶商ひ之外酒食取次商等決而不仕、夜中繁〻見廻り火之元格別ニ入念不取締之義無之樣仕、床店內異變之義ㇵ私共引請取計可申旨是又被仰渡奉畏候、此段御請書差上申処仍如件、

弘化二年十二月廿八日

右持主　十人連印

前書被仰渡候趣逸〻奉畏候、尤、御年季中店替等仕候ハヽ、其度〻御訴可申上候、小前之內上納相滯候ハヽ、前書拜借之者一同ゟ弁納可爲仕候、且、床店外之義ㇵ是又仕來之通相

床店持主十八

別紙
元赤坂　町名主
等請書　普請
方役所宛
赤坂御門外町
屋向道內床店
天保十四年取
拂命ゼラル
當年ヨリ中年
五年季拜借ヲ
命ゼラル

心得可申旨是又被仰渡奉畏候、仍御請如件、

元赤坂町
名主　茂左衛門（寺嶋）

赤坂傳馬町
名主　五郎左衛門（村木）

御普請方
御役所

〔第一四圖〕○四四九頁

（朱書）（嘉永四年）
「二月　日、來ル、舘市右衛門（町年寄）取調中ニ付、同人へ達ス、」

七九　御納戸頭通達書

高岡喜内拝借地ニ床見世補理ヒタキ願ニツキ掛合フ

御水引屋高岡喜内、御水引製造場拝借地神田紺屋町地續上納地並之通床見世補理申度願書（第七四號）貳人差出候ニ付、其御方御差支之有無御掛合書面（第七三號）、去戌年（嘉永三年）八月二日御達申候事、（マヽ）

〔第一圖〕○便宜天地ヲ左右トス、原圖ノ朱線ハ破線（…）ニテ示ス、下ノ各圖モ同ジ、ナホ、本圖ノ插入箇所ハ一五八頁、

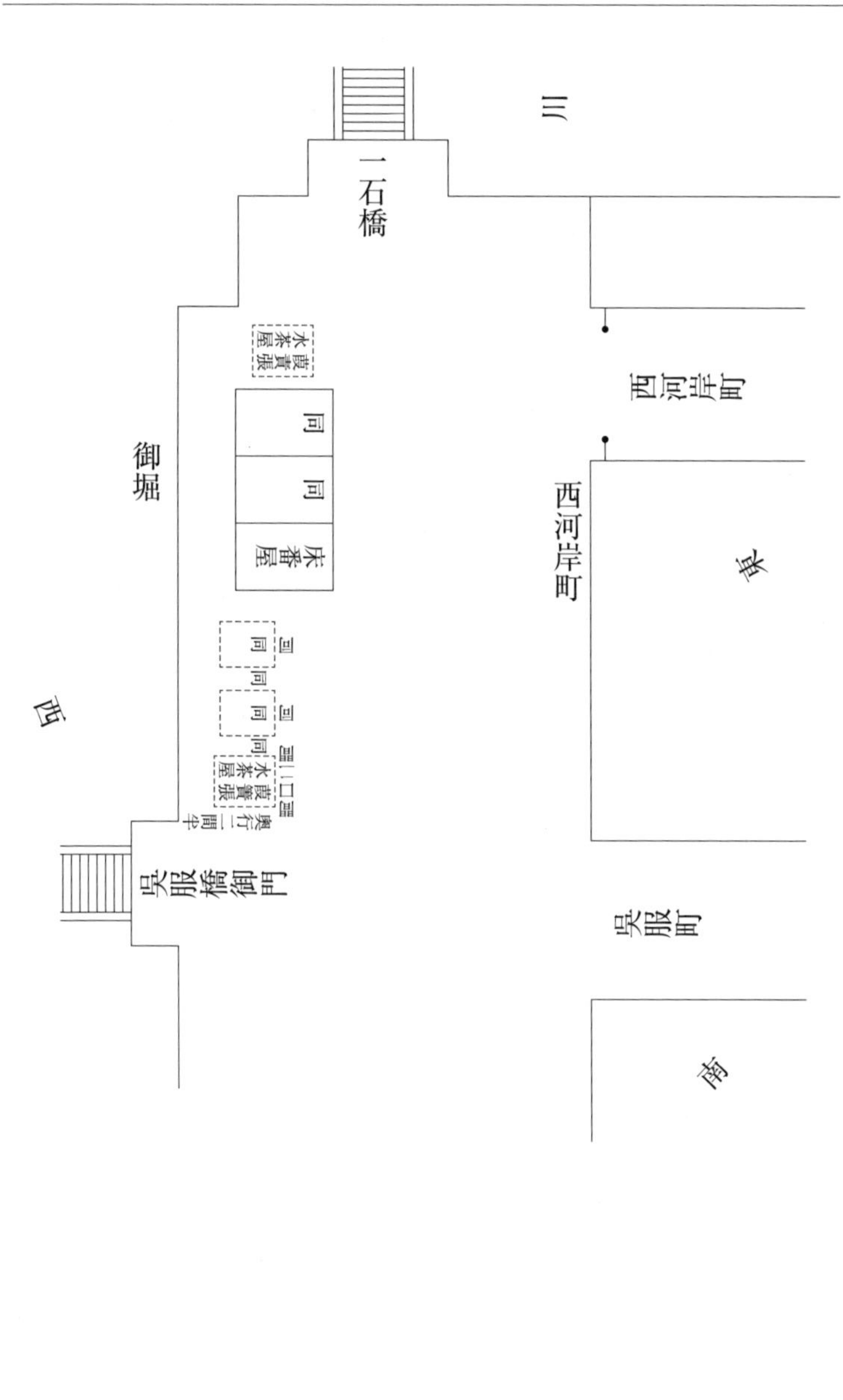

〔第二圖〕　○本圖ノ插入箇所ハ一七〇頁、

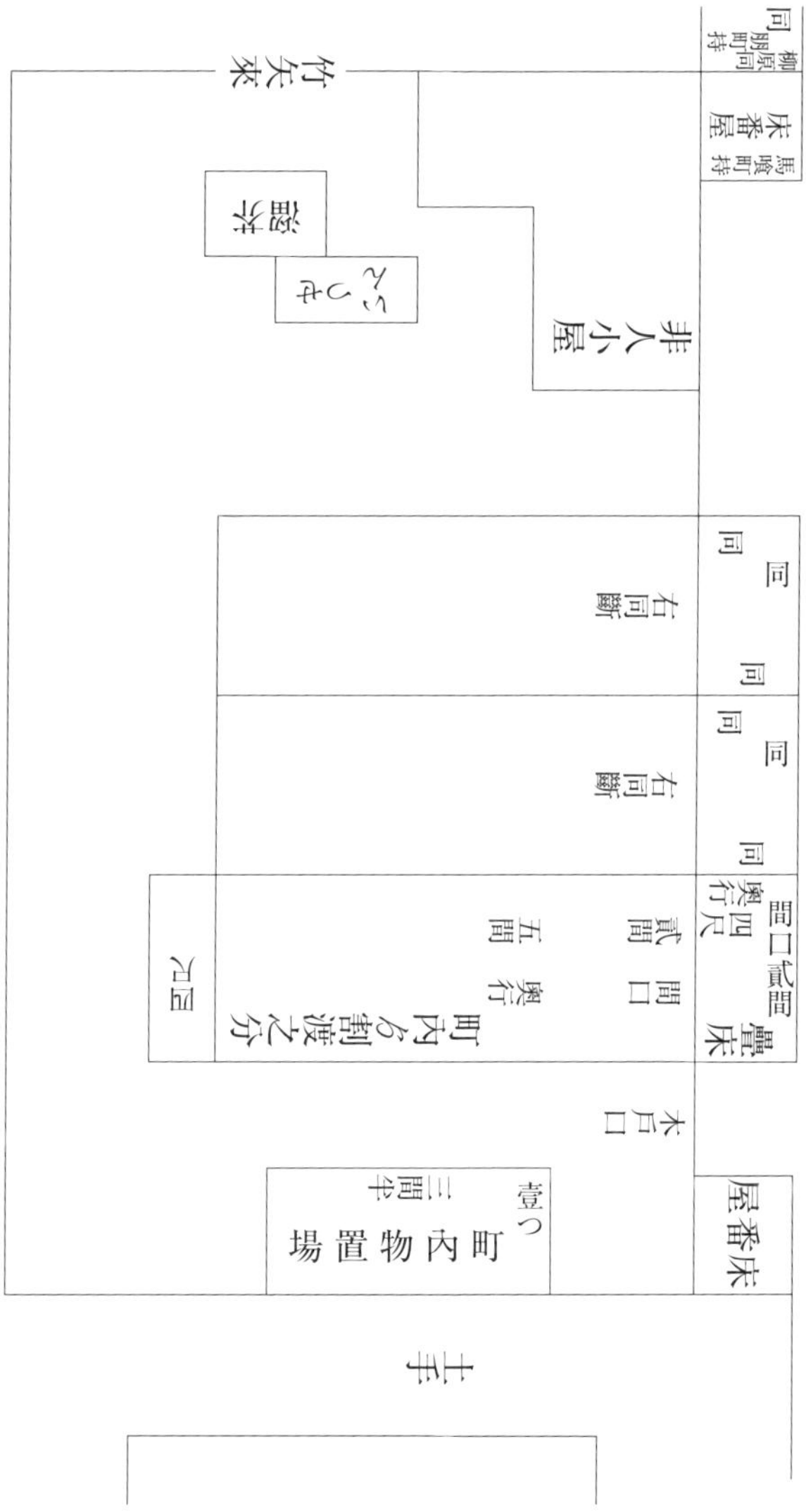

〔第三圖〕○本圖ノ挿入箇所ハ一一七〇頁、

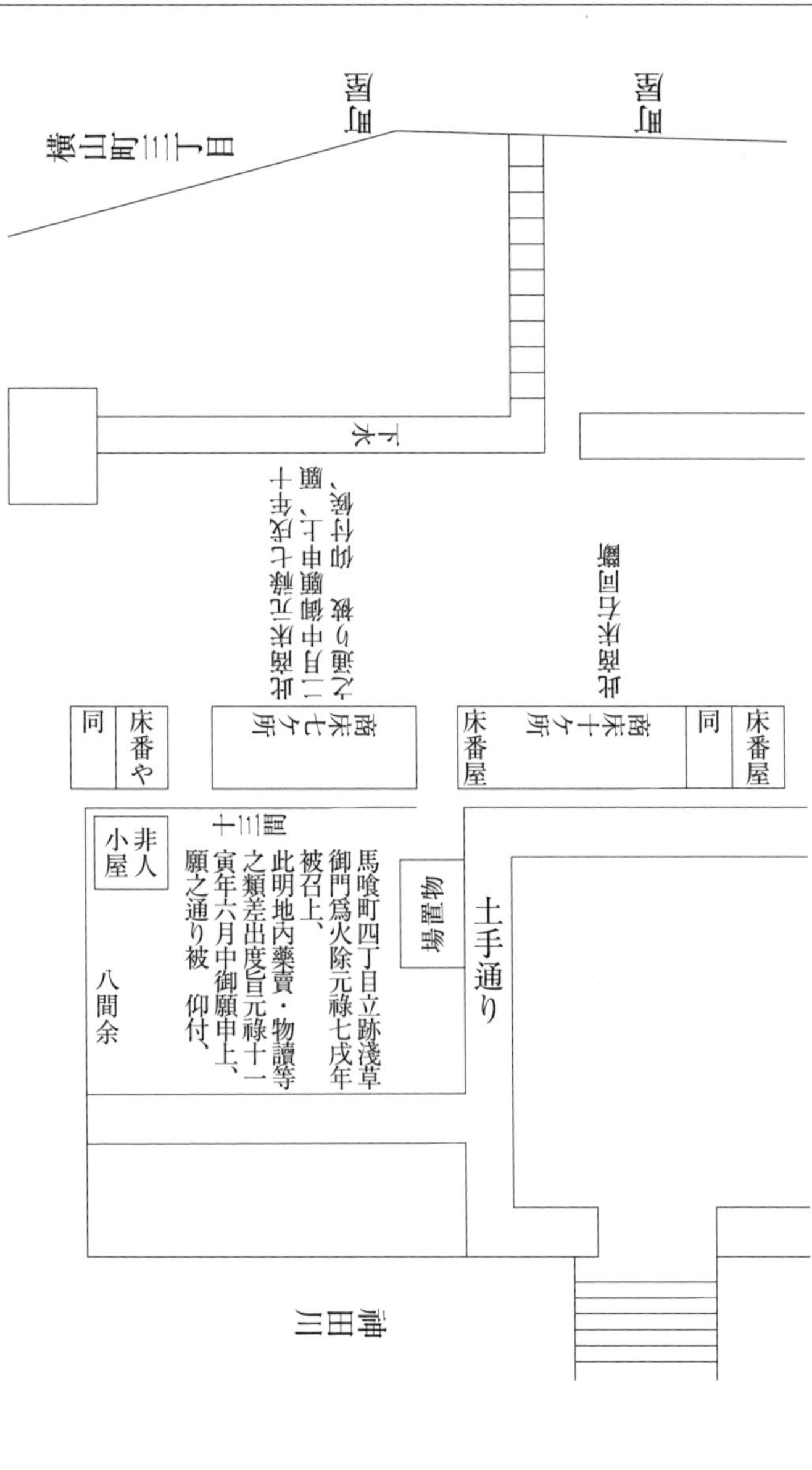

〔第四圖〕　○便宜天地ヲ左右トス、ナホ、本圖ノ插入箇所ハ二〇三頁、

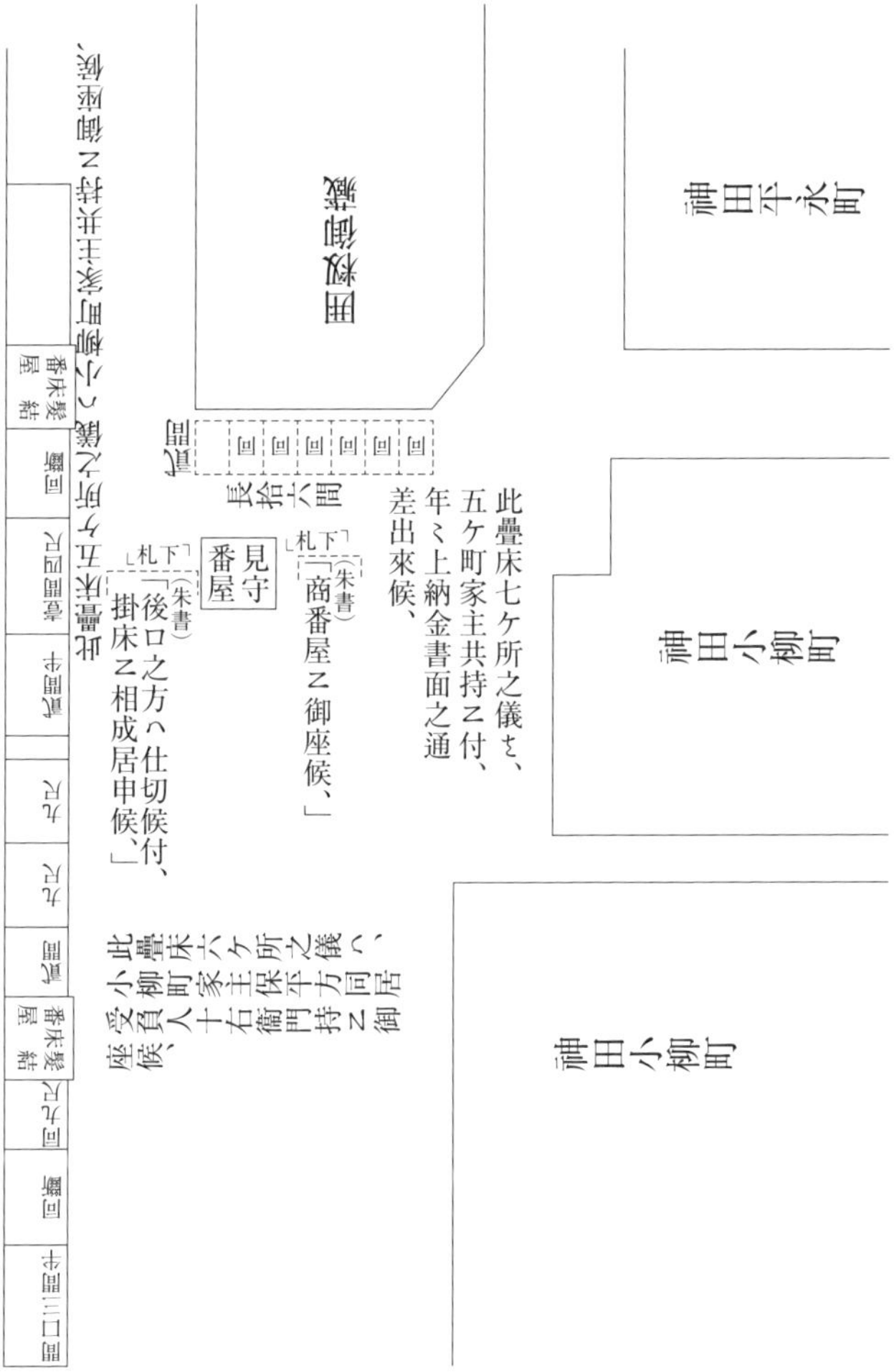

〔第五圖〕○便宜天地ヲ左右トス、ナホ、本圖ノ插入箇所ハ三〇四頁、

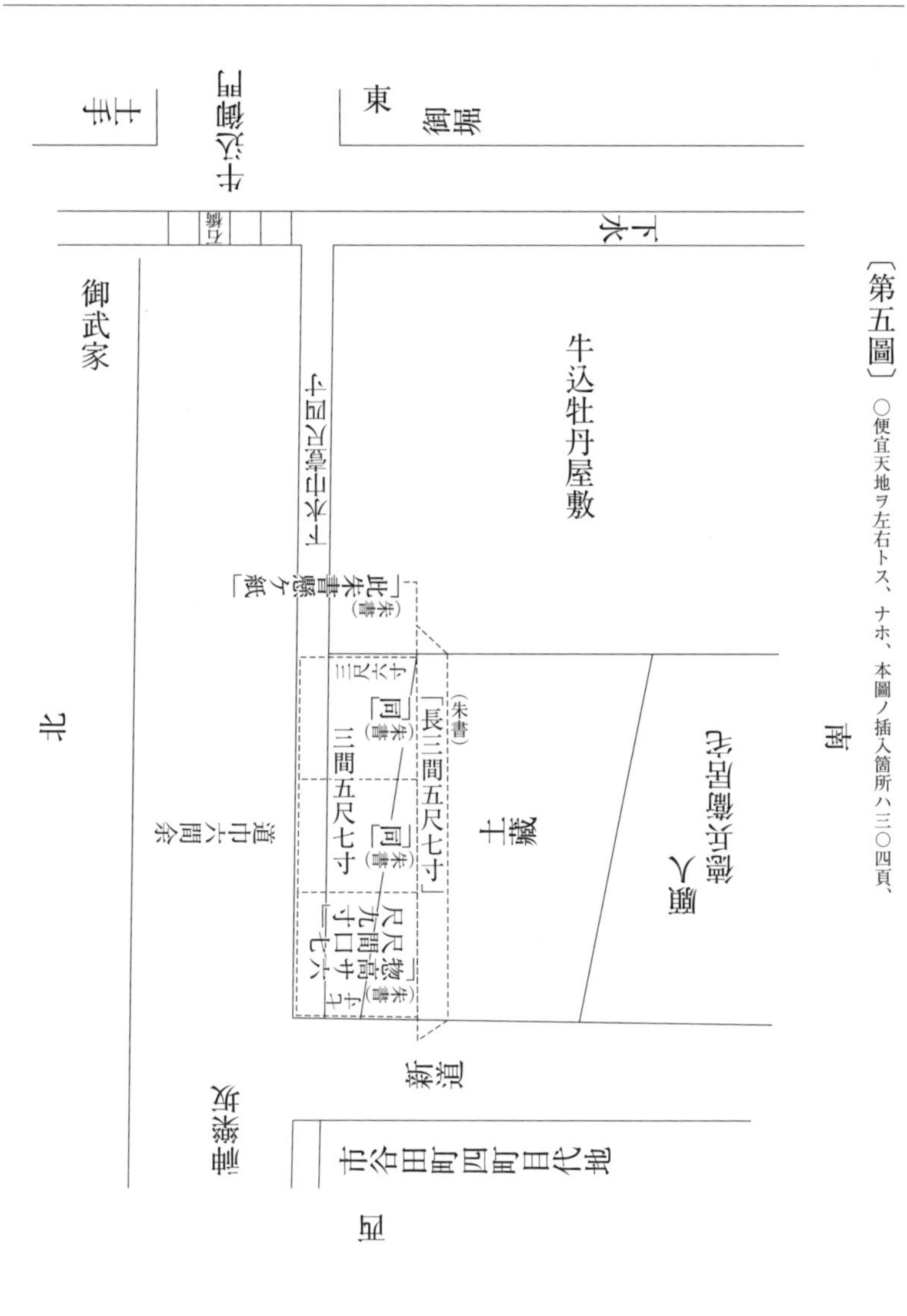

〔第六圖〕○本圖ノ插入箇所ハ三四〇頁、

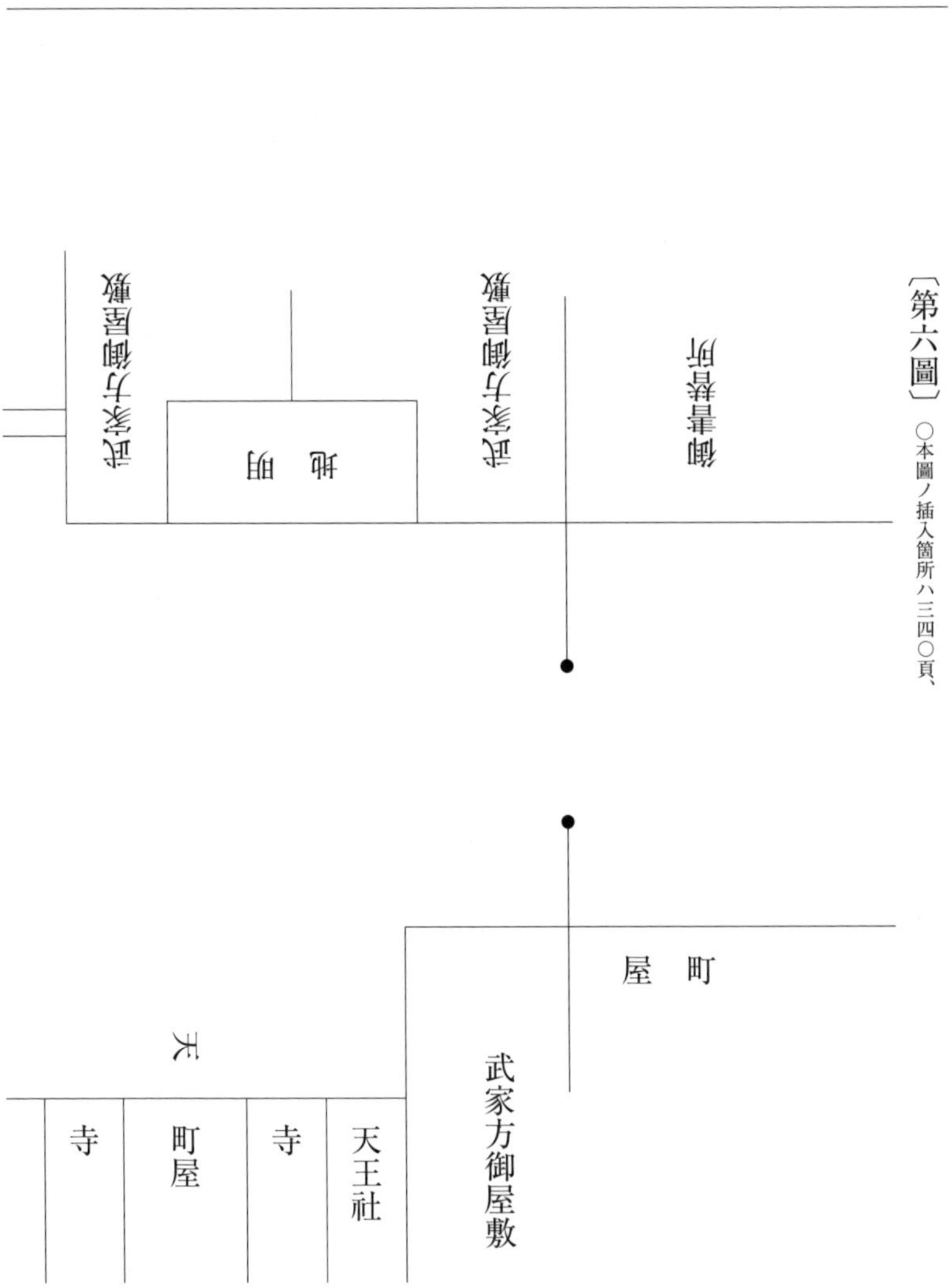

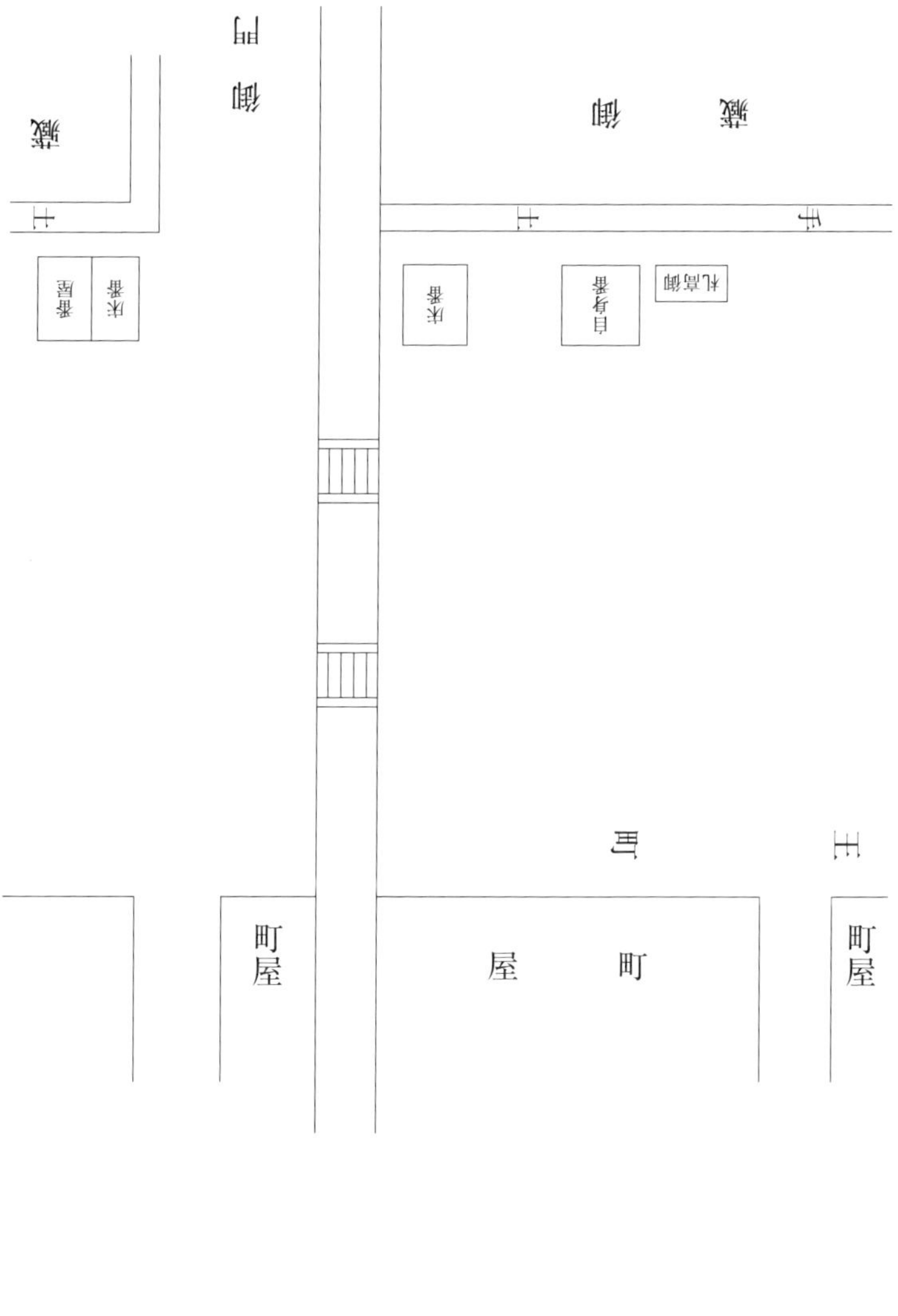

御門
蔵
御蔵
土手
床番
番屋
床番
自身番
御高札
町屋
町屋
町屋

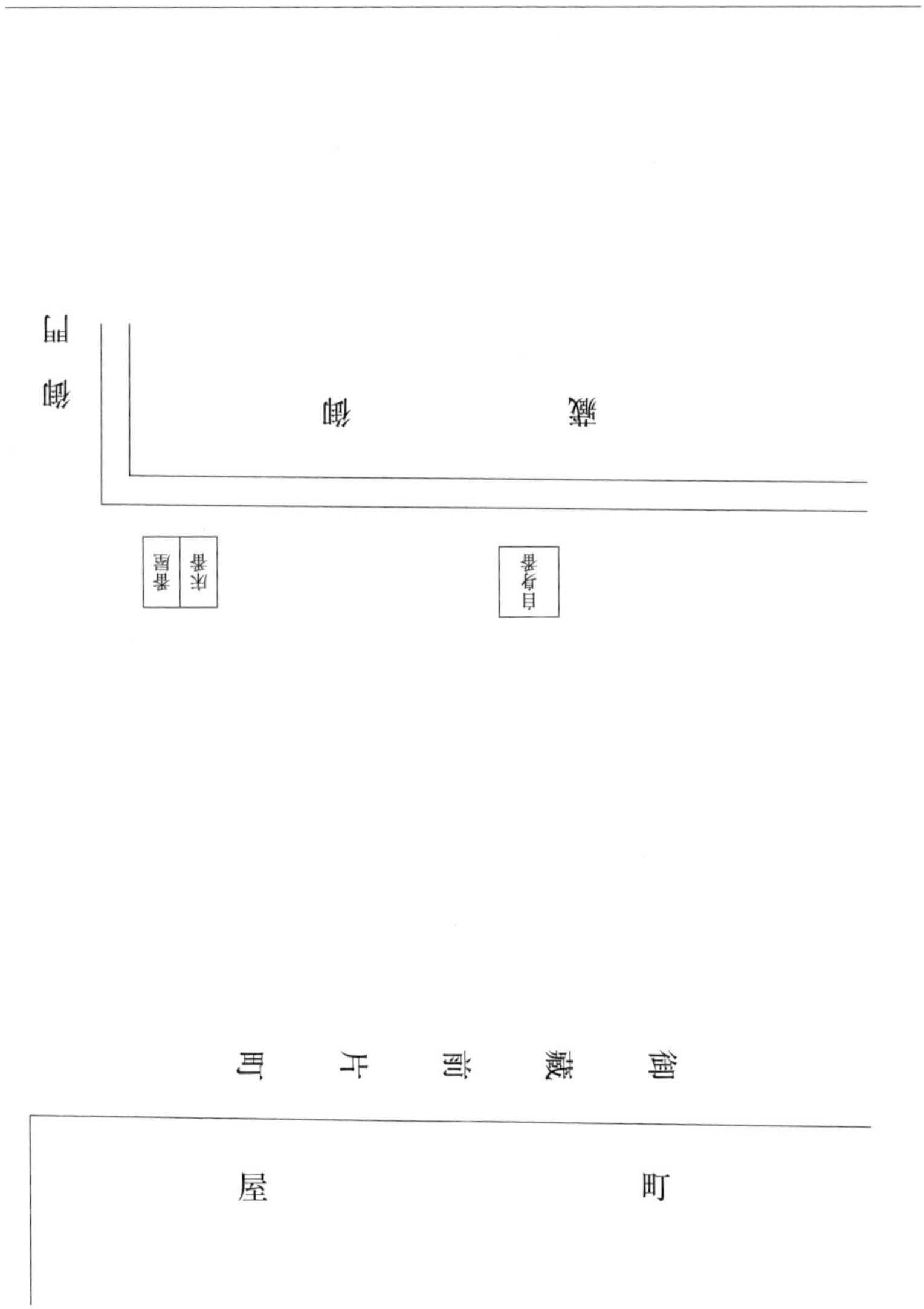

御門
御藏
床番
番屋
自身番
御藏前片町
町屋

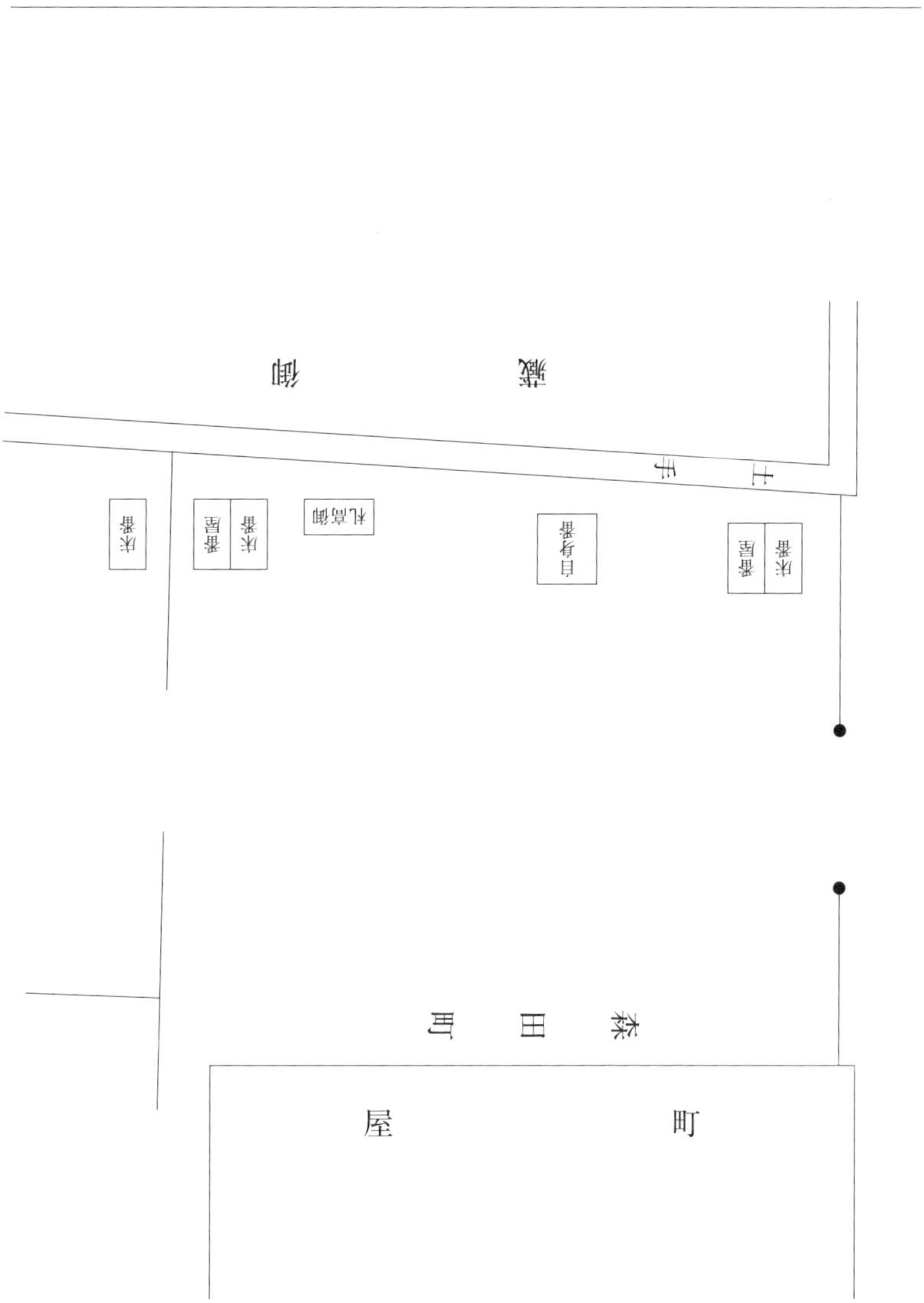
御藏
土手
床番
番屋
自身番
御高札
床番
番屋
床番
森田町
屋町

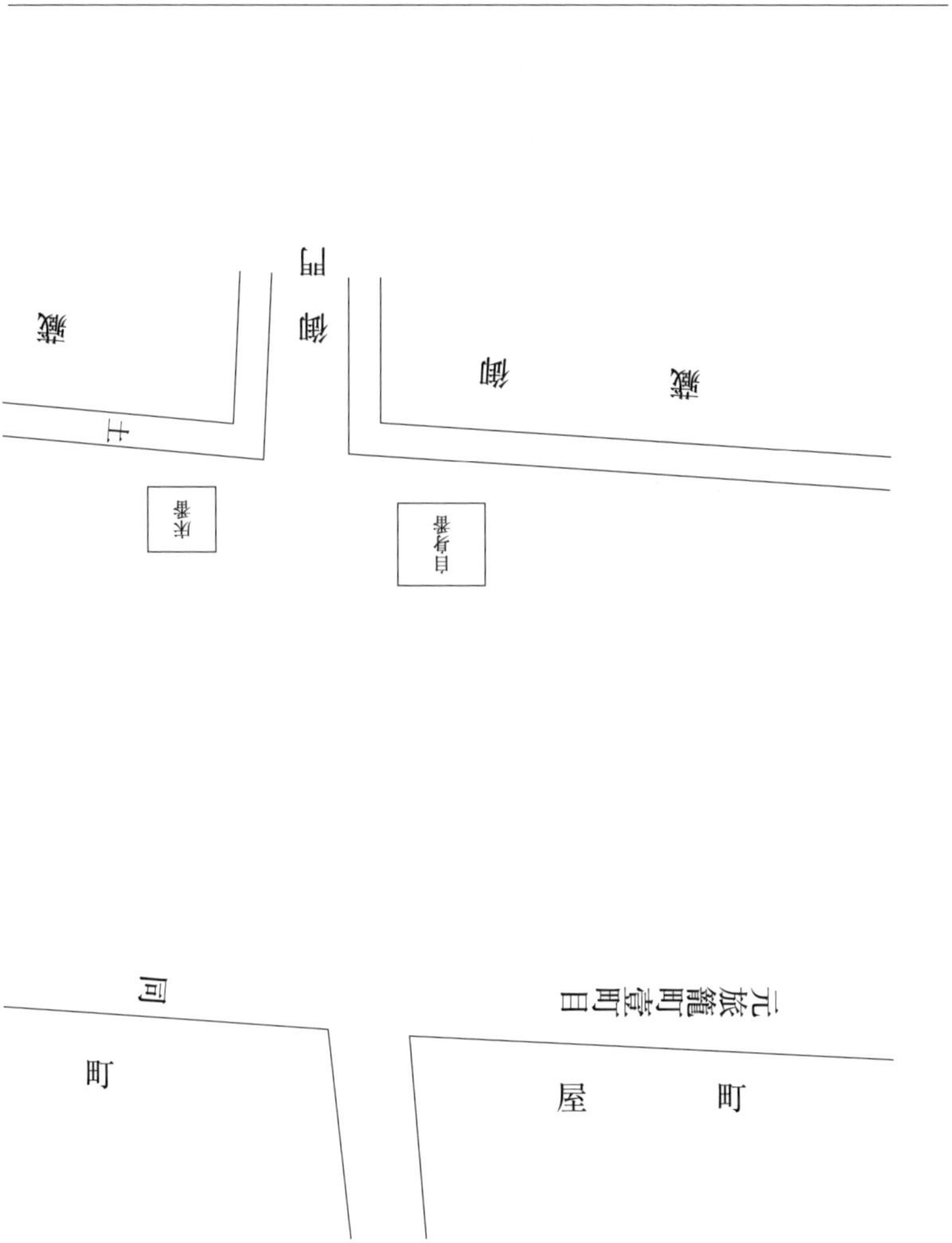
御門
御蔵
御蔵
土
自身番
床番
元旅籠町壹町目
町屋
同
町

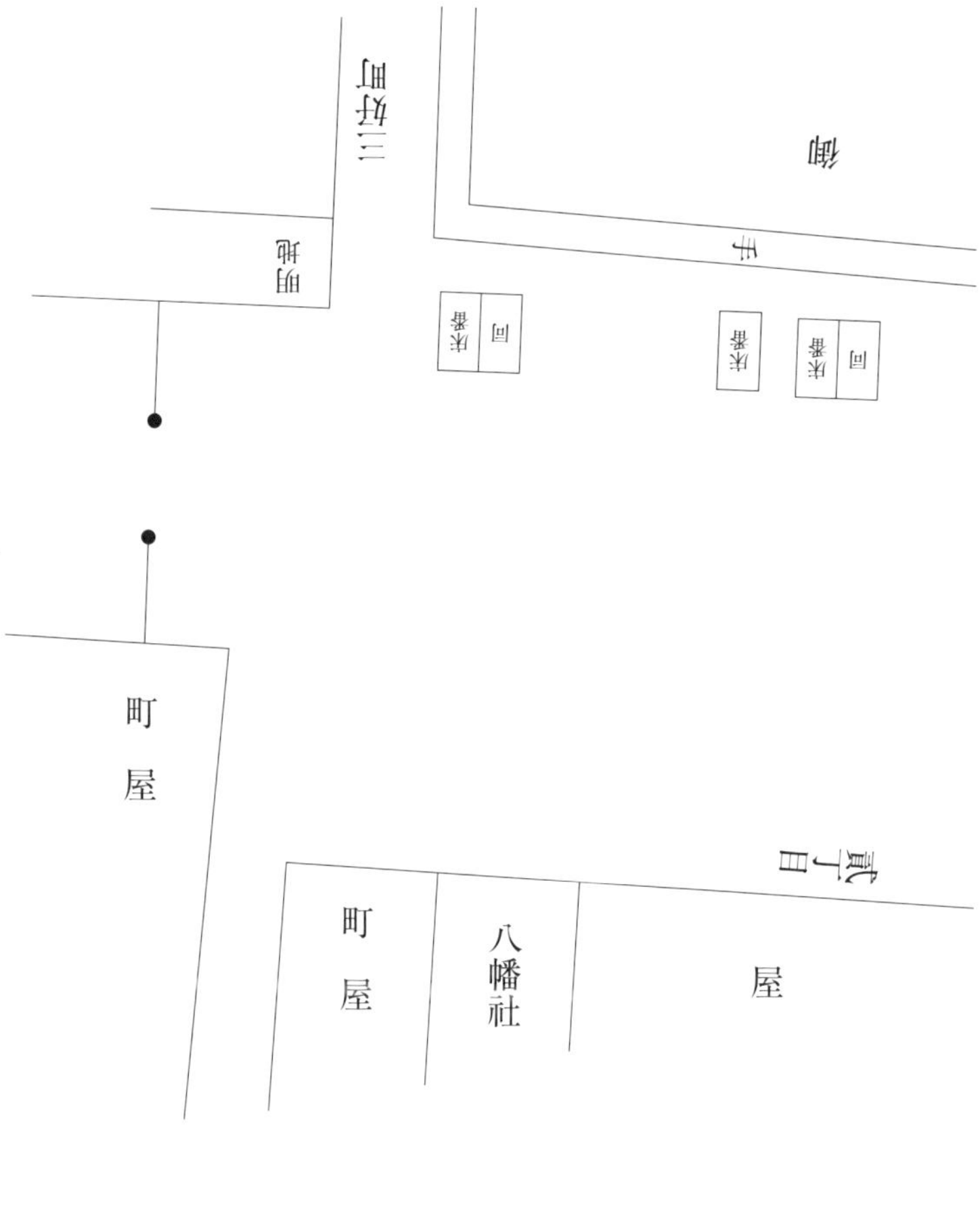
三好町
御
手
明地
床番
同
床番
床番
同
町屋
貳丁目
町屋
八幡社
屋

〔第七圖〕○便宜天地ヲ左右トス、ナホ、本圖ノ插入箇所ハ三七〇頁、

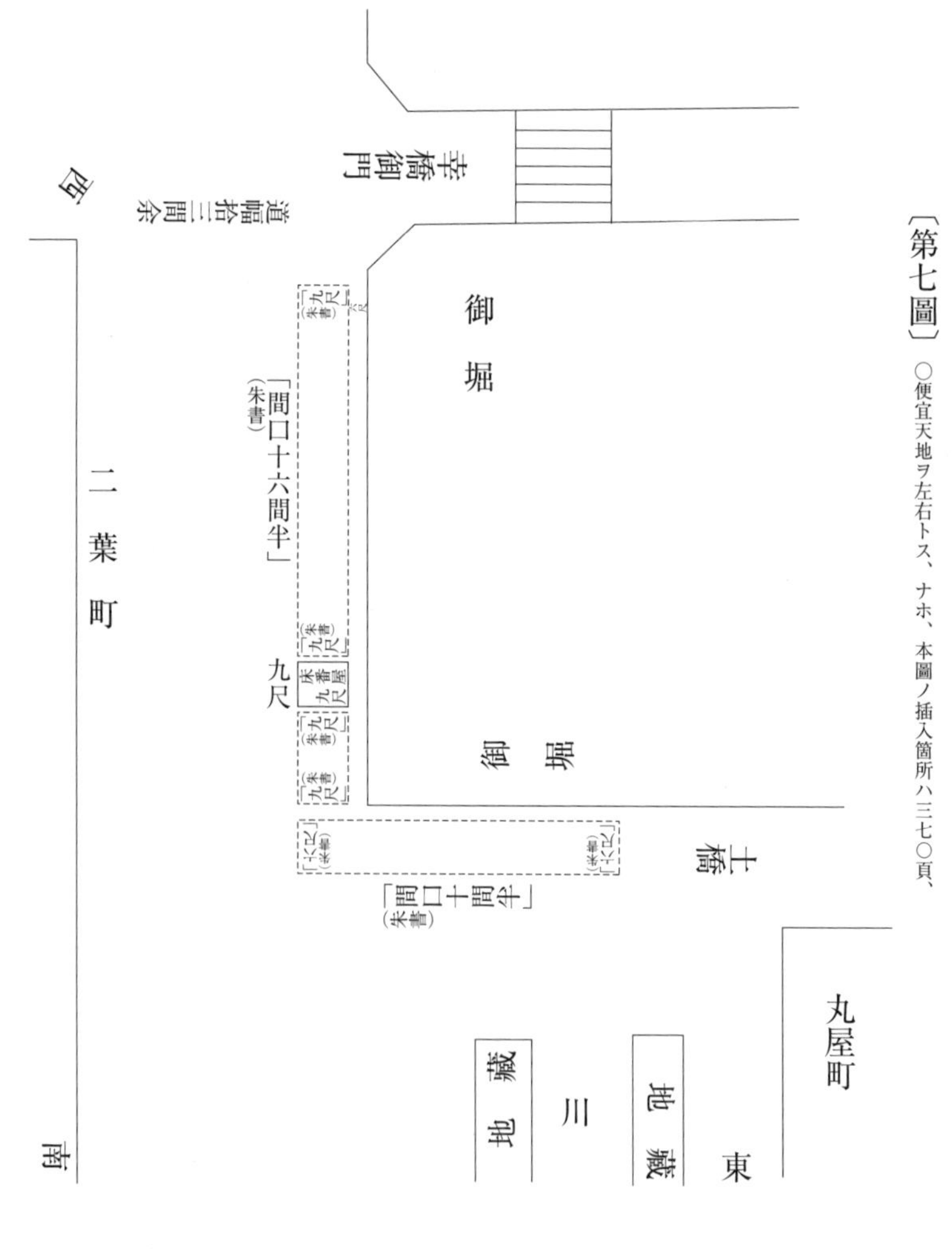

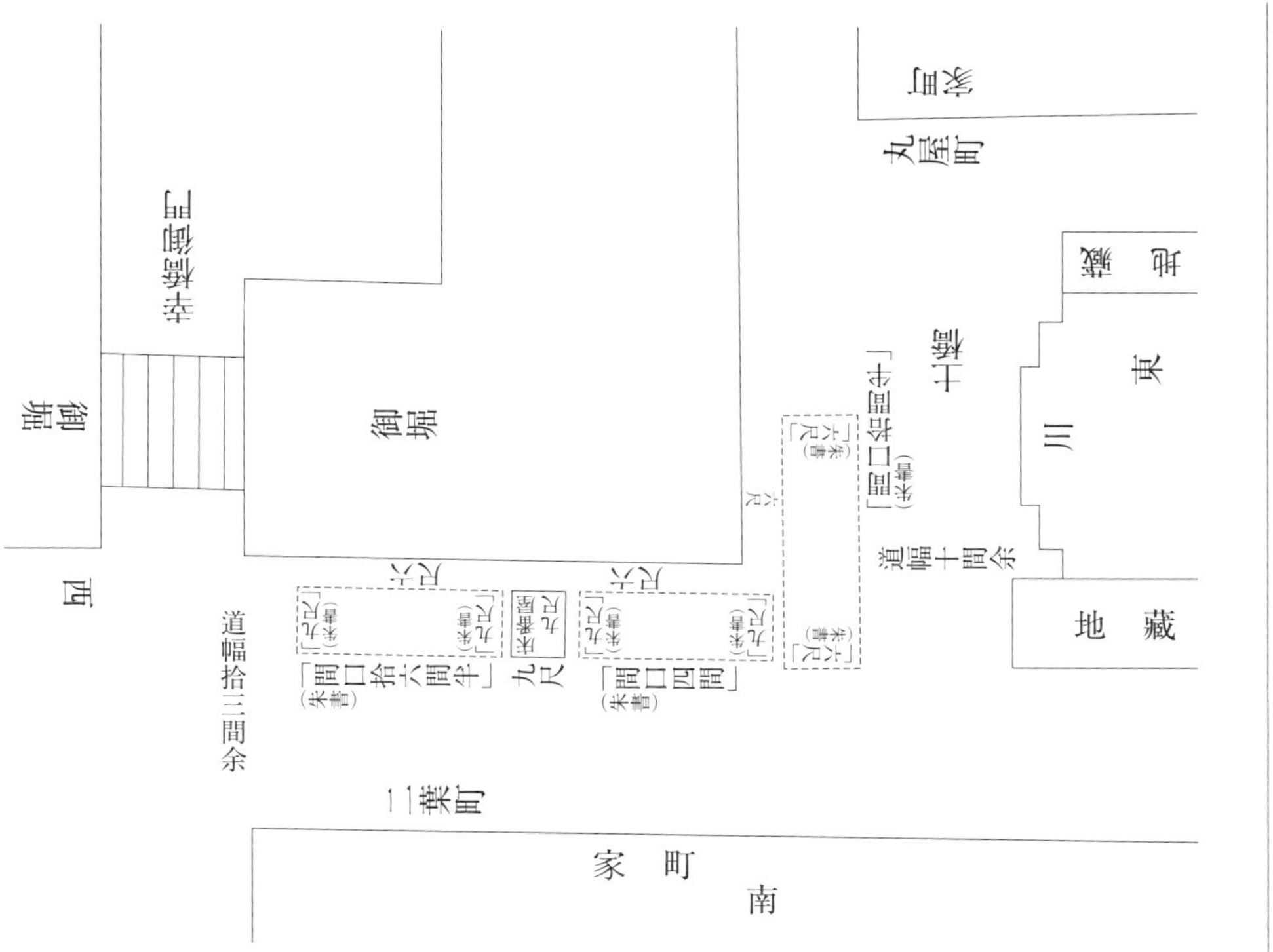

〔第八圖〕　○便宜天地ヲ左右トス、ナホ、本圖ノ插入箇所ハ三七二頁。

〔第九圖〕○便宜天地ヲ左右トス、ナホ、本圖ノ插入箇所ハ三七五頁、

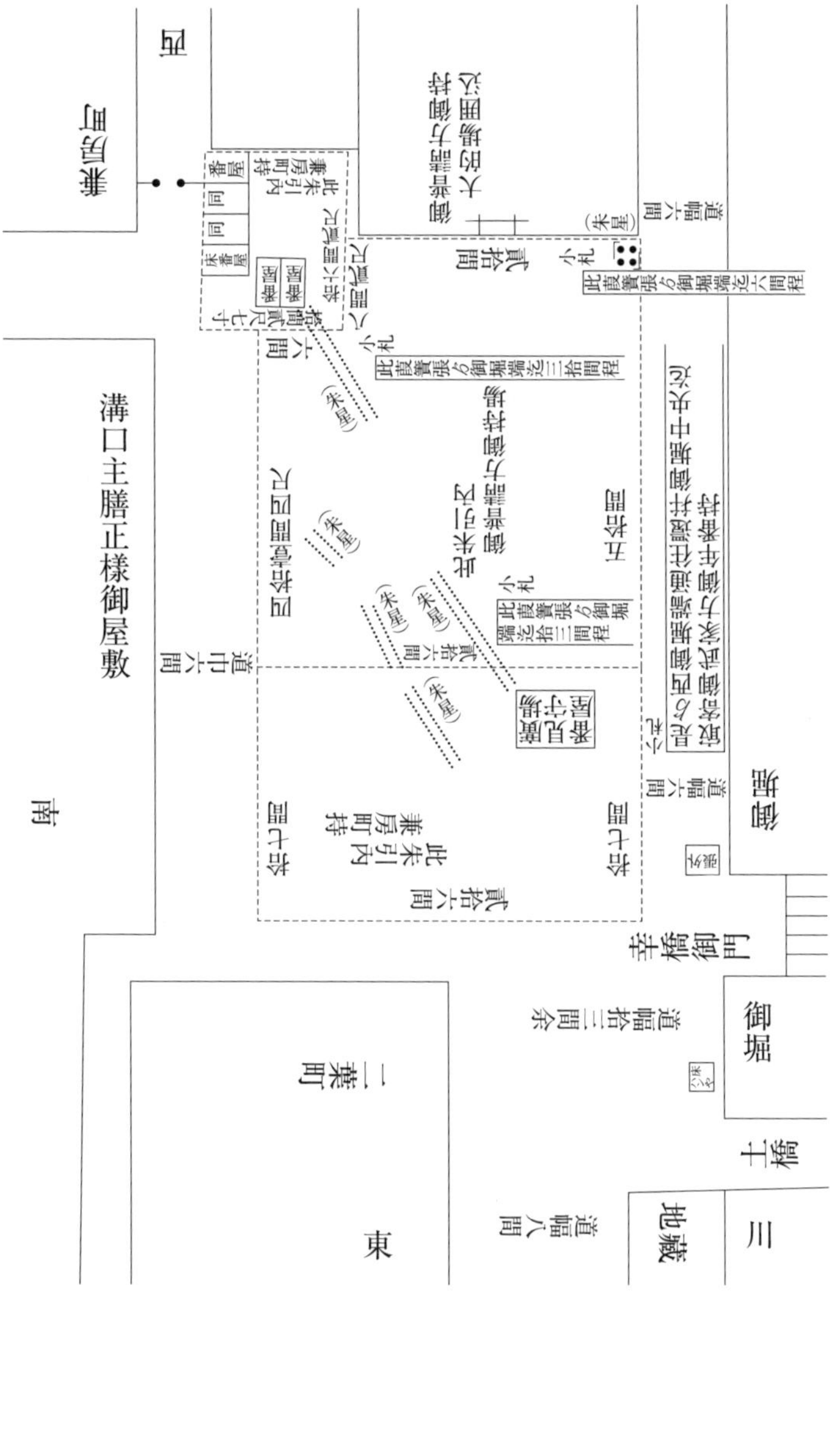

〔第一〇圖〕

○便宜天地ヲ左右トス、ナホ、本圖ノ插入箇所ハ三九九頁、

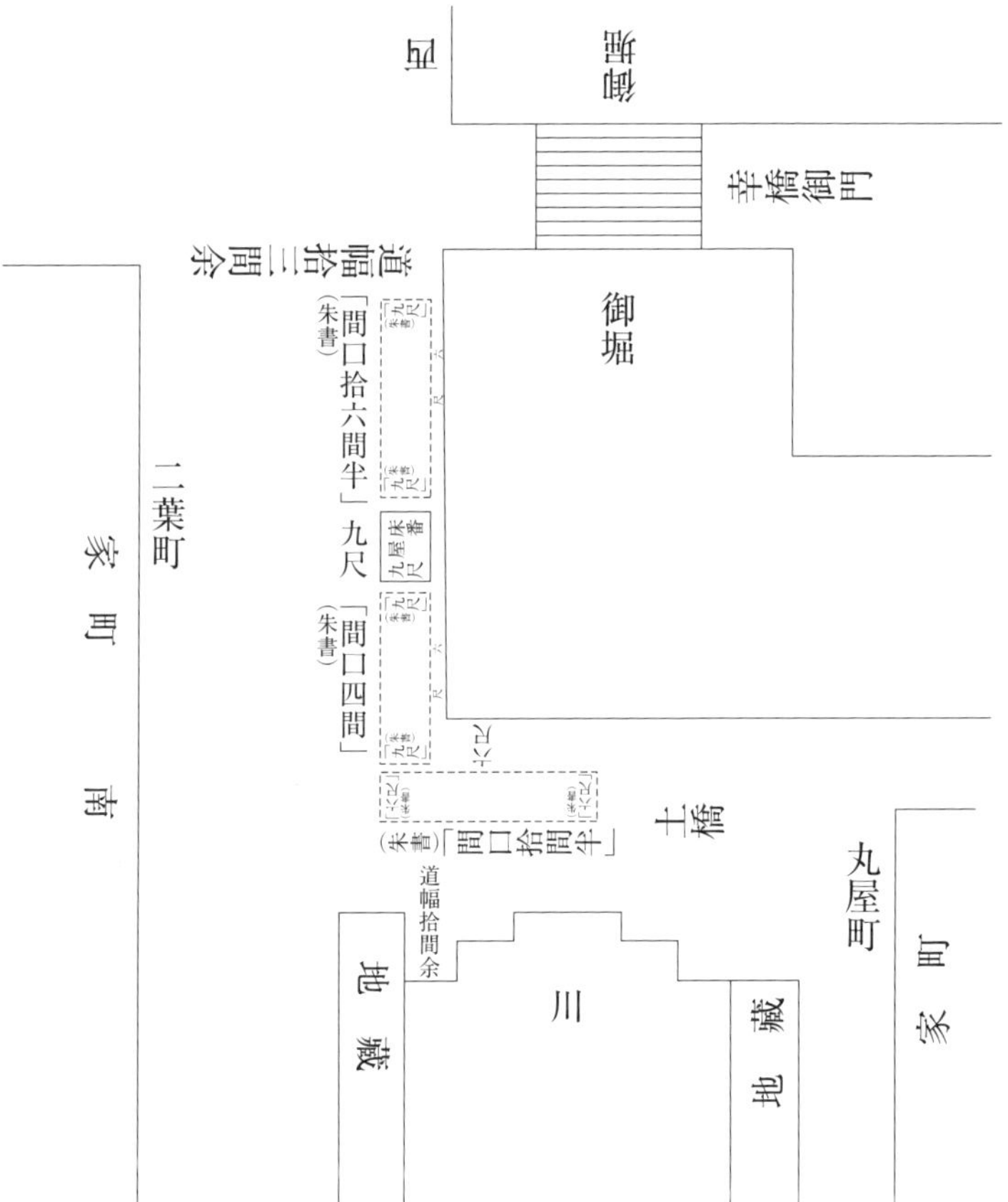

〔第一一圖〕○便宜天地ヲ左右トス、ナホ、本圖ノ插入箇所ハ四〇五頁、

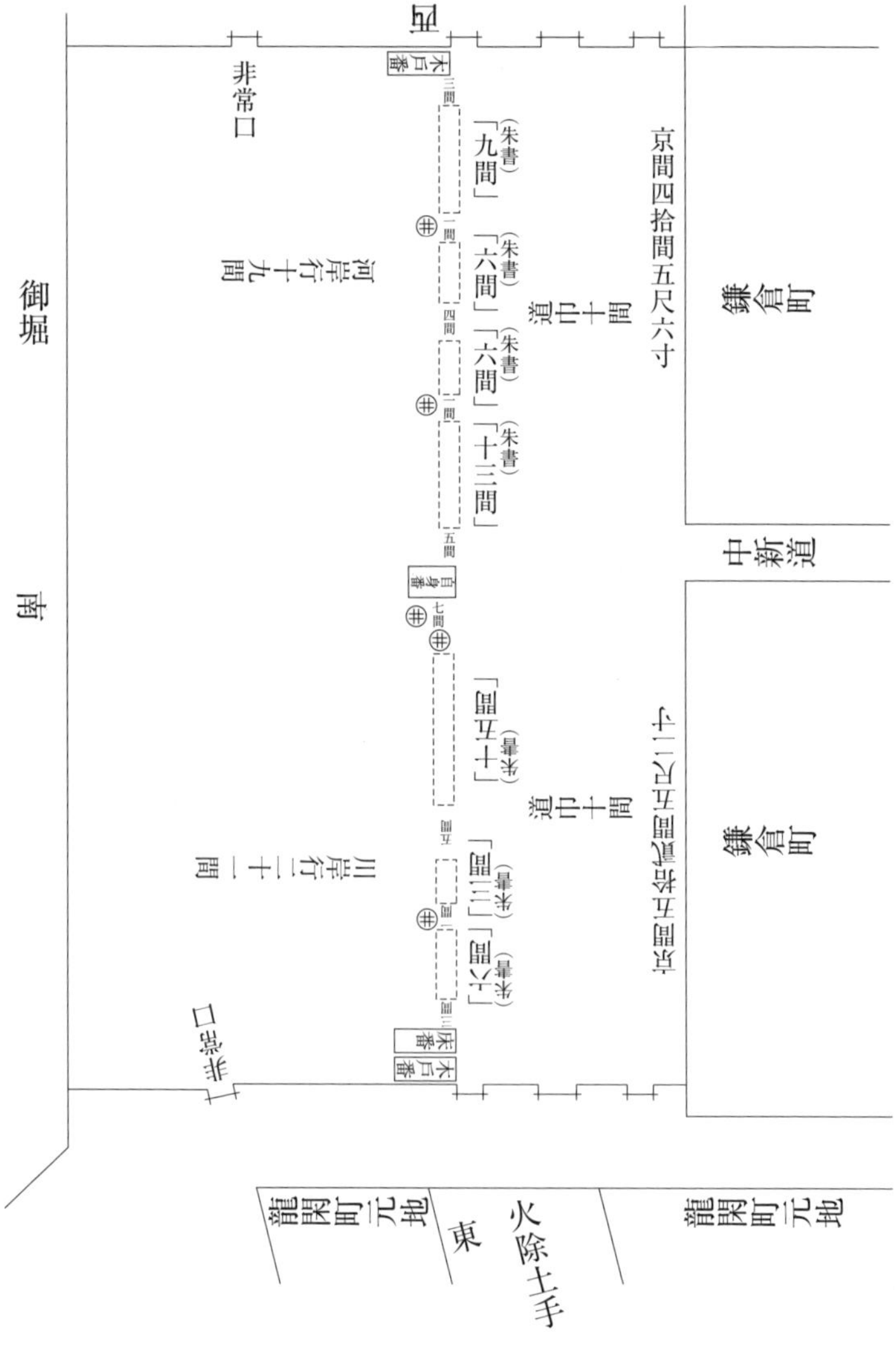

〔第一二一圖〕 ○本圖ノ插入箇所ハ四〇八頁、

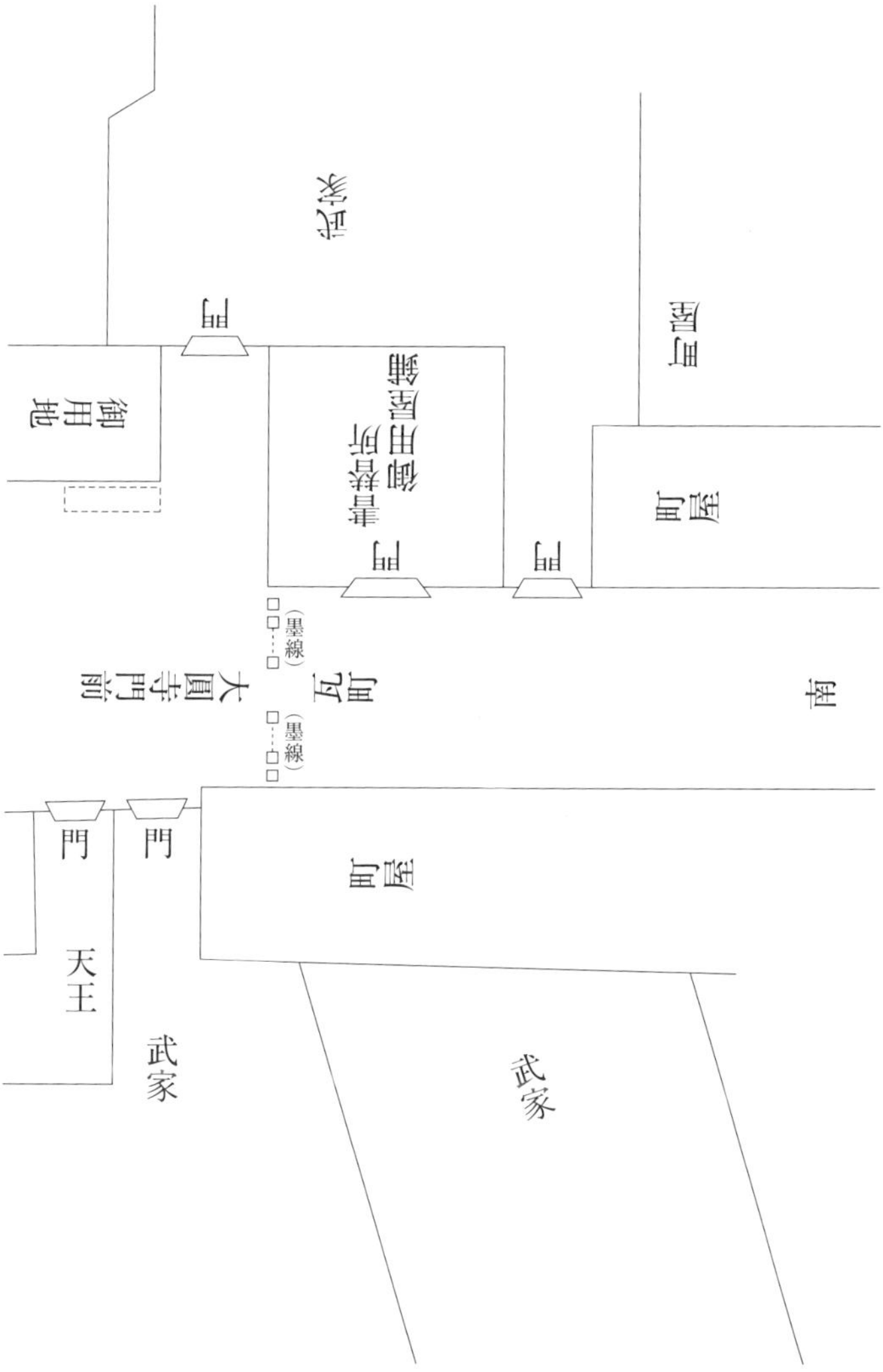

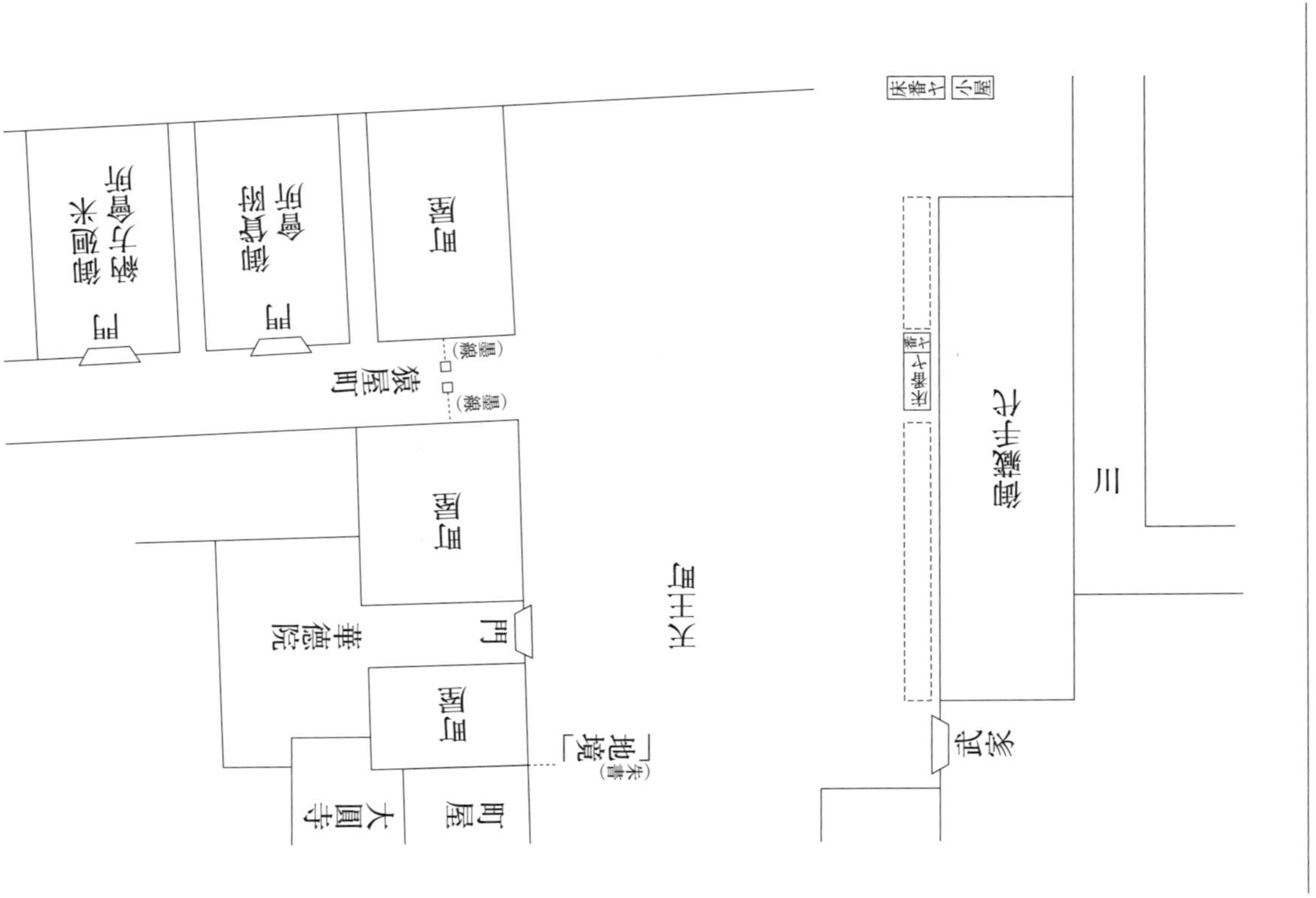
御廻米納方會所
門
御貸附會所
門
町屋
猿屋町
（墨線）
（墨線）
町屋
華徳院
門
町屋
（朱書）「地境」
町屋
大圓寺
天王町
御藏手代
床番ヤ
番ヤ
床番ヤ
小屋
武家
川

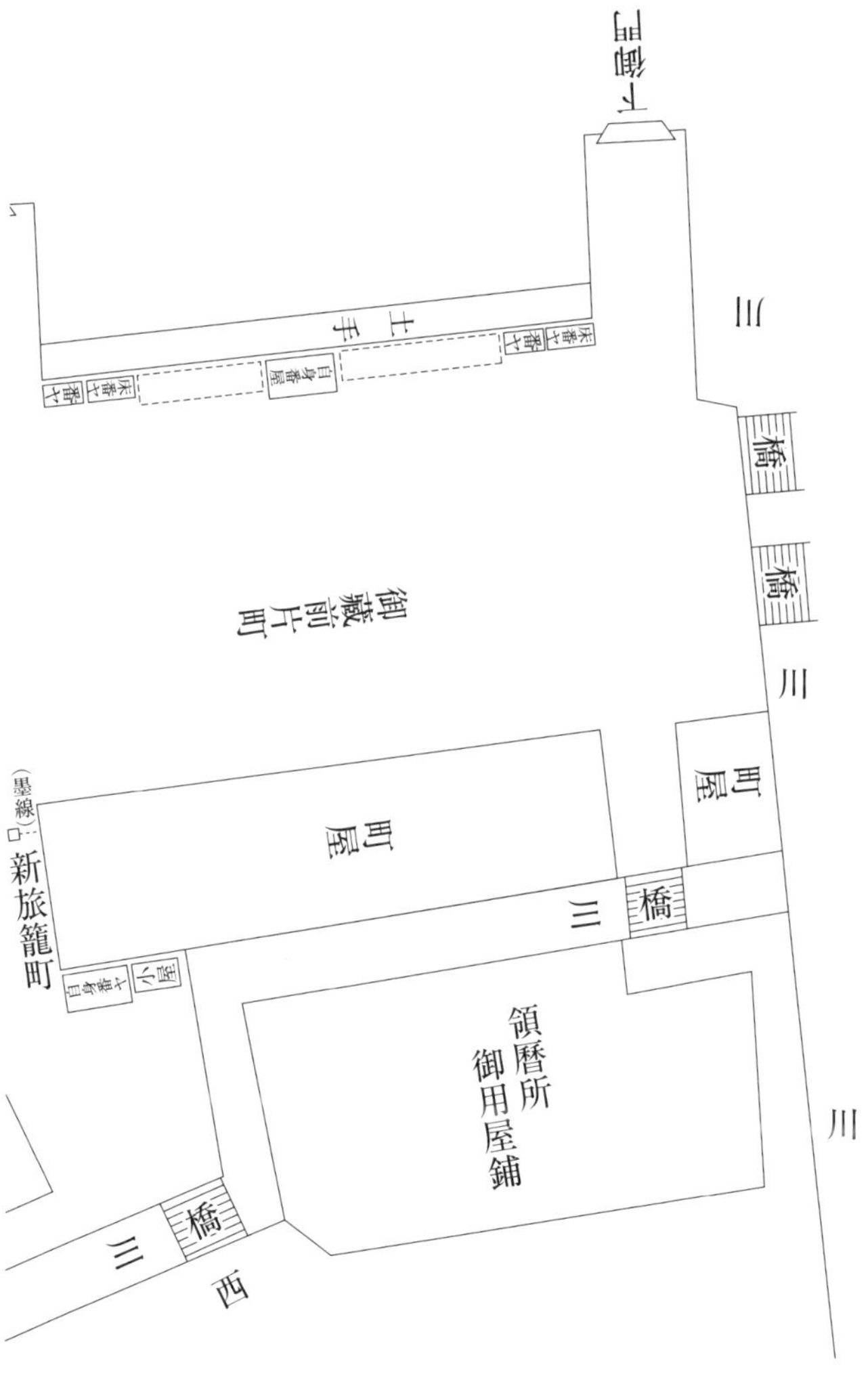

床見世等之部（第一一二圖）

床見世等之部（第一一一圖）

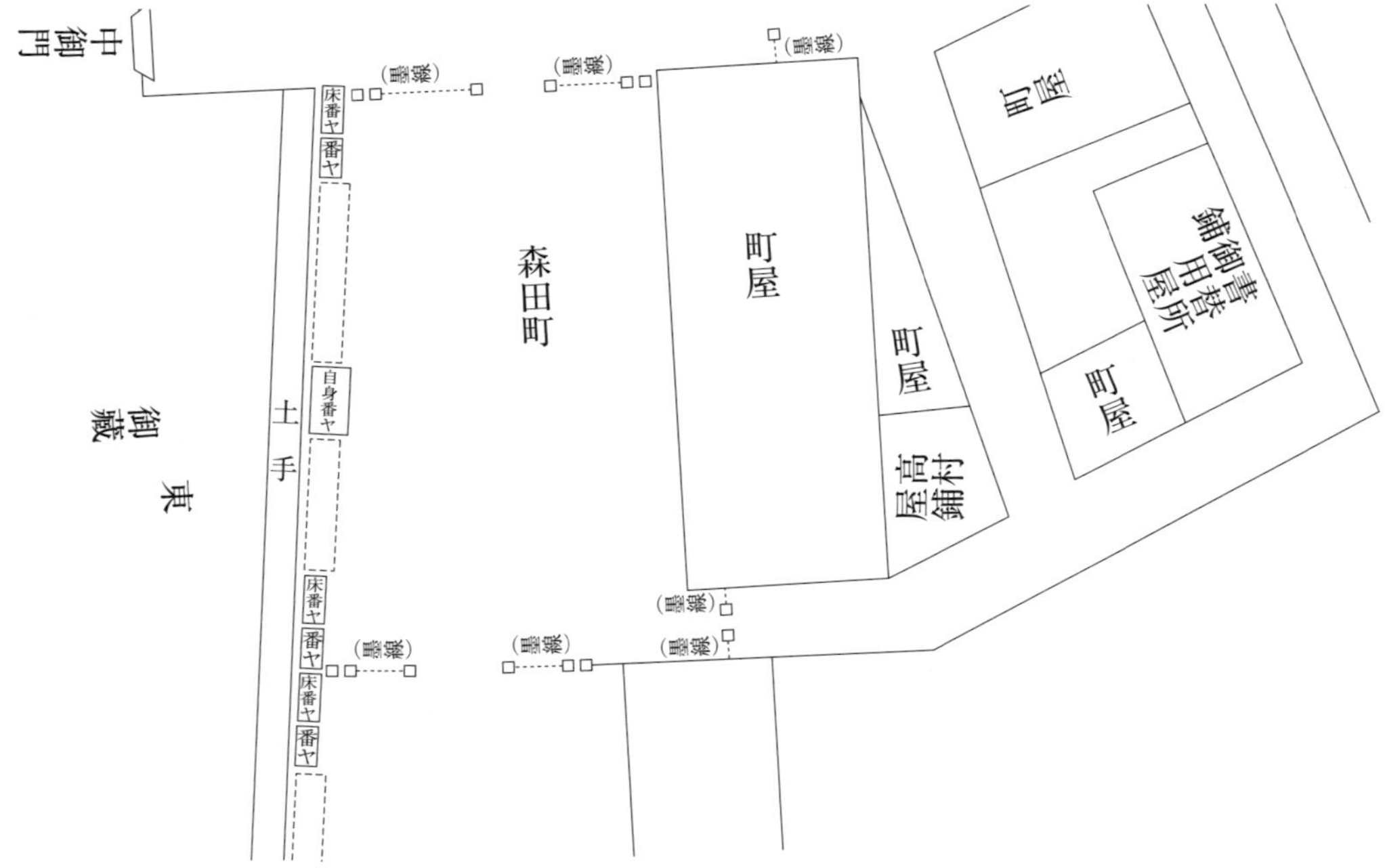

床見世等之部（第二二圖）

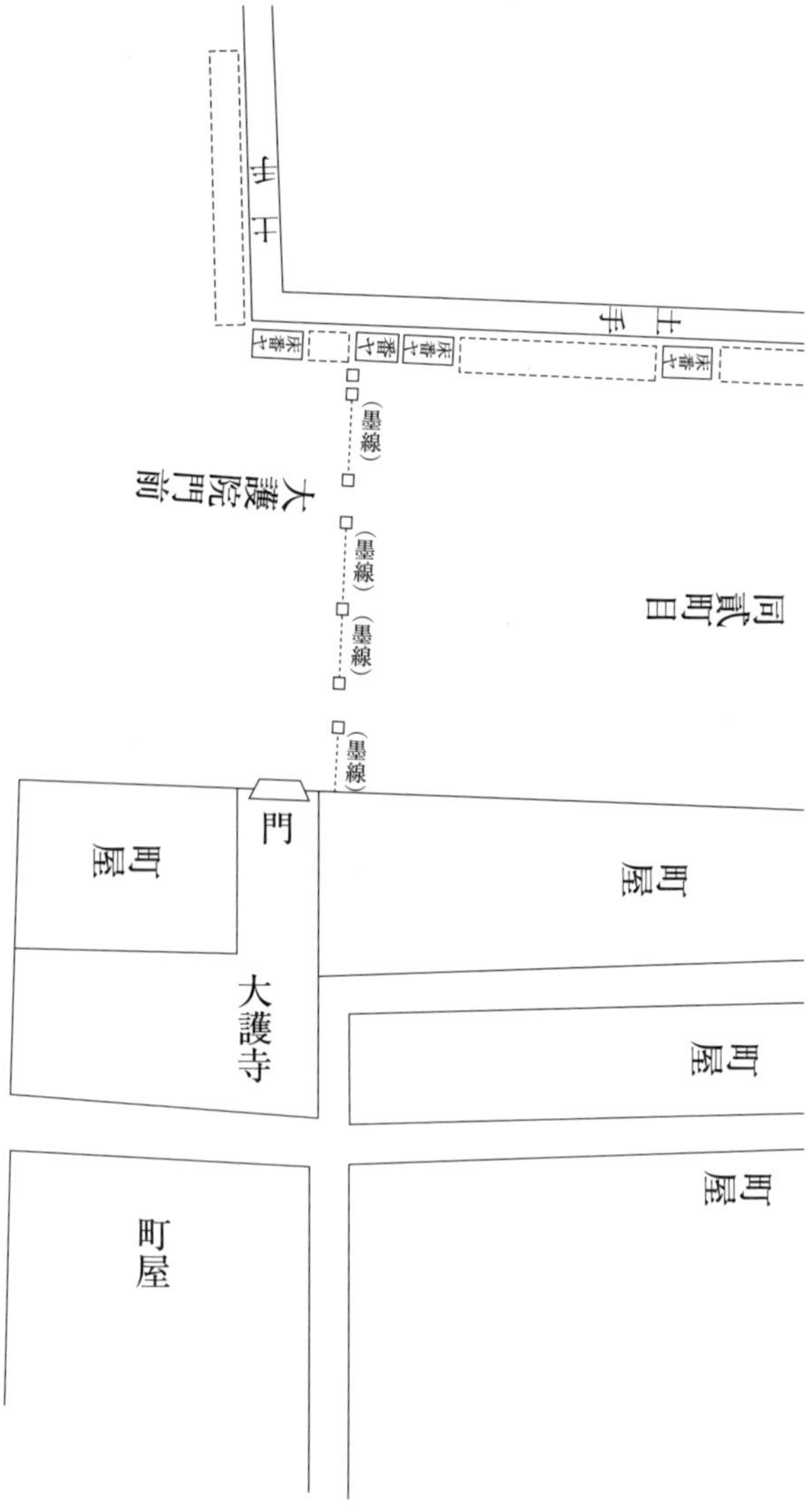
土手
土手
床番ヤ
床番ヤ
番ヤ
床番ヤ
（墨線）
（墨線）
（墨線）
（墨線）
大護院門前
同貳町目
門
町屋
町屋
大護寺
町屋
町屋
町屋

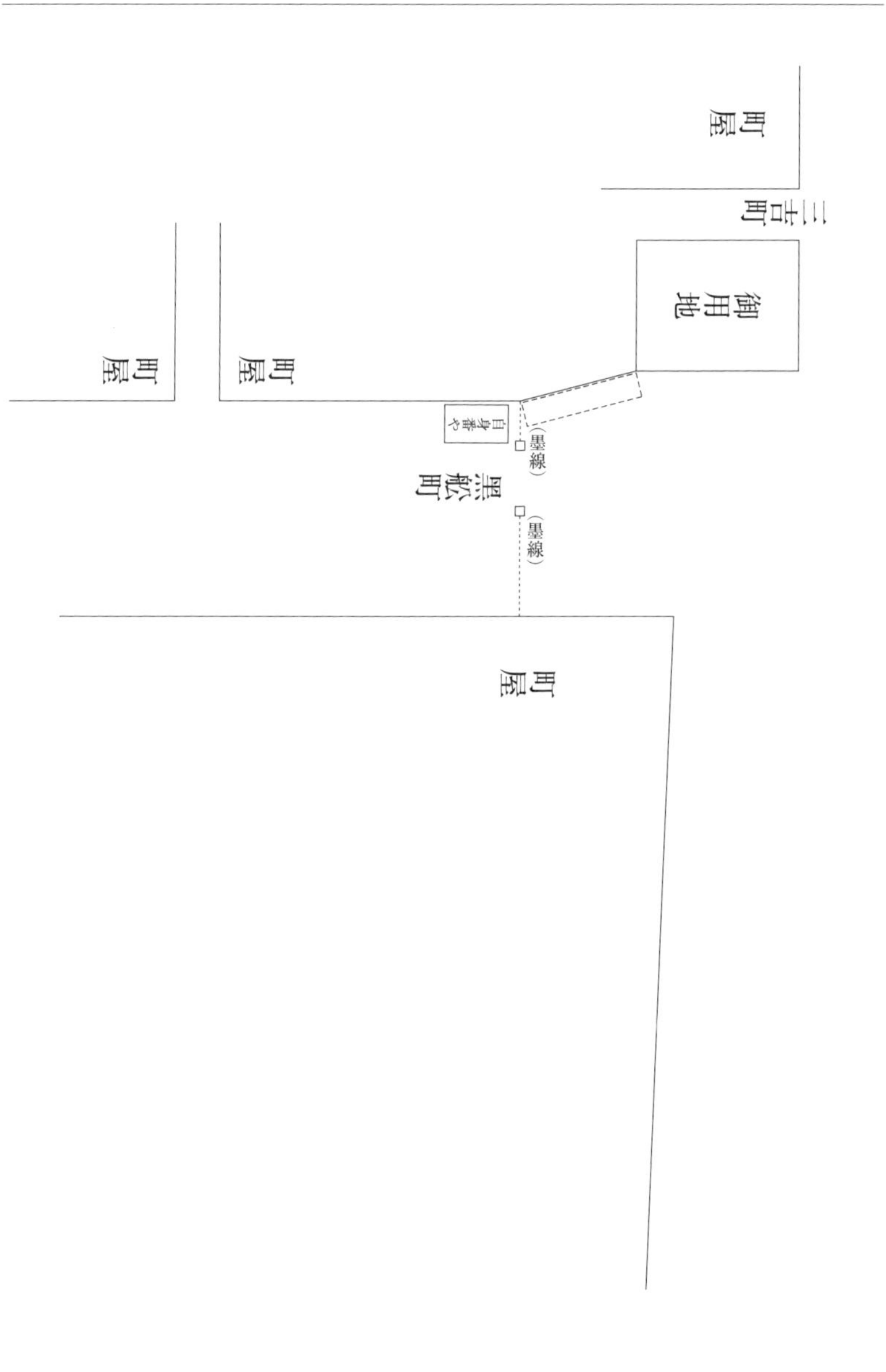
町屋
三吉町
御用地
町屋
町屋
自身番や
（墨線）
黒舩町
（墨線）
町屋

〔第一三圖〕○便宜天地ヲ左右トス、ナホ、本圖ノ插入箇所ハ四一二頁、

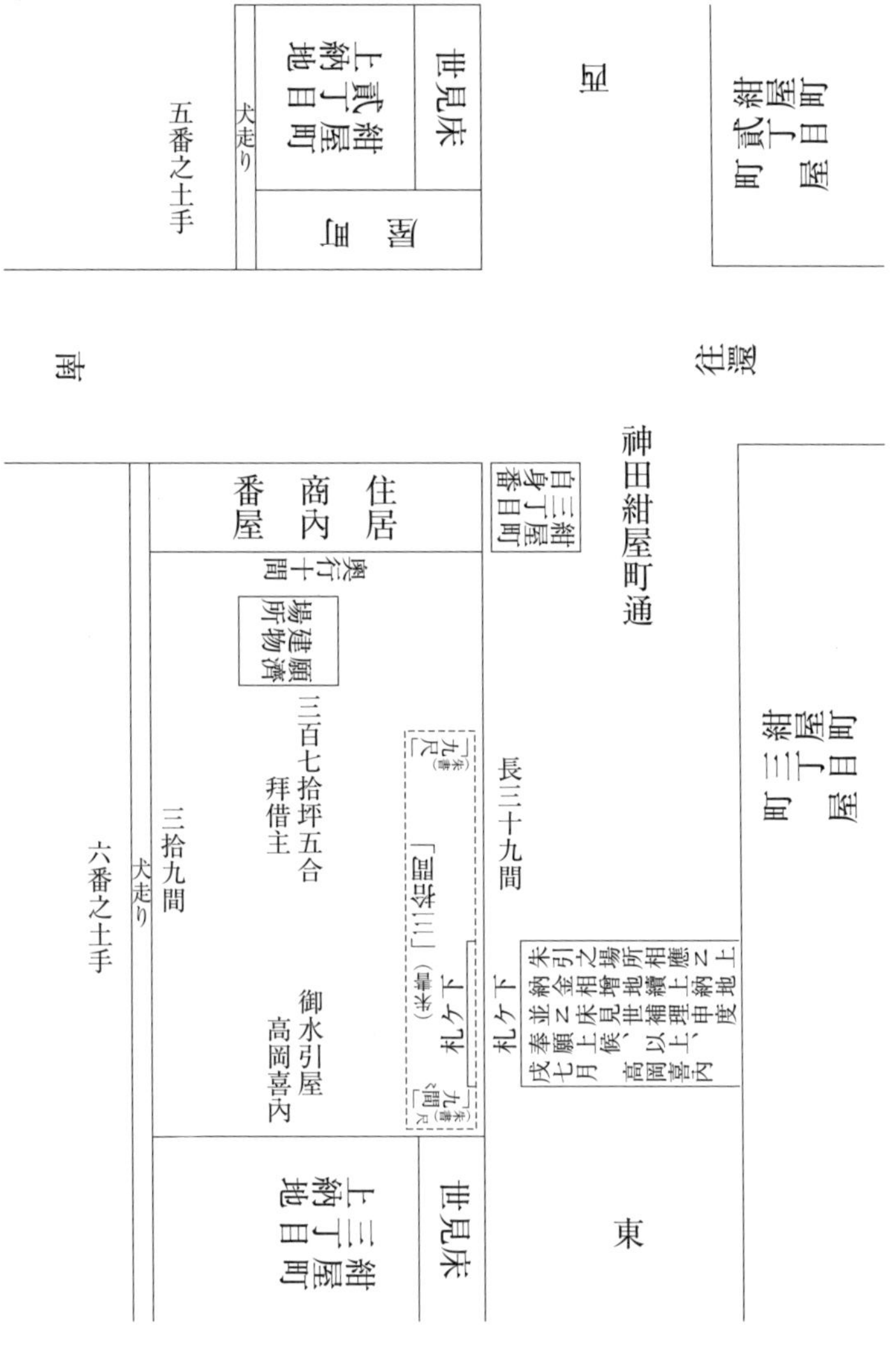

〔第一四圖〕
○便宜天地ヲ左右トス、ナホ、本圖ノ挿入箇所ハ四二三頁、

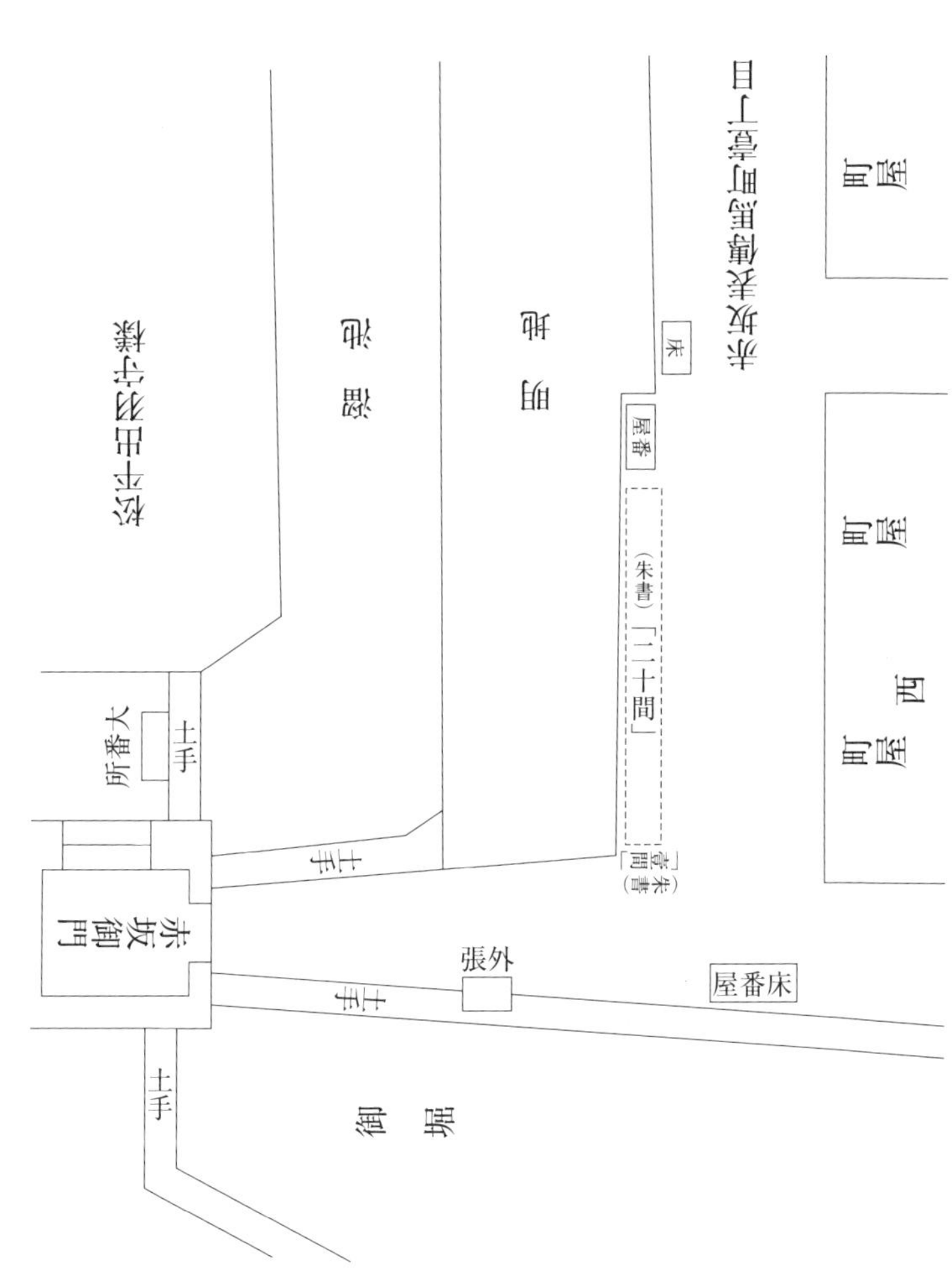

大日本近世史料 市中取締類集　三十

2019(平成31)年 3 月26日 発行

本体価格10,700円

編纂・発行　東京大学史料編纂所

発　　売　一般財団法人 東京大学出版会

電　話　03(6407)1069
ＦＡＸ　03(6407)1991
振　替　00160－6－59964

印刷・製本　蔦友印刷株式会社

ISBN 978-4-13-093030-7 C3321 Printed in Japan